自由人生

文學、宗教、教育、生活，胡適一生的思想與觀點

胡適 著

生活的「為什麼」，就是生活的意思

人生隨想 × 文化之聲 × 教育論話 × 生命記憶

簡潔卻深刻的見解，為混亂的現代社會指出一條清明之路

目錄

一 人生隨想

目錄

三　教育論話

目錄

四　生命記憶

一 人生隨想

人生有何意義

一、答某君書

……我細讀來書，終覺得你不免作繭自縛。你自己去尋出一個本不成問題的問題，「人生有何意義？」其實這個問題是容易解答的。人生的意義全是各人自己尋出來，造出來的：高尚、卑劣、清貴、汙濁、有用、無用，……全靠自己的作為。生命本身不過是一件生物學的事實，有什麼意義可說？生一個人與一隻貓，一隻狗，有什麼分別？人生的意義不在於何以有生，而在於自己怎樣生活。你若情願把這六尺之軀葬送在白晝做夢之上，那就是你這一生的意義。你若發憤振作起來，決心去尋求生命的意義，去創造自己的生命的意義，那麼，你活一日便有一日的意義，做一事便添一事的意義，生命無窮，生命的意義也無窮了。

總之，生命本沒有意義，你要能給它什麼意義，他就有什麼意義。與其終日冥想人生有何意義，不如試用此生做點有意義的事。……

1928 年 1 月 27 日

二、為人寫扇子的話

知世如夢無所求，無所求心普空寂。

還似夢中隨夢境，成就河沙夢功德。

王荊公小詩一首，真是有得於佛法的話。認得人生如夢，故無所求。但無所求不是無為。人生固然不過一夢，但一生只有這一場做夢的機會，豈可不努力做一個轟轟烈烈像個樣子的夢？豈可糊糊塗塗懵懵懂懂混過這幾十年嗎？

1929年5月13日

科學的人生觀

今天講的題目，就是「科學的人生觀」，研究人是什麼東西？在宇宙中占據什麼地位？人生究竟有何意味？因為少年人近來覺得很煩悶，自殺、頹廢的都有，我比較至少多吃了幾斤鹽、幾擔米，所以來計劃計劃，研究自身人的問題，至於人生觀，各人不同，都隨環境而改變，不可以一個人的人生觀去統理一切；因為公有公理，婆有婆理，我們至少要以科學的立場，去研究它，解決它。

一　人生隨想

「科學的人生觀」有兩個意思：第一拿科學做人生觀的基礎；第二拿科學的態度、精神、方法，做我們的生活的態度、生活的方法。

現在先講第一點，就是人生是什麼？人生是啥物事？拿科學的研究結果來講，我在民國十二年發表了十條，這十條就是武昌有一個主教，稱為新的「十誡」，說我是中華基督教的危險物的。十條內容如下：

（一）要知道空間的大。拿天文、物理考察，得著宇宙之大；從前孫行者翻筋斗，一翻翻到南天門，一翻翻到下界，天的觀念，何等的小？現在從地球到銀河中間的最近的一個星，中間距離，照孫行者一秒鐘翻十萬八千里的速率計算，恐怕翻一萬萬年也翻不到，宇宙是何等的大？地球是宇宙間的滄海之一粟，九牛之一毛；我們人類，更是小，真是不成東西的東西！以前看得人的地位太重了，以為是萬物之靈，同大地並行，凡是政治不良，就有彗星、地震的徵象，這是錯的。從前王充很能見得到，說：「一個虱子不能改變那褲子裡的空氣，和那人類不能改變皇天一樣。」所以我們眼光要大。

（二）時間是無窮的長。從地質學、生物學的研究，曉得時間是無窮的長，以前開口五千年，閉口五千年，以為目空一切；不料世界太陽系的存在，有幾萬萬年的歷史，地球也有幾萬萬年，生物至少有幾千萬年，人類也有二三百萬年。所以五千年占很小的地位。明白了時間之長，就可以看見各種進步的演變，不是上帝一刻可以造成的。

（三）宇宙間自然的行動。根據了一切科學，知道宇宙、萬物都有一定不變的自然行動。「自然自己，也是如此」，就是自己自然如此，各物自己如此的行動，並沒有一種背後的指示，或是一個主宰去規範他們。明白了這點，對於月蝕是月亮被天狗所吞的種種迷信，可以打破了。

（四）物競天擇的原理。從生物學的智識，可以看到「物競天擇」的原理，鯽魚下卵有幾百萬個，但是變魚的只有幾個；否則就要變成「魚世界」了？大的吃小的，小的又吃更小的，人類都是如此。從此曉得人生不受安排，是自己如此的行動；否則要安排起來，為什麼不安排一個完善的世界呢？

（五）人是什麼東西。從社會學、生理學、心理學方面去看，人是什麼東西？吳稚暉先生說：「人是兩手一個大腦的動物，與其他的不同在程度上的區別罷了。」人類的手，與雞、鴨的掌差不多，實是他們的弟兄輩。

（六）人類是演進的。根據了人種學來看，人類是演進的；因為要應付環境，所以要慢慢的變；不變不能生存，要滅亡了。所以從下等的動物，慢慢演進到高等的動物，現在還是演進。

（七）心理受因果律的支配。根據了心理學、生物學來講，心理現狀是有因果律的。思想、做夢，都受因果律的支配，是心理、生理的現象，和頭痛一般；所以人的心理說是超過一切，是不對的。

（八）道德、禮教的變遷。照生理學、社會學來講，人類道德、禮教也變遷的。以前以為腳小是美觀，但是現在腳小要裝大了。所以道德、禮教的觀念，正在改進。以二十年、二百年或二千年以前的標準，來判斷二十年、二百年、二千年後的狀況，是格格不相入的。

（九）各物都有反應。照物理、化學來講，物質是活的，原子分為電子，是動的，石頭倘然加了化學品，就有反應，像人打了一記，就有反動一樣。不同的，只在程度不同罷了。

（十）人的不朽。根據一切科學智識，人是要死的，物質上的腐敗，和貓死狗死一般。但是個人不朽的工作，是功德：在立德，立功，立言。善惡都是不朽。一塊痰中，有微生物，這菌能散布到空間，使空氣都惡化了；人的言語，也是一樣。凡是功業、思想，都能傳之無窮；匹夫匹婦，都有其不朽的存在。

我們要看破人世間、時間之偉大，歷史的無窮，人是最小的動物，處處都在演進，要去掉那「小我」的主張，但是那小小的人類，居然現在對於制度、政治各種都有進步。

以前都是拿科學去答覆一切，現在要用什麼方法去解決人生，就是哪樣生活？各人有各人的方法，但是，至少要有那科學的方法、精神、態度去做。分四點來講：

（一）懷疑。第一點是懷疑，三個弗相信的態度，人生問題就很多。有了懷疑的態度，就不會上當。以前我們幼時的知識，都從阿金、阿狗、阿毛等黃包車伕、娘姨處學來；但是現在自己要反省，問問以前的知識是否靠得住？

（二）事實。我們要實事求是，現在像貼貼標語，什麼打倒田中義一等，都僅務虛名，豆腐店裡生意不好，看看「對我生財」洩悶一樣。又像是以前的畫符，一畫符病就好的思想。帖了打倒帝國主義，帝國主義就真個打倒了麼？這不對，我們應做切實的工作，奮力的做去。

（三）證據。懷疑以後，相信總要相信，但是相信的條件，就是拿憑據來。有了這一句，論理學諸書，都可以不讀，赫胥黎的兒子死了以後，宗教家卻勸他信教，但是他很堅決地說：「拿有上帝的證據來！」有了這種態度，就不會上當。

（四）真理。朝夕的去求真理，不一定要成功，因為真理無窮，宇宙無窮；我們去尋求，是盡一點責任，希望在總分上，加上萬萬分之一。勝固是可喜，敗也不足憂。明知賽跑只有一個人第一，我們還要跑去，不是為我為私，是為大家。發明不是為發財，是為人類。英國有一個醫生，發明了一種治肺的藥。但是因為自祕，就被醫學會開除了。

所以科學家是為求真理。莊子雖有「吾生也有涯，而知也無涯，以有涯逐無涯，殆已」的話頭，但是我們還要向上做去，得一分就是一分，一寸就是一寸，可以有阿基米德氏發現浮力時叫eureka的快活，有了這種精神，做人就不會失望。所以人生的意味，全靠你自己的工作；你要它圓就圓，方就方，是有意味；因為真理無窮，趣味無窮，进步快活也無窮盡。

思想的方法

一個人的思想，差不多是防身的武器，可以批評什麼主義，可以避免一切紛擾。我們人總以為思想只有知識階級才有，可是這是不盡然的；有的時候，思想不但普通人沒有，就是學者也沒有。

一　人生隨想

普通人每天做事、吃飯、洗臉、漱口，……都是照著習慣做去，沒有思想的必要，所以不能稱為有思想；就是關著窗子，閉著門戶，一陣子的胡思亂想，也絕對不是思想的本義。原來思想是有條理、有系統、有方法的。

我們遇著日常習慣的事，總是馬馬虎虎的過去；及至有一個異於平常的困難發生，才用思想去考慮和解決。譬如學生每天從宿舍到課堂，必須經過三叉路和電車站，再走過二行綠蔭蔭的柳樹，和四層樓的紅房子，然後才至課堂。這在每天來往的學生，是極平常而不注意的事；但要是一個新考進來的學生，當他到了三叉路口的辰光，一定有一個問題發生：就是在這三條路中，究竟打哪一條路走能到目的地？那個時候，要解決這個困難，思想便發生了。

要管理我們的思想，照心理學上講，須要用五種步驟：

一、困難的發生。人必遇有歧路的環境或疑難問題的時候，才有思想發生。倘無困難，絕不會發生思想。

二、指定困難的所在。有的困難是很容易解決的，那就沒有討論和指定困難的所在的必要。要是像醫生的看病，那就有關人命了。我們遇著一個人生病的時光，往往自己說不出病之所在；及至請了醫生來，他診了脈搏，驗了小便，就完了事；後來吃了幾瓶藥水，就能夠恢復原狀。他所以能夠解決困難，和我們所以不能解決困難的不同點，就在能否指定和認清困難之所在罷了。

三、假設解決困難的方法。這就是所謂出主意了。像三叉路口的困難者，他有了主意，必定向電車站楊柳樹那邊跑。這種假說的由來，多賴平日的知識與經驗。語云：「養兵千日，用在一朝。」

我們求學亦復如此。這一步實是最重要的一步。要是在沒有思想的人，他在腦袋中，東也找不到，西也找不到，雖是他在平常能夠把書本子倒背出來；可是沒有觀察的經驗，和考慮的能力，一輩子的胡思亂想，終是不能解決困難的啊。

但是也有人，因為學識太足了，經驗太富了，到困難來臨的時候，腦海中同時生了許多不同的解決方法；有的時候，把對的主意，給個人的感情和嗜好壓了下去，把不對的主意，反而實行了。及後鑄成大錯，追悔莫及。所以思想多了，一定還要用精密謹慎的方法，去選定一個最好的主意。

四、判斷和選定假說之結果。假若我腦海中有了三種主意：第一主意的結果是a、b、c、d，第二主意的結果是e、f、g，第三主意的結果是h、i；那個時候，就要考慮他三個結果的價值和利害；然後把其中最容易而準確的結果設法證明。

還有我們做事，往往用主觀的態度，而不用客觀的態度；這就是我們常說的：「某人說話，不負責任」的解釋了。

此次五卅慘案，也有許多激烈的青年，主張和英國宣戰，他們沒有想到戰爭時，和戰爭後，政治上、商業上、交通上、經濟上、軍事上的一切設備和結果。他們只知唱高調，不負責任的胡鬧，只被成見和一時感情的衝動所趨使，沒有想到某種條件有某種結果，和某種結果有沒有解決某種條件的可能。

五、證實結果。既已擇定一個解決困難的方法，再要實地試驗，看他實效的如何以定是非與價值。遇有事實不易在自然界發生的，則用人力造成某種條件以試驗之。例如欲知水是否為輕〔氫〕

養〔氧〕二原素所構成，此事在自然界不易發生，於是以人力合二原質於一處，加以熱力，考察是否能成水。更以水分析之，看能否成輕〔氫〕養〔氧〕二原素，即從效果上來證實水的成分。

從前我的父親有一次到滿洲去勘界。一天到了一個大森林，走了多天，竟迷了路；那個時候乾糧也吃完了，馬也疲乏了，在無可如何的時光，他爬上山頂，登高一望，只見翠綠的樹葉，瀰漫連續，他用來福槍放起來，再把枯樹焦葉燒起來，可是等了半天，連救援人的影蹤也找不到。他便著急起來了，隔一回兒，他想起從前古書裡有一句話，叫做「水必出山」。他便選定了這個方法，找到了河，遵了河道，走了一日夜，竟達到了目的地。

又有一例。禪宗中有一位燒飯的，去問他的大法師道：「佛法是什麼？」那大法師算了半天，才回答道：「上海的棉花，二個銅子一斤。」燒飯的便說道：「我問你的是佛法，你答我的是棉法，這真是牛頭不對馬面了。」隔了三年，他到了杭州的靈隱寺去做燒飯，他又乘便問那個主持的和尚道：「佛法是什麼？」那主持和尚道：「杭州的棉花，也是二個銅子一斤。」他更莫名其妙；於是他便跑到普陀山、峨嵋山……途中飽嘗了飢渴盜匪之苦，問了許多和尚法師，竟沒有得到一個圓滿的解決。有一天，他到了一個破廟房，碰到一個老年的女丐，口中〔左卜右鳥〕唔的在自語著，他在不知不解間，聽得一句不相干的話，忽然間竟覺悟了世界上怎樣的困難，他也就明白了「佛法是什麼」。他在幾十年中所懷的悶葫蘆，一旦竟明白了，不是偶然的。這就是孟子所說「資之深，則取之左右逢其源」，只要把自己的思想運用，把自己的腦筋鍛鍊，那麼，什麼東西都可以迎刃而解了！

在宋朝有一個和尚，名叫法賢，人家稱他做五祖大師，他最喜歡講笑話。他講：從前有一個賊少爺，問賊老爺道：「我的年紀也大了，也不能天天玩耍了，爹爹也可以教我一點立身之道嗎？」那賊老爺並不回答他，到了晚上，導他到一座高大的屋宇，進了門，便把自己身邊的鑰匙，開了一個很大的衣櫥，讓他的兒子進去，待到賊少爺跨進衣櫥，賊老爺把櫥門拍的關上，並且鎖著；自己連喊「捉賊，捉賊」的逃了。那時候，賊少爺在衣櫥裡是急極了，他想，我的爹爹叫我來偷東西，那麼他為什麼把我鎖在裡邊，豈不是叫他們活剝剝的把我捉住，送我到牢獄裡去，嘗鐵窗騷味嗎？可是他既而一想，「怎麼樣我可以出去？」便用嘴做老鼠咬衣服的聲音，孜孜一陣亂叫，居然有人給他開門了，他便乘著這個機會，把開門的人打倒，把蠟燭吹滅，等到僕人們來追趕他，他早巳一溜煙的跑回家了。他看見父親之後，第一聲便問道：「你為什麼把我關在櫥裡呢？」那賊老爺道：「我先要問你，你是怎麼樣出來的？」他便把實情一五一十的講給賊老爺聽，他聽了之後，眉開眼笑的說道：「你也幹得了！」要是這位賊少爺，在困難發生的時候，不用思想，他早已大聲的喊道：「爹爹啊！不要關門啊」了。

我們讀書不當死讀，要講合用；在書本之外，尤其要鍛鍊腦力，運用思想，和我的父親，禪宗中的燒飯者和賊少爺一般無二。他們是能用有條理有系統有方法的思想，去解決他們的困難的。

我記得前幾天有一個日本新聞記者問我：「現在中國青年的思想是什麼？」我便很爽快的答道：「中國的青年，是沒有思想的。」這一句話，我覺得有一點武斷，並且很對不起我國的青年，可是我也有不得已的苦衷。當我在北京大學教論理學的時光，我出了三個問題：

（一）照你自已經驗上講，有何可稱為思想的事實？

（二）在福爾摩斯的偵探案中，用科學方法分析出來有何可稱為思想的事實？

（三）在科學發明史上，有何可稱為思想的事實？

到了後來，第二第三都能回答得很對，第一問題簡直回答的不滿十分之二，而他們所回答的，完全是答非所問。這便因為他們平時不注意於運用思想的緣故。

1925年10月28日

工程師的人生觀

今天要趕10點40分鐘的飛機到臺東，所以只能很簡單地說幾句話，很為抱歉。報上說我做學術講演，這是不敢當。我是來向工學院拜壽的。昨夜我問秦院長希望我送什麼禮物。晚上想想，認為最好的禮物，是講講工程師的思想史同哲學史。所以我便以此送給各位。

究竟什麼算是工程師的哲學呢？什麼算是工程師的人生觀呢？因為時間很短，我當然不能把這個大的題目講得滿意，只是提出幾點意思，給現在的工程師同將來的工程師做個參考。法國從前有一位科學家柏格生（bergson）說：「人是製器的動物。」過去有許多人說：「人是有效力的動物。」也有許多人說：「人是理智的動物。」而柏格生說：「人是能夠製造器具的動物。」這個初造器具的動物，是工程師的老祖宗。什麼叫做工程師呢？工程師的作用，在能夠找出自然界的利益，強迫自然世界把它的利益一個一個貢獻出來；就是改造自然、征服自然、控制自然，以減除人的痛苦，增加人的幸福。這是工程師哲學的簡單說法。

即柏格森（henri bergson, 1859-1941）：法國哲學家。

大家都承認：學做工程師的，每天在課堂裡面上應該上的課，在試驗室裡面做應該做的試驗，也許忽略了最大的目標，或者忽略了真正的基本——工程師的人生觀。所以這個題目，是值得我們考慮的。

昨天在工學院教授座談會中，我說：我到了六十二歲，還不知道我專門學的什麼。起初學農；以後弄弄文學，弄弄哲學，弄弄歷史；現在搞《水經注》，人家說我改弄地理。也許六十五歲以後、七十歲的時候，說不定要到工學院做學生；只怕工學院的先生們不願意收一個老學徒，說「老狗教不會新把戲」。今天在工學院做學生不夠資格的人，要來談談現在的工程師同將來的工程師的人生觀，實屬狂妄，就是有點大膽。不過我覺得我這個意思，值得提出來說說。人是能夠製造器具的動物，別的動物，也有能夠製造東西的，譬如：蜘蛛能夠製造網，蜜蜂能夠製造蜜糖，珊瑚蟲能夠製造珊瑚島。

而我們人同這些動物之所以不同，就是蜘蛛製造網的絲，是從肚子裡出來的，它肚子裡有無窮無盡的絲；蜜蜂採取百花，經一番製造，做成的確比原料高明的蜜糖；這些動物，可算是工程師；但是牠的範圍，牠用的，只是牠自己的本能。珊瑚蟲能夠做成很大的珊瑚島，也是本能的。人，如果只靠他的本能，講起來也是有限得很的！人與蜘蛛、蜜蜂、珊瑚蟲所以不同，是在他充分運用聰明才智，揭發自然的祕密，來改造自然，征服自然，控制自然。控制自然，為的是什麼呢？不是像蜘蛛制網，為的捕蟲子來吃；人的控制自然，為的是要減輕人的勞苦，減除人的痛苦，增加人的幸福，使人類的生活特別的豐富，特別有意義。這是「科學與工業的文化」的哲學。我覺得柏格生這個「人」的定義，跟我們剛才簡單講的工程師的哲學、工程師的人生觀、工程師的目標，是值得我們隨時想想，隨時考慮的。

這個話同這個目標，不是外國來的東西，可以說是我們老祖宗在幾百年，甚至幾千年以前，就有了這種理想了。目前有些人提倡讀經；我倒很願意為工程師背幾句經書，來說明這個理想。

人如何能控制自然，製造器具呢？人控制自然這個觀念，無論東方的聖人賢人，西方的聖人賢人，都是同樣有的。我現在提出我們古人的幾句話，使大家知道工程師的哲學，並不是完全外來的洋貨。我常常喜歡把《易經．繫辭》裡面幾句話翻成外國文給外國人看。這幾句話是：「見乃謂之象；形乃謂之器；制而用之謂之法；利用出入，民咸用之，謂之神。」看見一個意思，叫做象；把這個意象變成一種東西——形，叫做器；大規模的製造出來，叫做法；老百姓用工程師製造出來的這些器具，都說好呀！好呀！但是不曉得這器具是從一種意象來的，所以看見工程師便叫做神。

希臘神話，說火是從天上偷來的；中國歷史上發明火的燧人氏被稱為古帝之一——神。火，是一個大發明。發明火的人，是一個大工程師。我剛才所舉《易經．繫辭》，從一個觀念——意象——造成器具，這個意思，是了不得的。人類歷史上所謂文化的進步，完全在製造器具的進步。文化的時代，是照工程師的成績劃分的。人類第一發明是火；大體說來，火的發現是文化的開始。下去為石器時代。無論舊石器時代，新石器時代，都是人類用智慧把石頭造成功器具的時候。再下去為青銅器時代。用銅製造器具，這是工程師最大的貢獻。再下去為鐵的時代。這是一個大的革命。後來把鐵鍊成鋼。再下去發明蒸汽機，為蒸汽機時代。再下去運用電力，為電力時代。現在為原子能時代。這都是製器的大進步。每一個大時代，都只是製器的原料與動力的大革命。從發明火以後，石器時代，銅器時代，鐵器時代，電力時代，原子能時代，這些文化的階段，都是依工程師所創造劃分的。

這種理想，中國歷史上早就有了的。工學院水工試驗室要我寫字，我寫了兩句話。這兩句話，是《荀子．天論篇》裡面的。《荀子．天論篇》，是中國古代了不得的哲學，也就是西方柏格生征服自然以為人用的思想。《荀子．天論篇》說：「從天而頌之，孰與制天命而用之？大天而思之，孰與物蓄而制裁之？」這個文字，依照清代學者校勘，稍須改動。但意思沒有改動。「從天而頌之」，是說服從自然。「從天而頌之，孰與制天命而用之？」兩句話聯起來說，意思是：跟著自然走而歌頌，不如控制自然來用。「大天而思之」，是問自然是怎樣來的。「大天而思之，孰與物蓄而制裁之？」是說：問自然從哪裡來的，不如把自然看成一種東西，養它、制裁它。把自然控制來用，中國思想史上只有荀子才說得這樣徹底。從這兩句話，也可以看出中國在兩千二三百年前，就有控制天命——古人所謂天命，就是自然——把天命看作一種東西來用的思想。

「窮理致知」四個字，是代表七八百年前——十一世紀到十二世紀——宋朝的思想的。宋代程子、朱子提倡格物——窮理——的哲學。什麼叫做「格物」呢？這有七十幾種說法。今天我們不去研究這些說法。照程子、朱子的解釋，「格物」是「即物而窮其理。……即凡天下之物，莫不因其已知之理而益窮之，以求至乎其極。」這樣的格物致知，可以擴大人的知識。程子說，今天格一物，明天格一物，習而久之，自然貫通。有人以範圍問他，他說，上自天地之高大，下至一草一木，都要格的。這個範圍，就是科學的範圍、工程師的範圍。

兩千二三百年前，荀子就有「制天命而用之」的思想；七八百年前，程子、朱子就有格物——窮理——的哲學。這是科學的哲學，可算是工程師的哲學。我們老祖宗有這樣好的思想、哲學，為什麼不能做到科學工業的文化呢？簡單一句話，我們不幸得很，兩千五百年以前的時候，已經走上了自然主義的哲學一條路了。像老子、莊子，以及更後的淮南子，都是代表自然主義思想的。這種自然主義的哲學發達得太早，而自然科學與工業發達得太遲：這是中國思想史的大缺點。

剛才講，人是用智慧製造器具的動物。這樣，人就要天天同自然界接觸，天天動手動腳的，抓住實物，把實物來玩，或者打碎它、煮它、燒它。玩來玩去，就可以發現新的東西，走上科學工業的一條路。比方「豆腐」，就是把豆子磨細，用其他的東西來點，來試驗，一次，二次，……經過許多次的試驗，結果點成漿，做成功豆腐；做成功豆腐還不夠，還要做豆腐乾、豆腐乳。豆腐的做成，很顯然的，是與自然界接觸，動手動腳，多方試驗的結果，不是對自然界看看，想想，或做一首詩恭維自然界就行了的。

頂好一個例子，是格物哲學到了明朝的一個故事。明朝有一位大哲學家王陽明，他說，照程子、朱子的說法，要做聖人，要「即物而窮其理」。「即物窮理」，你們沒有試驗過，我王陽明試驗過了。有一天，他同一位姓錢的朋友研究格物，並由錢先生動手格竹子，拿一個凳子坐在竹子旁邊望，望了三天三夜，格不出來，病了。王陽明說，你不夠做聖人，我來格。也端把椅子對著竹子望；望了一天一夜，兩天兩夜，…… 到了七天七夜，王陽明也格不出來，病了。於是王陽明說，我們不配做聖人，不能格物。從這個故事，可以看出傳統的不動手動腳，拿天然實物來玩的習慣。今天工學院植物系的學生格竹子，是要把竹子劈開，用顯微鏡來細細地看，再加上顏色的水，做各種試驗，然後就可以判定竹子在工業上的地位。為什麼王陽明格不出來，今天的工程師可以格出來？因王陽明沒有動手動腳做器具的習慣，今天的工程師有動手動腳做器具的習慣。荀子「制天命而用之」的哲學，終敵不過老子、莊子「錯（措）人而思天」的哲學。故程、朱的格物窮理思想，終不能應用到自然界的實物上去，至多只能在「讀書」上（文史的研究上）發生一點功效。

今天送給各位工程師哲學的人生觀，又約略講了講我們老祖宗為什麼失敗，為什麼有了這樣好的征服天然的理想，窮理致知的哲學，而沒有造成功科學文化、工業文化。我們可以了解我們老祖宗讓西方人趕上去了。同時，從西方人後來實現了我們老祖宗的理想，我們亦就可以知道，只要振作，是可以迎頭趕上的。我們只要二十年、三十年的努力，就可以同世界上科學工業發達的國家站在一樣的地位。

二十年前，中國科學社要我作一個社歌；後來請趙元任先生作了樂譜。今天我把這個東西送給各位工程師。這個社歌，一共三段十二句。

我們不崇拜自然，它是一個刁鑽古怪；
我們要捶它，煮它，要叫它聽我們的指派。
我們要它給我們推車；我們它要他給我們送信。
我們要揭穿它的祕密，好叫它服侍我們人。
我們唱天行有常，我們唱致知窮理。明知道真理無窮，進一寸有一寸的歡喜。

1952年12月27日

人生問題

一九〇三年，我只有十二歲，那年十二月十七日，有美國的萊特弟兄做第一次飛機試驗，用很簡單的機器試驗成功，因此美國定十二月十七日為飛行節。十二月十七日正是我的生日，我覺得我同飛行有前世因緣。我在前十多年，曾在廣西飛行過十二天，那時我做了一首「飛行小贊」，這算是關於飛行的很早的一首辭。諸位飛過大西洋，太平洋，我在民國三十年，在美國也飛過四萬英里，這表示我同諸位不算很隔閡。今天大家要我講人生問題，這是諸位出的題目，我來交卷。這是很大的問題，讓我先下定義，但是定義不是我的，而是思想界老前輩吳稚暉的。他說：人為萬物之靈，怎麼講呢？第一：人能夠用兩隻手做東西。第二：人的腦部比一切動物的都大，不但比哺乳動物大，並且比人的老祖宗猿猴的還要大。有這能做東西的兩手和比一切動物都大的腦部，所以說人為萬物之靈。人生是什麼？即是人在戲臺上演戲，在唱戲。看戲有各種看法，即對人生的看法叫做人生觀。但人生有什麼意義呢？怎樣算好戲？怎樣算壞戲？我常想：人生意義就在我們怎樣看人生。意義的大小淺深，全在我們怎樣去用兩手和腦部。

人生很短，上壽不過百年，完全可用手腦做事的時候，不過幾十年。有人說，人生是夢，是很短的夢。有人說，人生不過是肥皂泡。其實，就是最悲觀的說法，也證實我上面所說人生的有沒有意義全看我們對人生的看法。就算他是做夢吧，也要做一個熱鬧的，轟轟烈烈的好夢，不要做悲觀的夢。既然辛辛苦苦的上臺，就要好好的唱個好戲，唱個像樣子的戲，不要跑龍套。人生不是單獨的，人是社會的動物，他能看見和想像他所看不到的東西，他有能看到上至數百萬年下至子孫百代的能力。無論是過去，現在，或將來，人都逃不了人與人的關係。比如這一杯茶（講演桌上放著一杯玻璃杯盛的茶）就包括多少人的供獻，這些人雖然看不見，但從種茶，挑選，用自來水，自來水又包括電力等等，這有多少人的供獻，這就可以看出社會的意義。我們的一舉一動，也都有社會的意義，譬如我隨便往地上吐口痰，經太陽晒乾，風一吹起，如果我有癆病，風可以把病菌帶給幾個人到無數人。我今天講的話，諸位也許有人不注意，也許有人認為沒道理，也許說胡適之胡說，是瞎說八道，也許有人因我的話回去看看書，也許竟一生受此影響。

一　人生隨想

一句話，一句格言，都能影響人。我舉一個極端的例子，兩千五百年前，離尼泊爾不遠地方，路上有一個乞丐死了，屍首正在腐爛。這時走來一位年輕的少爺叫 gotama，後來就是釋迦牟尼佛，這位少爺是生長於深宮中不知窮苦的，他一看到屍首，問這是什麼？人說這是死。他說：噢！原來死是這樣子，我們都不能不死麼？這位貴族少爺就回去想這問題，後來跑到森林中去想，想了幾年，出來宣傳他的學說，就是所謂佛學。這屍身腐爛一件事，就有這麼大的影響。飛機在萊特兄弟做試驗時，是極簡單的東西，經四十年的功夫，多少人聰明才智，才發展到今天。我們一舉一動，一言一行，一點行為都可以有永遠不能磨滅的影響。幾年來的戰爭，都是由希特勒的一本《我的奮鬥》闖的禍，這一本書害了多少人？反過來說，一句好話，也可以影響無數人，我講一個故事：民國元年，有一個英國人到我們學堂講話，講的內容很荒謬，但他的 o 字的發音，同普通人不一樣，是尖聲的，這也影響到我的 o 字發音，許多我的學生又受到我的影響。

在四十年前，有一天我到一外國人家去，出來時鞋帶掉了，那外國人提醒了我，並告訴我繫鞋帶時，把結頭底下轉一彎就不會掉了，我記住了這句話，並又告訴許多人，如今這外國人是死了，但他這句話已發生不可磨滅的影響。總而言之，從頂小的事情到頂大的像政治經濟宗教等等，我們的一舉一動都有不可磨滅的影響，儘管看不見，影響還是有。在孔夫子小時，有一位魯國人說：人生有三不朽，即立德，立功，立言。立德就是最偉大的人格，像耶穌孔子等。立功就是對社會有供獻。立言包括思想和文學，最偉大的思想和文學都是不朽的。

但我們不要把這句話看得貴族化，要看得平民化，比如皮鞋打結不散、吐痰、o 的發音，都是不朽的。就是說：不但好的東西不朽，壞的東西也不朽，善不朽，惡亦不朽。一句好話可以影響無數人，一句壞話可以害死無數人。這就給我們一個人生標準，消極的我們不要害人，要懂得自己行為。積極的要使這社會增加一點好處，總要叫人家得我一點好處。再回來說，人生就算是做夢，也要做一個像樣子的夢。宋朝的政治家王安石有一首詩，題目是「夢」。說：「知世如夢無所求，無所求心普定寂，還似夢中隨夢境，成就河沙夢功德。」不要丟掉這夢，要好好去做！即算是唱戲，也要好好去唱。

1948年8月12日

不朽

不朽有種種說法，但是總括看來，只有兩種說法是真有區別的。一種是把「不朽」解作靈魂不滅的意思，一種就是《春秋左傳》上說的「三不朽」。

（一）神不滅論。宗教家往往說靈魂不滅，死後須受末日的裁判：做好事的享受天國天堂的快樂，做惡事的要受地獄的苦痛。這種說法，幾千年來不但受了無數愚夫愚婦的迷信，居然還受了許多學者的信仰。但是古今來也有許多學者對於靈魂是否可離形體而存在的問題，不能不發生疑問。

最重要的如南北朝人范縝的〈神滅論〉說：「形者神之質，神者形之用。……神之於質，猶利之於刀；形之於用，猶刀之於利。……舍利無刀，舍刀無利。未聞刀沒而利存，豈容形亡而神在？」宋朝的司馬光也說：「形既朽滅，神亦飄散，雖有剉燒舂磨，亦無所施。」但是司馬光說的「形既朽滅，神亦飄散」，還不免把形與神看作兩件事，不如范縝說的更透澈。范縝說人的神靈即是形體的作用，形體便是神靈的形質。正如刀子是形質，刀子的利鈍是作用；有刀子方才有利鈍，沒有刀子便沒有利鈍。

人有形體方才有作用；這個作用，我們叫做「靈魂」。若沒有形體，便沒有作用了，便沒有靈魂了。范縝這篇〈神滅論〉出來的時候，惹起了無數人的反對。梁武帝叫了七十幾個名士作論駁他，都沒有什麼真有價值的議論。其中只有沈約的〈難神滅論〉說：「利若遍施四方，則利體無處復立；利之為用正存一邊毫毛處耳。神之於形，舉體若合，又安得同乎？若以此譬為盡耶，則不盡；若謂本不盡耶，則不可以為譬也。」這一段是說刀是無機體，人是有機體，故不能彼此相比。這話固然有理，但終不能推翻「神者形之用」的議論。近世唯物派的學者也說人的靈魂並不是什麼無形體，獨立存在的物事，不過是神經作用的總名；靈魂的種種作用都即是腦部各部分的機能作用；若有某部被損傷，某種作用即時廢止；人幼年時腦部不曾完全發達，神靈作用也不能完全，老年人腦部漸漸衰耗，神靈作用也漸漸衰耗。

這種議論的大旨，與范縝所說「神者形之用」正相同。但是有許多人總捨不得把靈魂打消了，所以咬住說靈魂另是一種神祕玄妙的物事，並不是神經的作用。這個「神祕玄妙」的物事究竟是什麼，他們也說不出來，只覺得總應該有這麼一件物事。既是「神祕玄妙」，自然不能用科學試驗來證明他，也不能用科學試驗來駁倒他。既然如此，我們只好用實驗主義（pragmatism）的方法，看這種學說的實際效果如何，以為評判的標準。依此標準看來，信神不滅論的固然也有好人，信神滅論的也未必全是壞人。即如司馬光、范縝、赫胥黎一類的人，說不信靈魂不滅的話，何嘗沒有高尚的道德？更進一層說，有些人因為迷信天堂、天國、地獄、末日裁判，方才修德行善，這種修行趨勢自私自利的，也算不得真正道德。總而言之，靈魂不滅的問題，於人生行為上實在沒有什麼重大影響；既沒有實際的影響，簡直可說是不成問題了。

（二）三不朽說。《左傳》說的三種不朽是：1、立德的不朽。2、立功的不朽。3、立言的不朽。「德」便是個人人格的價值，像墨翟、耶穌一類的人，一生刻意孤行，精誠勇猛，使當時的人敬愛信仰，使千百年後的人想念崇拜。這便是立德的不朽。「功」便是事業，像哥侖布發現美洲，像華盛頓造成美洲共和國，替當時的人開一新天地，替歷史開一新紀元，替天下後世的人種下無量幸福的種子。這便是立功的不朽。「言」便是語言著作，像那《詩經》三百篇的許多無名詩人，又像陶潛、杜甫、蕭士比亞、易卜生一類的文學家，又像柏拉圖、盧騷、彌兒一類的文學家，又像牛敦、達爾文一類的科學家，或是做了幾首好詩使千百年後的人歡喜感嘆；或是做了幾本好戲使當時的人鼓舞感動，使後世的人發憤興起；或是創出一種新哲學，或是發明一種新學說，或在當時發生思想的革命，或在後世影響無窮。這便是立言的不朽。總而言之，這種不朽說，不問人死後靈魂能不能存在，只問他的人格、他的事業、他的著作有沒有存在的價值。

即如基督教徒說耶穌是上帝的兒子，他的神靈永久存在，我們正不用駁這種無憑據的神話，只說耶穌的人格、事業和教訓都可以不朽，又何必說那些無謂的神話呢？又如孔教會的人每到孔丘的生日，一定要舉行祭孔的典禮，還有些人學那「朝山進香」的法子，要趕到曲阜孔林去對孔丘的神靈表示敬意！其實孔丘的不朽全在他的人格與教訓，不在他的那「在天之靈」。大總統多行兩次丁祭，孔教會多走兩次「朝山進香」，就可以使孔丘特別不朽了嗎？更進一步說，像那《三百篇》裡的詩人，也沒有姓名，也沒有事實，但是他們都可說是立言的不朽。為什麼呢？因為不朽全靠一個人的真價值，並不靠姓名事實的流傳，也不靠靈魂的存在。試看古往今來的多少大發明家，那發明火的，發明養蠶的，發明繅絲的，發明織布的，發明水車的，發明舂米的水碓的，發明規矩的，發明秤的，……雖然姓名不傳，事實湮沒，但他們的功業永遠存在，他們也就都不朽了。這種不朽比那個人的小小的靈魂的存在，可不是更可寶貴，更可羨慕嗎？況且那靈魂的有無還在不可知之中，這三種不朽——德、功、言——可是實在的。這三種不朽可不是比那靈魂的不滅更靠得住嗎？

也即盧梭（jean-jacques rousseau, 1712-1778）：法國著名啟蒙思想家，18世紀法國大革命的思想先驅，啟蒙運動最卓越的代表人物之一。

也即牛頓（isaac newton, 1643-1727）：英國偉大的數學家、物理學家、天文學家和自然哲學家。

以上兩種不朽論，依我個人看來，不消說得，那「三不朽說」是比那「神不滅說」好得多了。但是那「三不朽說」還有三層缺點，不可不知。第一，照平常的解說看來，那些真能不朽的人只不過那極少數有道德、有功業、有著述的人。還有那無量平常人難道就沒有不朽的希望嗎？世界上能有幾個墨翟、耶穌，幾個哥侖布、華盛頓，幾個杜甫、陶潛，幾個牛敦、達爾文呢？這豈不成了一種「寡頭」的不朽論嗎？第二，這種不朽論單從積極一方面著想，但沒有消極的裁制。那種靈魂的不朽論既說有天國的快樂，又說有地獄的苦楚，是積極消極兩方面都顧著的。如今單說立德可以不朽，不立德又怎樣呢？立功可以不朽，有罪惡又怎樣呢？第三，這種不朽論所說的「德、功、言」三件，範圍都很含糊。究竟怎樣的人格方才可算是「德」呢？怎樣的事業方才可算是「功」呢？怎樣的著作方才可算是「言」呢？我且舉一個例。哥侖布發現美洲固然可算得立了不朽之功，但是他船上的水手火頭又怎樣呢？他那隻船的造船工人又怎樣呢？他船上用的羅盤器械的製造工人又怎樣呢？他所讀的書的著作者有怎樣呢？……舉這一條例，已可見「三不朽」的界限含糊不清了。

因為要補足這三層缺點，所以我想提出第三種不朽論來請大家討論。我一時想不起別的好名字，姑且稱他做「社會的不朽論」。

(三) 社會的不朽論。社會的生命，無論是看縱剖面，是看橫截面，都像一種有機的組織。從縱剖面看來，社會的歷史是不斷的；前人影響後人，後人又影響更後人；沒有我們的祖宗和那無數的古人，又那裡有今日的我和你？沒有今日的我和你，又那裡有將來的後人？沒有那無量數的個人，便沒有歷史，但是沒有歷史，那無數的個人也絕不是那個樣子的個人：總而言之，個人造成歷史，歷史造成個人。從橫截面看來，社會的生活全靠個人分工合作的生活，但個人的生活，無論如何不同，都脫不了社會的影響；若沒有那樣這樣的社會，絕不會有這樣那樣的我和你；若沒有無數的我和你，社會也絕不是這個樣子的。來勃尼慈（leibnitz）說得好：

> 這個世界乃是一片大充實（plenum，為真空 vacuum 之對），其中一切物質都是接連著的。一個大充實裡面有一點變動，全部的物質都要受影響，影響的程度與物體距離的遠近成正比例。世界也是如此。每一個人不但直接受他身邊親近人的影響，並且間接又間接的受距離很遠的人的影響。所以世間的交互影響，無論距離遠近，都受得著的。所以世界上的人，每人受著全世界一切動作的影響。如果他有周知萬物的智慧，他可以在每人的身上看出世間一切施為，無論過去未來都可看得出，在這一個現在裡面便有無窮時間空間的影子。

即萊布尼茨（gottfriend wilheim von leibniz, 1646-1716）：德國著名的自然科學家、數學家、物理學家、歷史學家和哲學家。著有《單子論》，下段引文，即出此書。

從這個交互影響的社會觀和世界觀上面，便生出我所說的「社會的不朽論」來。我這「社會的不朽論」的大旨是：

我這個「小我」不是獨立存在的，是和無量數「小我」有直接或間接的交互關係的；是和社會的全體和世界的全體都有互為影響的關係的；是和社會世界的過去和未來都有因果關係的。種種從前的因，種種現在無數「小我」和無數他種勢力所造成的因，都成了我這個「小我」和無數他種勢力所造成的因，都成了我這個「小我」的一部分。我這個「小我」，加上種種從前的因，又加上種種現在的因，傳遞下去，又要造成無數將來的「小我」。

這種種過去的「小我」，和種種現在的「小我」，和種種將來無窮的「小我」，一代傳一代，一點加一滴；一線相傳，連綿不斷；一水奔流，滔滔不絕——這便是一個「大我」。「小我」是會消滅的，「大我」是永遠不滅的。「小我」是有死的，「大我」是永遠不死，永遠不朽的。「小我」雖然會死，但是每一個「小我」的一切作為，一切功德罪惡，一切語言行事，無論大小，無論是非，無論善惡，一一都永遠留存在那個「大我」之中。那個「大我」，便是古往今來一切「小我」的紀功碑、彰善祠、罪狀判決書、孝子慈孫百世不能改的惡謚法。這個「大我」是永遠不朽的，故一切「小我」的事業、人格、一舉一動、一言一笑、一個念頭、一場功勞、一樁罪過，也都永遠不朽。這便是社會的不朽，「大我」的不朽。

那邊「一座低低的土牆，遮著一個彈三弦的人」。那三弦的聲浪，在空間起了無數波瀾；那被衝動的空氣質點，直接間接衝動無數旁的空氣質點；這種波瀾，由近而遠，至於無窮空間；由現在而將來，由此剎那以至於無量剎那，至於無窮時間——這已是不滅不朽了。那時間，那「低低的土牆」外邊來了一位詩人，聽見那三弦的聲音，忽然起了一個念頭；由這個念頭，就成了一首好詩；這首好詩傳誦了許多人；人讀了這詩，各起種種念頭；由這種種念頭，更發生無量數的念頭，更發生無數的動作，以至於無窮。然而那「低低的土牆」裡面那個彈三弦的人又如何知道他所發生的影響呢？

一個生肺病的人在路上偶然吐了一口痰。那口痰被太陽晒乾了，化為微塵，被風吹起空中，東西飄散，漸吹漸遠，至於無窮時間，至於無窮空間。偶然一部分的病菌被體弱的人呼吸進去，便發生肺病，由他一身傳染一家，更由一家傳染無數人家。如此輾轉傳染，至於無窮空間，至於無窮時間。然而那先前吐痰的人的骨頭早已腐爛了，他又如何知道他所種的惡果呢？

一千五六百年前有一個人叫范縝說了幾句話道：「神之於形，猶利之於刀；未聞刀沒而利存，豈容形亡而神在？」這幾句話在當時受了無數人的攻擊。到了宋朝有個司馬光把這幾句話記在他的《資治通鑑》裡。一千五六百年之後，有一個十一歲的小孩子——就是我——看《通鑑》到這幾句話，心裡受了一大感動，後來便影響了他半生的思想行事。然而那說話的范縝早死了一千五百年了！

二千六七百年前，在印度地方有一個窮人病死了，沒人收屍，屍首暴露在路上，已腐爛了。那邊來了一輛車，車上坐著一個王太子，看見了這個腐爛發臭的死人，心中起了一念；由這一念，輾轉發生無數念。後來那位王太子把王位也拋了，富貴也拋了，父母妻子也拋了，獨自去尋思一個解脫生老病死的方法。後來這位王子便成了一個教主，創了一種哲學的宗教，感化了無數人。他的影響勢力至今還在；將來即使他的宗教全滅了，他的影響勢力終究還存在，以至於無窮。這可是那腐爛發臭的路斃所曾夢想到的嗎？

以上不過是略舉幾件事，說明上文說的「社會的不朽」、「大我的不朽」。這種不朽論，總而言之，只是說個人的一切功德罪惡，一切言語行事，無論大小好壞，一一都留下一些影響在那個「大我」之中。一一都與這永遠不朽的「大我」一同永遠不朽。

上文我批評那「三不朽論」的三層缺點：1、只限於極少數的人。2、沒有消極的裁制。3、所說「功、德、言」的範圍太含糊了。如今所說「社會的不朽」，其實只是把那「三不朽論」的範圍更推廣了。既然不論事業功德的大小，一切都可不朽，那第一第二兩層短處都沒有了。冠絕古今的道德功業固可以不朽，那極平常的「庸言庸行」、油鹽柴米的瑣屑、愚夫愚婦的細事、一言一笑的微細，也都永遠不朽。

那發現美洲的哥侖布固可以不朽，那些和他同行的水手火頭，造船的工人，造羅盤器械的工人，供給他糧食衣服銀錢的人，他所讀的書的著作家，生他的父母，生他父母的父母祖宗，以及生於訓練那些工人商人的父母祖宗，以及他以前和同時的社會……都永遠不朽。社會是有機的組織，那英雄偉人可以不朽，那挑水的、燒飯的，甚至於浴堂裡替你擦背的，甚至於每天替你家掏糞倒馬桶的，也都永遠不朽。至於那第二層缺點，也可免去。如今說立德不朽，行惡也不朽；立功不朽，犯罪也不朽；「流芳百世」不朽，「遺臭萬年」也不朽；功德蓋世固是不朽的善因，吐一口痰也有不朽的惡果。我的朋友李守常先生說得好：「稍一失腳，必致遺留層層罪惡種子於未來無量的人——即未來無量的我——永不能消除，永不能懺悔。」這就是消極的裁制了。

中國儒家的宗教提出一個父母的觀念，和一個祖先的觀念，來做人生一切行為的裁制力。所以說，「一出言而不敢忘父母，一舉足而不敢忘父母。」父母死後，又用喪禮祭禮等等見神見鬼的方法，時刻提醒這種人生行為的裁制力。所以又說，「齋明盛服，以承祭祀，洋洋乎如在其上，如在其左右。」又說，「齋三日，則見其所為齋者；祭之日，入室，僾然必有見乎其位；周還出戶，肅然必有聞乎其容聲；出戶而聽，愾然必有聞乎其嘆息之聲」。這都是「神道設教」，見神見鬼的手段。

這種宗教的手段在今日是不中用了。還有那種「默示」的宗教、神權的宗教、崇拜偶像的宗教，在我們心裡也不能發生效力，不能裁制我們一生的行為。以我個人看來，這種「社會的不朽」觀念很可以做我的宗教了。我的宗教的教旨是：

我這個現在的「小我」，對於那永遠不朽的「大我」的無窮過去，須負重大的責任；對於那永遠不朽的「大我」的無窮未來，也須負重大的責任。我須要時時想著，我應該如何努力利用現在的「小我」，方才可以不辜負了那「大我」的無窮過去，方才可以不遺害那「大我」的無窮未來！

大宇宙中談博愛

「博愛」就是愛一切人。這題目範圍很大。在未討論以前，讓我們先看一個問題：我們的世界有多大？

我的答覆是「很大」！我從前念《千字文》的時候，一開頭便已唸到這樣的詞句：「天地玄黃，宇宙洪荒。」

宇宙是中國的字，和英文的 universe、world 的意思差不多，都是抽象名詞。宇是空間（space），即東南西北；宙是時間（time），即古今旦暮。

《淮南子》說宇是上下四方，宙是古往今來。

宇宙就是天地，宇宙就是 time-space。

古人能得 universe 的觀念實在不易，相當合於今日的科學。

但古人所見的空間很小，時間很短，現在的觀念已擴大了許多。考古學探討千萬年的事，地質學、古生物學、天文學等等不斷的發現，更將時間空間的觀念擴大。

現在的看法：空間是無窮的大，時間是無窮的長。

古人只見到八大行星，二十年前只見九大行星。現在所謂的銀河，是古代所未能想像得到的。以前覺得太陽很遠，現在說起來算不得什麼，因為比太陽遠千萬倍的東西多得很。

科學就這樣地答覆了「宇宙究竟有多大」這個問題。

現在談第二點：博愛。

在這個大世界裡談博愛，真是個大問題。

廣義的愛，是世界各大宗教的最終目的。墨子可謂中國歷史上最了不起的人，可說是宗教創立者（founder of religion），他提出「兼愛」為他的理論中心。兼愛就是博愛，是愛無等差的愛。墨子理論和基督教教義有很多相合的地方，如「愛人如己」、「愛我們的仇敵」等。

佛教哲學本謂一切無常，我亦無常，「我」是「四大」（土、水、火、風）偶然結合而成的，是十分簡單的東西，因此無所謂愛與恨——根本不值得愛，也不值得恨。但早期佛教亦有愛的意念在：我既無常，可犧牲以為人。

和尚愛眾生，但是佛教不准自食其力，所以有人稱之為「叫花」（乞丐）宗教。自己的飯亦須取之於人，何能博愛？

古時很多人為了「愛」，每次登坑（大便）的時候便想想，大想一番，想到愛人。有些人則以身餵蚊，或以刀割肉，以自身所受的痛苦來顯示他們對人的愛。這種愛的方法，只能做到犧牲自己，在現代的眼光看來，是可笑的。這種博愛給人的幫助十分有限，與現代的科學——工程、醫學等所能給我們的「博愛」比起來，力量實在小得可憐。今日的科學增進了人類互助博愛的能力。就說最近義大利郵船 andrea doria 號遇難的事吧，短短的數小時內就救起千多人。近代交通、醫學等的發達，減少了人類無數的痛苦。

我們要談博愛，一定要換一觀念。古時那種餵蚊割肉的博愛，等於開空頭支票，毫無價值。現在的科學才能放大我們的眼光，促進我們的同情心，增加我們助人的能力。我們需要一種以科學為基礎的博愛——一種實際的博愛。

孔子說：「修己以敬，修己以安人，修己以安百姓。」修己就是把自己弄好。我們應當先把自己弄好，然後幫助別人；「獨善其身」然後能「兼善天下」。同學們，現在我們讀書的時候，不要空談高唱博愛；但應先努力學習，充實自己，到我們有充分能力的時候才談博愛，仍不算遲。

新生活——為《新生活》雜誌第一期作的

哪樣的生活可以叫做新生活呢？

我想來想去，只有一句話。新生活就是有意思的生活。

你聽了，必定要問我，有意思的生活又是什麼樣子的生活呢？

我且先說一兩件實在的事情做個樣子，你就明白我的意思了。

前天你沒有事做，閒的不耐煩了，你跑到街上一個小酒店裡，打了四兩白乾，喝完了，又要四兩，再添上四兩。喝的大醉了，同張大哥吵了一回嘴，幾乎打起架來。後來李四哥來把你拉開，你氣忿忿的又要了四兩白乾，喝的人事不知，幸虧李四哥把你扶回去睡了。昨兒早上，你酒醒了，大嫂子把前天的事告訴你，你懊悔的很，自己埋怨自己：「昨兒為什麼要喝那麼多酒呢？可不是糊塗嗎？」

你趕上張大哥家去，作了許多揖，賠了許多不是，自己怪自己糊塗，請張大哥大量包涵。正說時，李四哥也來了，王三哥也來了。他們「三缺一」，要你陪他們打牌。你坐下來，打了十二圈牌，輸了一百多弔錢。你回得家來，大嫂子怪你不該賭博，你又懊悔的很，自己怪自己道：「是呵，我為什麼要陪他們打牌呢？可不是糊塗嗎？」

諸位，像這樣子的生活，叫做糊塗生活，糊塗生活便是沒有意思的生活。你做完了這種生活，

一　人生隨想

回頭一想：「我為什麼要這樣幹呢？」你自己也回答不出究竟為什麼。

諸位，凡是自己說不出「為什麼這樣做」的事，都是沒有意思的生活。

反過來說，凡是自己說得出「為什麼這樣做」的事，都可以說是有意思的生活。

生活的「為什麼」，就是生活的意思。

人同畜牲的分別，就在這個「為什麼」上。你到萬牲園裡去看那白熊一天到晚擺來擺去不肯歇，那就是沒有意思的生活。我們做了人，應該不要學那些畜生的生活。畜生的生活只是糊塗，只是胡混，只是不曉得自己為什麼如此做。一個人做的事應該件件事回答得出一個「為什麼」。

我為什麼要幹這個？為什麼不幹那個？回答得出，方才可算是一個人的生活。

我們希望中國人都能做這種有意思的新生活。其實這種新生活並不十分難，只消時時刻刻問自己為什麼這樣做，為什麼不那樣做，就可以漸漸的做到我們所說的新生活了。

諸位，千萬不要說「為什麼」這三個字是很容易的小事。你打今天起，每做一件事，便問一個為什麼——為什麼不把辮子剪了？為什麼不把大姑娘的小腳放了？為什麼大嫂子臉上搽那麼多的脂粉？為什麼出棺材要用那麼多叫化子？為什麼娶媳婦也要用那麼多叫化子？為什麼罵人要罵他的爹媽？為什麼這個？為什麼那個？——你試辦一兩天，你就會覺得這三個字的趣味真是無窮無盡，這三個字的功用也無窮無盡。

諸位，我們恭恭敬敬的請你們來試試這種新生活。

1919年8月

非個人主義的新生活

這個題目是我在山東道上想著的，後來曾在天津學生聯合會的學術講演會講過一次，又在唐山的學術講演會講過一次。唐山的演稿由一位劉贊清君記出，登在一月十五日《時事新報》上。我這一篇的大意是對於新村的運動貢獻一點批評。這種批評是否合理，我也不敢說。但是我自信這一篇文字是研究考慮的結果，並不是根據於先有的成見的。

本篇有兩層意思。一是表示我不贊成現在一般有志青年所提倡，我所認為「個人主義的」新生活。一是提出我所主張的「非個人主義的」新生活。就是「社會的」新生活。

先說什麼叫做「個人主義」(individualism)。1月2日夜（就是我在天津講演前一晚），杜威博士在天津青年會講演「真的與假的個人主義」，他說：個人主義有兩種：

（一）假的個人主義——就是為我主義（egoism），他的性質是自私自利：只顧自己的利益，不管群眾的利益。

（二）真的個人主義——就是個性主義（individuality），他的特性有兩種：一是獨立思想，不肯把別人的耳朵當耳朵，不肯把別人的眼睛當眼睛，不肯把別人的腦力當自己的腦力；二是個人對於自己思想信仰的結果要負完全責任，不怕權威，不怕監禁殺身，只認得真理，不認得個人的利害。

一　人生隨想

杜威先生極力反對前一種假的個人主義，主張後一種真的個人主義。這是我們都贊成的。但是他反對的那種自私自利的個人主義的害處，是大家都明白的。因為人多明白這種主義的害處，故他的危險究竟不很大。例如東方現在實行這種極端為我主義的「財主督軍」，無論他們眼前怎樣橫行，究竟逃不了公論的怨恨，究竟不會受多數有志青年的崇拜。所以我們可以說這種主義的危險是很有限的。但是我覺得「個人主義」還有第三派，是很受人崇敬的，是特別危險的。這一派是：

（三）獨善的個人主義，他的共同性質是：不滿意於現社會，卻又無可如何，只想跳出這個社會去尋一種超出現社會的理想生活。

這個定義含有兩部分：1、承認這個現社會是沒有法子挽救的了；2、要想在現社會之外另尋一種獨善的理想生活。自有人類以來，這種個人主義的表現也不知有多少次了。簡括說來，共有四種：

（一）宗教家的極樂國。如佛家的淨土，猶太人的伊丁園，別種宗教的天堂、天國，都屬於這一派。這種理想的緣起，都由於對現社會不滿意。因為厭惡現社會，故懸想那些無量壽、無量光的淨土；不識不知，完全天趣的伊丁園；只有快樂，毫無痛苦的天國。這種極樂國裡所沒有的，都是他們所厭恨的；所有的，都是他們所夢想而不能得到的。

（二）神仙生活。神仙的生活也是一種懸想的超出現社會的生活。人世有疾病痛苦，神仙無病長生；人世愚昧無知，神仙能知過去未來；人生不自由，神仙乘雲遨遊，來去自由。

（三）山林隱逸的生活。前兩種是完全出世的，他們的理想生活是懸想的渺茫的出世生活。山林隱逸的生活雖然不是完全出世的，也是不滿意於現社會的表示。他們不滿意於當時的社會政治，卻又無能為力，只得隱姓埋名，逃出這個惡濁社會去做他們自己理想中的生活。他們不能「得君行道」，故對於功名利祿，表示藐視的態度；他們痛恨富貴的人驕奢淫佚，故說富貴如同天上的浮雲，如同腳下的破草鞋。他們痛恨社會上有許多不耕而食、不勞而得的「吃白階級」，故自己耕田鋤地，自食其力。他們厭惡這汙濁的社會，故實行他們理想中梅妻鶴子、漁蓑釣艇的潔淨生活。

(四) 近代的新村生活。近代的新村運動，如十九世紀法國美國的理想農村，如現在日本日向的新村，照我的見解看起來，實在同山林隱逸的生活是根本相同的。那不同的地方，自然也有。山林隱逸是沒有組織的，新村是有組織的：這是一種不同。隱逸的生活是同世事完全隔絕的，故有「不知有漢，遑論魏晉」的理想；現在的新村的人能有賞玩 rodin 同 cézanne 的幸福，還能在村外著書出報：這又是一種不同。但是這兩種不同都是時代造成的，是偶然的，不是根本的區別。從根本性質上看來，新村的運動都是對於現社會不滿意的表示。即如日向的新村，他們對於現在「少數人在多數人的不幸上，築起自己的幸福」的社會制度，表示不滿意，自然是公認的事實。

周作人先生說日向新村裡有人把中國看做「最自然，最自在的國」。這是他們對於日本政制極不滿意的一種牢騷話，很可玩味的。武者小路實篤先生一般人雖然極不滿意於現社會，卻又不贊成用「暴力」的改革。他們都是「真心仰慕著平和」的人。他們於無可如何之中，想出這個新村的計畫來。周作人先生說：「新村的理想，要將歷來非暴力不能做到的事，用和平方法得來。」這個和平方法就是離開現社會，去做一種模範的生活。「只要萬人真希望這種的世界，這世界便能實現。」

這句話不但是獨善主義的精義，簡直全是淨土宗的口氣了！所以我把新村來比山林隱逸，不算冤枉他；就是把他來比求淨土天國的宗教運動，也不算玷辱他。不過他們的「淨土」是在日向，不在西天罷了。

一　人生隨想

我這篇文章要批評的「個人主義的新生活」，就是指這一種跳出現社會的新村生活。這種生活，我認為是「獨善的個人主義」的一種。「獨善」兩個字是從孟軻「窮則獨善其身」一句話上來的。有人說：新村的根本主張是要人人「盡了對於人類的義務，卻又完全發展自己個性」；如此看來，他們既承認「對於人類的義務」，如何還是獨善的個人主義呢。我說：這正是個人主義的證據。試看古今來主張個人主義的思想家，從希臘的「狗派」(cynic) 以至十八九世紀的個人主義，那一個不是一方面崇拜個人，一方面崇拜那廣漠的「人類」的？主張個人主義的人，只是否認那些切近的倫誼——或是家族，或是「社會」，或是國家——但是因為要推翻這些比較狹小逼人的倫誼，不得不捧出那廣漠不逼人的「人類」。所以凡是個人主義的思想家，沒有一個不承認這個雙重關係的。新村的人主張「完全發展自己個性」，故是一種個人主義。他們要想跳出現社會去發展自己個性，故是一種獨善的個人主義。

這種新村的運動，因為恰合現在青年不滿意於現社會的心理，故近來中國也有許多人歡迎、讚嘆、崇拜。我也是敬仰武者先生一班人的，故也曾仔細考究這個問題。我考究的結果是不贊成這種運動。我以為中國的有志青年不應該仿行這種個人主義的新生活。

這種新村的運動有什麼可以反對的地方呢？

第一，因為這種生活是避世的，是避開現社會的。這就是讓步。這便不是奮鬥。我們自然不應該提倡「暴力」，但是非暴力的奮鬥是不可少的。我並不是說武者先生一班人沒有奮鬥的精神。他們在日本能提倡反對暴力的論調——如《一個青年的夢》——自然是有奮鬥精神的。但是他們的新村計畫想避開現社會裡「奮鬥的生活」，去尋那現社會外「生活的奮鬥」，這便是一大讓步。武者先生的《一個青年的夢》裡的主角最後有幾句話，很可玩味。他說：

……請寬恕我的無力。——寬恕我的話的無力。但我心裡所有的對於美麗的國的仰慕，卻要請諸君體察的。

我們對於日向的新村應該作如此觀察。

第二，在古代，這種獨善主義還有存在的理由；在現代，我們就不該崇拜他了。古代的人不知道個人有多大的勢力，故孟軻說：「窮則獨善其身，達則兼善天下。」古人總想，改良社會是「達」了以後的事業，——是得君行道以後的事業；故承認個人——窮的個人——只能做獨善的事業，不配做兼善的事業。古人錯了。現在我們承認個人有許多事業可做。人人都是一個無冠的帝王，人人都可以做一些改良社會的事。去年的五四運動和六三運動，何嘗是「得君行道」的人做出來的？知道個人可以做事，知道有組織的個人更可以做事，便可以知道這種個人主義的獨善生活是不值得模仿的了。

第三，他們所信仰的「泛勞動主義」是很不經濟的。他們主張：「一個人生存上必要的衣食住，論理應該用自己的力去得來，不該要別人代負這責任。」這話從消極一方面看，——從反對那「游民貴族」的方面看，——自然是有理的。但是從他們的積極實行方面看，他們要「人人盡勞動的義務，製造這生活的資料」——就是衣食住的資料——這便是「矯枉過正」了。人人要盡製造衣食住的資料的義務，就是人人要加入這生活的奮鬥。(周作人先生再三說新村裡平和幸福的空氣，也許不承認「生活的奮鬥」的話；但是我說的，並不是人同人爭麵包米飯的奮鬥，乃是人在自然界謀生存的奮鬥；周先生說新村的農作物至今還不夠自用，便是一證。）現在文化進步的趨勢，是要使人類漸漸減輕生活的奮鬥至最低度，使人類能多分一些精力出來，做增加生活意味的事業。新村的生活使人人都要盡「製造衣食住的資料」的義務，根本上否認分功進化的道理，增加生活的奮鬥，是很不經濟的。

第四，這種獨善的個人主義的根本觀念就是周先生說的「改造社會，還要從改造個人做起。」我對於這個觀念，根本上不能承認。這個觀念的根本錯誤在於把「改造個人」與「改造社會」分作兩截；在於把個人看作一個可以提到社會外去改造的東西。要知道個人是社會上種種勢力的結果。我們吃的飯，穿的衣服，說的話，呼吸的空氣，寫的字，有的思想……沒有一件不是社會的。我曾有幾句詩，說：「此身非吾有：一半屬父母，一半屬朋友。」當時我以為把一半的我歸功社會，總算很慷慨了。後來我才知道這點算學做錯了！父母給我的真是極少的一部分。其餘各種極重要的部分，如思想、信仰、知識、技術、習慣，等等，大都是社會給我的。

我穿線襪的法子是一個徽州同鄉教我的；我穿皮鞋打的結能不散開，是一個美國女朋友教我的。這兩件極細碎的例，很可以說明這個「我」是社會上無數勢力所造成的。社會上的「良好分子」

並不是生成的，也不是個人修練成的——都是因為造成他們的種種勢力裡面，良好的勢力比不良的勢力多些。反過來，不良的勢力比良好的勢力多，結果便是「惡劣分子」了。古代的社會哲學和政治哲學只為要妄想憑空改造個人，故主張正心、誠意、獨善其身的辦法，這種辦法其實是沒有辦法，因為沒有下手的地方。近代的人生哲學漸漸變了，漸漸打破了這種迷夢，漸漸覺悟：改造社會的下手方法在於改良那些造成社會的種種勢力——制度、習慣、思想、教育，等等。那些勢力改良了，人也改良了。所以我覺得「改造社會要從改造個人做起」還是脫不了舊思想的影響。我們的根本觀念是：

> 個人是社會上無數勢力造成的。
>
> 改造社會須從改造這些造成社會，造成個人的種種勢力做起。
>
> 改造社會即是改造個人。

新村的運動如果真是建築在「改造社會要從改造個人做起」一個觀念上，我覺得那是根本錯誤了。改造個人也是要一點一滴的改造那些造成個人的種種社會勢力。不站在這個社會裡來做這種一點一滴的社會改造，卻跳出這個社會去「完全發展自己個性」，這便是放棄現社會，認為不能改造。這便是獨善的個人主義。

以上說的是本篇的第一層意思。現在我且簡單說明我所主張的「非個人主義的」新生活是什麼。這種生活是一種「社會的新生活」，是站在這個現社會裡奮鬥的生活，是霸占住這個社會來改造這個社會的新生活。他的根本觀念有三條：

（一）社會是種種勢力造成的，改造社會須要改造社會的種種勢力。這種改造一定是零碎的改造——一點一滴的改造，一尺一步的改造。無論你的志願如何宏大，理想如何徹底，計畫如何偉大，你總不能籠統的改造，你總不能不做這種「得寸進寸，得尺進尺」的功夫。所以我說：社會的改造是這種制度那種制度的改造，是這種思想那種思想的改造，是這個家庭那個家庭的改造，是這個學堂那個學堂的改造。

有人說：「社會的種種勢力是互相牽掣的，互相影響的。這種零碎的改造，是不中用的。因為你才動手改這一種制度，其餘的種種勢力便圍攏來牽掣你了。如此看來，改造還是該做籠統的改造。」我說不然。正因為社會的勢力是互相影響牽掣的，故一部分的改造自然會影響到別種勢力上去。這種影響是最切實的，最有力的。近年來的文字改革，自然是局部的改革，但是他所影響的別種勢力，竟有意想不到的多。這不是一個很明顯的例嗎？

（二）因為要做一點一滴的改造，故有志做改造事業的人必須要時時刻刻存研究的態度，做切實的調查，下精細的考慮，提出大膽的假設，尋出實驗的證明。這種新生活是研究的生活，是隨時隨地解決具體問題的生活。具體的問題多解決了一個，便是社會的改造進了那麼多一步。做這種生活的人要睜開眼睛，公開心胸；要手足靈敏，耳目聰明，心思活潑；要歡迎事實，要不怕事實；要愛問題，要不怕問題的逼人！

（三）這種生活是要奮鬥的。那避世的獨善主義是與人無忤，與世無爭的，故不必奮鬥。這種「淑世」的新生活，到處翻出不中聽的事實，到處提出不中聽的問題，自然是很討人厭的，是一定要招起反對的。反對就是興趣的表示，就是注意的表示。我們對於反對的舊勢力，應該做正當的奮鬥，不可退縮。我們的方針是：奮鬥的結果，要使社會的舊勢力不能不讓我們；切不可先就偃旗息鼓退出現社會去，把這個社會雙手讓給舊勢力。換句話說，應該使舊社會變成新社會，使舊村變為新村，使舊生活變為新生活。

我且舉一個實際的例。英美近二三十年來，有一種運動，叫做「貧民區域居留地」(social settlements) 的運動。這種運動的大意是：一班青年的男女——大都是大學的畢業生——在本城揀定一塊極齷齪、極不堪的貧民區域，買一塊地，造一所房屋。這班人便終日在這裡面做事。這屋裡，凡是物質文明所賜的生活需要品——電燈、電話、熱氣、浴室、游水池、鋼琴、話匣，等等——無一不有。他們把附近的小孩子——垢面的孩子，頑皮的孩子——都招攏來，教他們游水，教他們讀書，教他們打球，教他們演說辯論，組成音樂隊，組成演劇團，教他們演戲奏藝。還有女醫生和看護婦，天天出去訪問貧家，替他們醫病，幫他們接生和看護產婦。病重的，由「居留地」的人送入公家醫院。

因為天下貧民都是最安本分的，他們眼見那高樓大屋的大醫院心裡以為這定是為有錢人家造的，絕不是替貧民診病的；所以必須有人打破他們這種見解，教他們知道醫院不是專為富貴人家的。還有許多貧家的婦女每日早晨出門做工，家裡小孩子無人看管，所以「居留地」的人教他們把小孩子每天寄在「居留地」裡，有人替他洗浴，換洗衣服，餵他們飲食，領他們遊戲。到了晚上，他們的母親回來了，各人把小孩領回去。這種小孩子從小就在潔淨慈愛的環境里長大，漸漸養成了良好習慣，回到家中，自然會把從前的種種汙穢的環境改了。家中的大人也因時時同這種新生活接觸，漸漸的改良了。我在紐約時，曾常常去看亨利街上的一所居留地，是華德女士（lilian wald）辦的。有一晚我去看那條街上的貧家子弟演戲，演的是貝里（barry）的名劇。我至今回想起來，他們演戲的程度比我們大學的新戲高得多咧！

這種生活是我所說的「非個人主義的新生活」！是我所說的「變舊社會為新社會，變舊村為新村」的生活！這也不是用「暴力」去得來的！我希望中國的青年要做這一類的新生活，不要去模仿那跳出現社會的獨善生活，我們的新村就在我們自己的舊村裡！我們所要的新村是要我們自己的舊村變成的新村！

可愛的男女少年！我們的舊村裡我們可做的事業多得很咧！村上的鴉片煙燈還有多少？村上的嗎啡針害死了多少人？村上纏腳的女子還有多少？村上的學堂成個什麼樣子？村上的紳士今年賣票得了多少錢？村上的神廟香火還是怎麼興旺？村上的醫生斷送了幾百條人命？村上的煤礦工人每日只拿到五個銅子，你知道嗎？村上多少女工被貧窮逼去賣淫，你知道嗎？村上的工廠沒有避火的鐵梯，昨天火起，燒死了一百多人，你知道嗎？村上的童養媳婦被婆婆打斷了一條腿，村上的紳士逼他的女兒餓死做烈女，你知道嗎？

有志求新生活的男女少年！我們有什麼權利，丟開這許多的事業去做那避世的新村生活！我們放著這個惡濁的舊村，有什麼面孔，有什麼良心，去尋那「和平幸福」的新村生活！

1920年1月22日

易卜生主義

一

易卜生最後所作的《我們死人再生時》（when we dead awaken）一本戲裡面有一段話，很可表出易卜生所作文學的根本方法。這本戲的主角是一個美術家，費了全副精神，雕成一副像，名為「復活日」。這位美術家自己說他這副雕像的歷史道：

我那時年紀還輕，不懂得世事。我以為這「復活日」應該是一個極精緻、極美的少女像，不帶著一毫人世的經驗，平空地醒來，自然光明莊嚴，沒有什麼過惡可除。……但是我後來地幾年，懂得些世事了，才知道這「復活日」不是這樣簡單的，原來是很複雜的。……我眼裡所見的人情世故，都到我理想中來，我不能不把這些現狀包括進去。我只好把這像的座子放大了，放寬了。

我在那座子上雕了一片曲折爆裂的地面。從那地的裂縫裡，鑽出來無數模糊不分明，人身獸面的男男女女。這都是我在世間親自見過的男男女女。（二幕）

這是「易卜生主義」的根本方法。那不帶一毫人世罪惡的少女像，是指那盲目的理想派文學。那無數模糊不分明，人身獸面的男男女女，是指寫實派的文學。易卜生早年和晚年的著作雖不能全

一　人生隨想

說是寫實主義，但我們看他極盛時期的著作，盡可以說，易卜生的文學，易卜生的人生觀，只是一個寫實主義。一八八二年，他有一封信給一個朋友，信中說道：

> 我做書的目的，要使讀者人人心中都覺得他所讀的全是實事。（《尺牘》第一五九號）

人生的大病根在於不肯睜開眼睛來看世間的真實現狀。明明是男盜女娼的社會，我們偏說是聖賢禮義之邦；明明是贓官汙吏的政治，我們偏要歌功頌德；明明是不可救藥的大病，我們偏要說一點病都沒有！卻不知道：若要病好，須先認有病；若要政治好，須先認現今的政治實在不好；若要改良社會，須先知道現今的社會實是男盜女娼的社會！易卜生的長處，只在他肯說老實話，只在他能把社會種種腐敗齷齪的實在情形寫出來叫大家仔細看。他並不是愛說社會的壞處，他只是不得不說。一八八〇年，他對一個朋友說：

> 我無論做什麼詩，編什麼戲，我的目的只要我自己精神上的舒服清淨。因為我們對於社會的罪惡，都脫不了干係的。（《尺牘》第一四八號）

因為我們對於社會的罪惡都脫不了干係，故不得不說老實話。

二

我們且看易卜生寫近世的社會，說的是一些什麼樣的老實話。第一，先說家庭。

易卜生所寫的家庭，是極不堪的。家庭裡面，有四種大惡德：一是自私自利；二是依賴性，奴隸性；三是假道德，裝腔作戲；四是懦怯沒有膽子。做丈夫的便是自私自利的代表。他要快樂，要安逸，還要體面，所以他要娶一個妻子。正如《娜拉》戲中的郝爾茂，他覺得同他妻子有愛情是很好玩的。他叫他妻子做「小寶貝」、「小鳥兒」、「小松鼠兒」、「我的最親愛的」，等等肉麻名字。他給他妻子一點錢去買糖吃，買粉搽，買好衣服穿。他要他妻子穿得好看，打扮的標緻。做妻子的完全是一個奴隸。她丈夫喜歡什麼，她也該喜歡什麼，她自己是不許有什麼選擇的。她的責任在於使丈夫歡喜。她自己不用有思想：她丈夫會替她思想。她自己不過是她丈夫的玩意兒，很像叫化子的猴子專替他變把戲引人開心的。

（所以《娜拉》又名《玩偶之家》）丈夫要妻子守節，妻子卻不能要丈夫守節，正如《群鬼》（ghosts）戲裡的阿爾文夫人受不過丈夫的氣，跑到一個朋友家去；那位朋友是個牧師，狠教訓了她一頓，說她不守婦道。但是阿爾文夫人的丈夫在外面偷婦人，甚至淫亂他妻子的婢女；人家都毫不介意，那位牧師朋友也覺得這是男人常有的事，不足為奇！妻子對丈夫，什麼都可以犧牲；丈夫對妻子，是不犯著犧牲什麼的。《娜拉》戲內的娜拉因為要救她丈夫的生命，所以冒她父親的名字，簽了借據去借錢。後來事體鬧穿了，她丈夫不但不肯替娜拉分擔冒名的干係，還要痛罵她帶累他自己的名譽。後來和平了結了，沒有危險了，她丈夫又裝出大度的樣子，說不追究她的錯處了。他得意揚揚地說道：「一個男人赦了他妻子的過犯是很暢快的事！」（《娜拉》三幕）

這種極不堪的情形，何以居然忍耐得住呢？第一，因為人都要顧面子，不得不裝腔作戲，做假道德遮著面孔。第二，因為大多數的人都是沒有膽子的懦夫。因為要顧面子，故不肯鬧翻；因為沒有膽子，故不敢鬧翻。那《娜拉》戲裡的娜拉忽然看破家庭是一座作猴子戲的戲臺，她自己是臺上的猴子。她有膽子，又不肯裝假面子，所以告別了掌班的，跳下了戲臺，去幹她自己的生活，那《群鬼》戲裡的阿爾文夫人沒有娜拉的膽子，又要顧面子，所以被她的牧師朋友一勸，就勸回頭了，還是回家去盡她的「天職」，守她的「婦道」。她丈夫仍舊做那種淫蕩的行為。

阿爾文夫人只好犧牲自己的人格，盡力把他羈縻在家。後來生下一個兒子，他母親恐怕他在家學了他父親的壞榜樣，所以到了七歲便把他送到巴黎去。她一面要哄她丈夫在家，一面要在外邊替她丈夫修名譽，一面要騙她兒子說她父親是怎樣一個正人君子。這種情形，過了十九個足年，她丈夫才死。死後，他妻子還要替他裝面子，花了許多錢，造了一所孤兒院，作她亡夫的遺愛。孤兒院造成了，把她兒子喚回來參與孤兒院落成的慶典。誰知她兒子從胎裡就得了他父親的花柳病的遺毒，變成一種腦腐症，到家沒幾天，那孤兒院也被火燒了，她兒子的遺傳病發作，腦子壞了，就成了瘋人了。這是沒有膽子，又要面子的結局。這就是腐敗家庭的下場！

三

其次，且看易卜生的社會的三種大勢力。那三種大勢力：一是法律，二是宗教，三是道德。

第一，法律。法律的效能在於除暴去惡，禁民為非。但是法律有好處也有壞處。好處在於法律是無有偏私的；犯了什麼法，就該得什麼罪。壞處也在於此。法律是死板板的條文，不通人情世故；不知道一樣的罪名卻有幾等幾樣的居心，有幾等幾樣的境遇情形；同犯一罪的人卻有幾等幾樣的知識程度。法律只說某人犯了某法的某某篇某某章某某節，該得某某罪，全不管犯罪的人的知識不同，境遇不同，居心不同。《娜拉》戲裡有兩件冒名簽字的事：一件是一個律師做的，一件是一個不懂法律的婦人做的。那律師犯這罪全由於自私自利，那婦人兒這罪全因為她要救她丈夫的性命。但是法律不問這些區別。請看兩個「罪人」討論這個問題：

（律師）郝夫人，你好像不知道你犯了什麼罪，我老實對你說，我犯的那樁使我一生名譽掃地的事，和你所做的事恰恰相同，一毫也不多，一毫也不少。

（娜拉）你！難道你居然也敢冒險去救你的妻子的命嗎？

（律師）法律不管人的居心如何。

（娜拉）如此說來，這種法律是笨極了。

（律師）不問他笨不笨，你總要受他的裁判。

（娜拉）我不相信。難道法律不許做女兒的想個法子免得她臨死的父親煩惱嗎？難道法律不許做妻子的救她的丈夫的命嗎？我不大懂得法律，但是我想總該有這種法律承認這些事的。你是一個律師，你難道不知道有這樣的法律嗎？柯先生，你真是一個不中用的律師了。（《娜拉》一幕）

最可憐的是世上真沒有這種入情入理的法律！

第二，宗教。易卜生眼裡的宗教久已失去了那種可以感化人的能力；久已變成毫無生氣的儀節信條，只配口頭唸得爛熟，卻不配使人奮發鼓舞了。《娜拉》戲裡說：

（郝爾茂）你難道沒有宗教嗎？

（娜拉）我不很懂得究竟宗教是什麼東西。

我只知道我進教時那位牧師告訴我的一些話。他對我說宗教是這個，是那個，是這樣，是那樣。（三幕）

如今人的宗教，都是如此，你問他信什麼教，他就把他的牧師或是他的先生告訴他的話背給你聽。他會背耶穌的祈禱文，他會念阿彌陀佛，他會背一部《聖諭廣訓》。這就是宗教了。

宗教的本意，是為人而做的，正如耶穌說的：「禮拜是為人造的，不是人為禮拜造的。」不料後世的宗教處處與人類的天性相反，處處反乎人情。如《群鬼》戲中的牧師，逼著阿爾文夫人回家去受那蕩子丈夫的待遇，去受那十九年極不堪的慘痛。那牧師說，宗教不許人求快樂；求快樂便是受了惡魔的魔力了。他說，宗教不許做妻子的批評丈夫的行為。他說，宗教教人無論如何總要守婦道，總須盡責任。那牧師口口聲聲所說是「是」的，阿爾文夫人心中總覺得都是「不是」的。後來阿爾文夫人仔細去研究那牧師的宗教，忽然大悟。原來那些教條都是假的，都是「機器造的」！（《群鬼》二幕）

但是這種機器造的宗教何以居然能這樣興旺呢？原來現在的宗教雖沒有精神上的價值，卻極有物質上的用場。宗教是可以利用的，是可以使人發財得意的。那《群鬼》戲裡的木匠，本是一個極下流的酒鬼，賣妻賣女都肯幹的。但是他見了那位道學的牧師，立刻就裝出宗教家的樣子，說宗教家的話，做宗教家的唱歌祈禱，把這位蠢牧師哄得滴溜溜的轉。（二幕）那《羅斯馬莊》（rosmersholm）戲裡面的主角羅斯馬本是一個牧師，後來他的思想改變了，遂不信教了。他那時想加入本地的自由黨，不料黨中的領袖卻不許羅斯馬宣告他脫離教會的事。為什麼呢？因為他們黨裡很少信教的人，故想借羅斯馬的名譽來號召那些信教的人家。可見宗教的興旺，並不是因為宗教真有興旺的價值，不過是因為宗教有可以利用的好處罷了。

第三，道德。法律宗教既沒有裁制社會的本領，我們且看「道德」可有這種本事。據易卜生看來，社會上所謂「道德」不過是許多陳腐的舊習慣。合於社會習慣的，便是道德；不合於社會習慣的，便是不道德。正如我們中國的老輩人看見少年男女實行自由結婚，便說是「不道德」。為什麼呢？因為這事不合於「父母之命，媒妁之言」的社會習慣。但是這班老輩人自己討過許多小老婆，卻以為是很平常的事，沒有什麼不道德。為什麼呢？因為習慣如此。又如中國人死了父母，發出訃書，人人都說「泣血稽顙」，「苫塊昏迷」。其實他們何嘗泣血？又何嘗「寢苫枕塊」？這種自欺欺人的事，人人都以為是「道德」，人人都不以為羞恥。為什麼呢？因為社會的習慣如此，所以不道德的也覺得道德了。

這種不道德的道德，在社會上，造出一種詐偽不自然的偽君子。面子上都是仁義道德，骨子裡都是男盜女娼。易卜生最恨這種人。他有一本戲，叫做《社會的棟梁》（pillars of society）。戲中的主人名叫褒匿，是一個極壞的偽君子：他犯了一樁姦情，卻讓他兄弟受這惡名，還要誣賴他兄弟偷了錢跑脫了。不但如此，他還雇了一隻爛脫底的船送他兄弟出海，指望把他兄弟和一船的人都沉死在海底，可以滅口。

這樣一個大奸，面子上卻做得十分道德，社會上都尊敬他，稱他做「全市第一個公民」，「公民的模範」，「社會的棟梁」！他謀害他兄弟的那一天，本城的公民，聚了幾千人，排起隊來，打著旗，奏著軍樂，上他的門來表示社會的敬意，高聲喊道，「褒匿萬歲！社會的棟梁褒匿萬歲！」

這就是道德！

四

其次，我們且看易卜生寫個人與社會的關係。

易卜生的戲劇中，有一條極顯而易見的學說，是說社會與個人互相損害；社會最愛專制，往往用強力摧折個人的個性，壓制個人自由獨立的精神；等到個人的個性都消滅了，等到自由獨立的精神都完了，社會自身也沒有生氣了，也不會進步了。社會裡有許多陳腐的習慣，老朽的思想，極不堪的迷信，個人生在社會中，不能不受這些勢力的影響。有時有一兩個獨立的少年，不甘心受這種陳腐規矩的束縛，於是東衝西突想與社會作對。上文所說的褒匿，當少年時，也曾想和社會反抗。但是社會的權力很大，網羅很密；個人的能力有限，如何是社會的敵手？社會對個人道：「你們順我者生，逆我者死；順我者有賞，逆我者有罰。」那些和社會反對的少年，一個一個的都受家庭的責備，遭朋友的怨恨，受社會的侮辱驅逐。再看那些奉承社會旨意的人，一個個的都升官發財，安富尊榮了。當此境地，不是頂天立地的好漢，絕不能堅持到底。所以像褒匿那般人，做了幾時的維新志士，不久也漸漸的受社會同化，仍舊回到舊社會去做「社會的棟梁」了。社會如同一個大火爐，什麼金銀銅鐵錫，進了爐子，都要熔化。易卜生有一個戲叫《雁》（*the wild duck*），寫一個人捉到一隻雁，把牠養在樓上半閣裡，每天給牠一桶水，讓牠在水裡打滾遊戲。那雁本是一個海闊天空逍遙自得的飛鳥，如今在半閣裡關久了，也會生活，也會長得胖胖的，後來竟完全忘記了牠從前那種海闊天空來去自由的樂處了！個人在社會裡，就同這雁在人家半閣上一般，起初未必滿意，久而久之，也就慣了，也漸漸的把黑暗世界當作安樂窩了。

社會對於那班服從社會命令，維持陳舊迷信，傳播腐敗思想的人，一個一個的都有重賞。有的發財了，有的升官了，有的享大名譽了。這些人有了錢，有了勢，有了名譽，就像老虎長了翅膀，更可橫行無忌了，更可藉著「公益」的名義去騙人錢財，害人生命，做種種無法無天的行為。易卜生的《社會的棟梁》和《博曼克》（*john gabriel borkman*）兩本戲的主角都是這種人物。他們錢賺得夠了，然後掏出幾個小錢來，開一個學堂，造一所孤兒院，立一個公共遊戲場，「捐二十磅金去買麵包給貧人吃」（用《社會性棟梁》二幕中語）。於是社會特別恭維他們，打著旗子，奏著軍樂，上他們家來，大喊「社會的棟梁萬歲！」

那些不懂事又不安本分的理想家，處處和社會的風俗習慣反對，是該受重罰的。執行這種重罰的機關，便是「輿論」，便是大多數的「公論」。世間有一種最通行的迷信，叫做「服從多數的迷信」。人都以為多數人的公論總是不錯的。易卜生絕對的不承認這種迷信。他說「多數黨總在錯的一邊，少數黨總在不錯的一邊。」（《國民公敵》五幕）一切維新革命，都是少數人發起的，都是大多數人所極力反對的。大多數人總是守舊麻木不仁的，只有極少數人，有時只有一個人，不滿意於社會的現狀，要想維新，要想革命。這種理想家是社會所最忌的。

大多數人都罵他是「搗亂分子」，都恨他「擾亂治安」，都說他「大逆不道」；所以他們用大多數的專制威權去壓制那「搗亂」的理想志士，不許他開口，不許他行動自由；把他關在監牢裡，把他趕出境去，把他殺了，把他釘在十字架上活活的釘死，把他捆在柴草上活活的燒死。過了幾十年幾百年，那少數人的主張漸漸的變成多數人的主張了，於是社會的多數人又把他們從前殺死釘死燒死的地些「搗亂分子」一個一個的重新推崇起來，替他們修墓，替他們作傳，替他們立廟，替他們鑄銅像。卻不知道從前那種「新」思想，到了這時候，又早已成了「陳腐的」迷信！當他們替從前那些特立獨行的人修墓鑄銅像的時候，社會裡早已發生了幾個新派少數人，又要受他們殺死釘死燒死的刑罰了！所以說「多數黨總是錯的，少數黨總是不錯的」。

易卜生有一本戲叫做《國民公敵》，裡面寫的就是這個道理。這本戲的主角斯鐸曼醫生從前發現本地的水可以造成幾處衛生浴池。本地的人聽了他的話，覺得有利可圖，便集了資本造了幾處衛生浴池。後來四方的人聞了這浴池的名，紛紛來這裡避暑養病。來的人多了，本地的商業市面便漸漸發達興旺。斯鐸曼醫生便做了浴池的官醫。後來洗浴的人之中，忽然發生一種流行病症，經這位醫生仔細考察，知道這病症是從浴池的水裡來的，他便裝了一瓶水寄與大學的化學師請他化驗。化驗出來，才知道浴池的水管安的太低了，上流的汙穢，停積在浴池裡，發生一種傳染病的微生物，極有害於公眾衛生。斯鐸曼醫生得了這種科學證據，便做了一篇切切實實的報告書，請浴池的董事會把浴池的水管重行改造，以免妨礙衛生。

不料改造浴池須要花費許多錢，又要把浴池閉歇一兩年；浴池一閉歇，本地的商務便要受許多損失。所以本地的人全體用死力反對斯鐸曼醫生的提議。他們寧可聽任那些來避暑養病的人受毒病死，卻不情願受這種金錢的損失，所以他們用大多數的專制威權壓制這位說老實話的醫生，不許他開口。他做了報告，本地的報館都不肯登載。他要自己印刷，印刷局也不肯替他印。他要開會演說，全城的人都不把空屋借他做會場。後來好容易找到了一所會場，開了一個公民會議，會場上的人不但不聽他的老實話，還把他趕下臺去，由全體一致表決，宣告斯鐸曼醫生從此是國民的公敵。他逃出會場，把褲子都撕破了，還被眾人趕到他家，用石頭擲他，把窗戶都打碎了。到了明天，本地政府革了他的官醫；本地商民發了傳單不許人請他看病；他的房東請他趕快搬出屋去；他的女兒在學堂教書，也被校長辭退了。這就是「特立獨行」的好結果！這就是大多數懲罰少數「搗亂分子」的辣手段！

五

其次，我們且說易卜生的政治主義。易卜生的戲劇不大討論政治問題，所以我們須要用他的《尺牘》（*letters, ed. by his son, sigurd ibsen, english trans.* 1905）做參考的材料。

易卜生起初完全是一個主張無政府主義的人。當普法之戰（1870-1871）時，他的無政府主義最為激烈。一八七一年，他有信與一個朋友道：

……個人絕無做國民的需要。不但如此，國家簡直是個人的大害。請看普魯士的國力，不是犧牲了個人的個性去買來的嗎？國民都成了酒館裡跑堂的了，自然個個是好兵了。再看猶太民族：豈不是最高貴的人類嗎？無論受了何種野蠻的待遇，那猶太民族還能保存本來的面目。這都因為他們沒有國家的原故。國家總得毀去。這種毀除國家的革命，我也情願加入。毀去國家觀念，單靠個人的情願和精神上的團結做人類社會的基本，——若能做到這步田地，這可算得有價值的自由起點。那些國體的變遷，換來換去，都不過是弄把戲，——都不過是全無道理的胡鬧。（《尺牘》第七九）

易卜生的純粹無政府主義，後來漸漸的改變了。他親自看見巴黎「市民政府」（commune）的完全失敗（一八七一），便把他主張無政府主義的熱心滅了許多。（《尺牘》第八一）到了一八八四年，他寫信給他的朋友說，他在本國若有機會，定要把國中無權的人民聯合成一個大政黨，主張極力推廣選舉權，提高婦女的地位，改良國家教育，要使脫除一切中古陋習。（《尺牘》第一七八）這就不是無政府的口氣了。但是他自己到底不曾加入政黨。他以為加入政黨是很下流的事。（《尺牘》第一五八）他最恨那班政客，他以為「那班政客所力爭的，全是表面上的權利，全是胡鬧。最要緊的是人心的大革命」（《尺牘》第七七）。

易卜生從來不主張狹義的國家主義，從來不是狹義的愛國者。一八八八年，他寫信給一個朋友說道：

知識思想略為發達的人，對於舊式的國家觀念，總不滿意。我們不能以為有了我們所屬的政治團體便足夠了。據我看來，國家觀念不久就要消滅了，將來定有一種觀念起來代他。即以我個人而論，我已經過這種變化，我起初覺得我是挪威國人，後來變成斯堪丁納維亞人，（挪威與瑞典總名斯堪丁納維亞。）我現在已成了條頓人了。（《尺牘》第二〇六）

這是一八八八年的話。我想易卜生晚年臨死的時候，（1906）一定已進到世界主義的進步了。

六

我開篇便說過易卜生的人生觀只是一個寫實主義。易卜生把家庭社會的實在情形都寫了出來，叫人看了動心，叫人看了覺得我們的家庭社會原來是如此黑暗腐敗，叫人看了覺得家庭社會真正不得不維新革命：——這就是「易卜生主義」。表面上看去，像是破壞的，其實完全是建設的。譬如醫生診了病，開的一個脈案，把病狀詳細寫出，這難道是消極的破壞的手續嗎？但是易卜生雖開了許多脈案，卻不肯輕易開藥方。他知道人類社會是極複雜的組織，有種種絕不相同的境地，有種種絕不相同的情形。社會的病，種類紛繁，絕不是什麼「包醫百病」的藥方所能治得好的。因此他只好開個脈案，說出病情，讓病人各人自己去尋醫病的藥方。

雖然如此，但是易卜生生平卻也有一種完全積極的主張。他主張個人須要充分發達自己的天才性；須要充分發展自己的個性，他有一封信給他的朋友白蘭戴說道：

我所最期望於你的是一種真益純粹的為我主義。要使你有時覺得天下只有關於我的事最要緊，其餘的都算不得什麼。……你要想有益於社會，最好的法子莫如把你自己這塊材料鑄造成器。……有的時候我真覺得全世界都像海上撞沉了船，最要緊的還是救出自己。（《尺牘》第八四）

最可笑的是有些人明知世界「陸沉」，卻要跟著「陸沉」，跟著墮落，不肯「救出自己！」卻不知道社會是個人組成的，多救出一個人便是多備下一個再造新社會的分子。所以孟軻說「窮則獨善其身」，這便是易卜生所說「救出自己」的意思。這種「為我主義」，其實是最有價值的利人主義。所以易卜生說，「你要想有益於社會，最妙的法子莫如把你自己這塊材料鑄造成器。」《娜拉》戲裡，寫娜拉拋棄了丈夫兒女飄然而去，也只為要「救出自己」。那戲中說：

（郝爾茂）……妳就是這樣拋棄妳的最神聖的責任嗎？

（娜拉）你以為我的最神聖的責任是什麼？

（郝）還等我說嗎？可不是妳對於妳的丈夫和妳的兒女的責任嗎？

（娜）我還有別的責任同這些一樣的神聖。

（郝）沒有的。妳且說，那些責任是什麼。

（娜）是我對於我自己的責任。

（郝）最要緊的，妳是一個妻子，又是一個母親。

（娜）這種話我現在不相信了。我相信第一我是一個人正同你一樣。——無論如何，我務必努力做一個人。（三幕）

一八八二年，易卜生有信給朋友道：

這樣生活，須使各人自己充分發展：——這是人類功業頂高的一層；這是我們大家都應該做的事。（《尺牘》第一六四）

社會最大的罪惡莫過於摧折個人的個性，不使他自由發展。那本《雁》戲所寫的只是一件摧殘個人才性的慘劇。那戲寫一個人少年時本極有高尚的志氣，後來被一個惡人害得破家蕩產，不能度日；那惡人又把他自己通姦有孕的下等女子配給他做妻子，從此家累日重一日，他的志氣便日低一日。到了後來，他墮落深了，竟變成了一個懶人懦夫，天天受那下賤婦人和兩個無賴的恭維，他洋洋得意的覺得這種生活很可以終身的。所以那本戲借一個雁做比喻：那雁在半閣上關得久了，牠從前那種高飛遠舉的志氣全消滅了。居然把人家的半閣作牠的極樂國了！

發展個人的個性，須要有兩個條件。第一，須使個人有自由意志。第二，須使個人擔干係，負責任。娜拉戲中寫郝爾茂的最大錯處只在他把娜拉當作「玩意兒」看待，既不許她有自由意志，又不許她擔負家庭的責任，所以娜拉竟沒有發展她自己個性的機會。所以娜拉一旦覺悟時，恨極她的丈夫，決意棄家遠去，也正為這個緣故。易卜生又有一本戲，叫做《海上夫人》（*the lady from the sea*），裡面寫一個女子哀梨妲少年時嫁給人家做後母，她丈夫和前妻的兩個女兒看她年輕，不讓她管家務，只叫她過安閒日子。哀梨妲在家覺得這種不自由的妻子，不負責任的後母，是極沒趣的事。因此她天天想跟人到海外去過那海闊天空的生活。她丈夫越不許她自由，她偏越想自由。後來她丈夫知道留她不住，只得許她自由出去，她丈夫說道：

（丈夫）……我現在立刻和妳毀約，現在妳可以有完全自由揀定妳自己的路子。……現在妳可以自己決定，妳有完全的自由，妳自己擔干係。

（哀梨姐）完全自由！還要自己擔干係！還擔干係咧！有這麼一來，樣樣事都不同了。

哀梨姐有了自由又自己負責任了，忽然大變了，也不想那海上的生活了，決意不跟人走了。（《海上夫人》第五幕）這是為什麼呢？因為世間只有奴隸的生活是不能自由選擇的，是不用擔干係的。個人若沒有自由權，又不負責任，便和做奴隸一樣，所以無論怎樣好玩，無論怎樣高興，到底沒有真正樂趣，到底不能發展個人的人格。所以哀梨姐說，有了完全自由，還要自己擔干係，有這麼一來，樣樣事都不同了。

家庭是如此，社會國家也是如此。自治的社會，共和的國家，只是要個人有自由選擇之權，還要個人對於自己所行所為都負責任。若不如此，絕不能造出自己獨立的人格。社會國家沒有自由獨立的人格如同酒裡少了酒麴，麵包裡少了酵，人身上少了腦筋：那種社會國家決沒有改良進步的希望。

所以易卜生的一生目的只是要社會極力容忍，極力鼓勵斯鐸曼醫生一流的人物。（斯鐸曼事見上文四節）要想社會上生出無數永不知足，永不滿意，敢說老實話攻擊社會腐敗情形的「國民公敵」；要想社會上有許多人都能像斯鐸曼醫生那樣宣言道：「世上最強有力的人就是那個孤立的人！」

社會國家是時刻變遷的，所以不能指定哪一種方法是救世的良藥：十年前用補藥，十年後或者須用泄藥了；十年前用涼藥，十年後或者須用熱藥了。況且各地的社會國家都不相同，適用於日本的藥，未必完全適用於中國；適用於德國的藥，未必適用於美國。只有康有為那種「聖人」，還想用他們的「戊戌政策」來救戊午的中國；只有辜鴻銘那班怪物，還想用二千年前的「尊王大義」來施行於二十世紀的中國。易卜生是聰明的人，他知道世上沒有「包醫百病」的仙方，也沒有「施諸四海而皆準，推之百世而不悖」的真理。因此他對於社會的種種罪惡汙穢，只開脈案，只說病狀，卻不肯下藥。但他雖不肯下藥，卻到處告訴我們一個保衛社會健康的衛生良法。他彷彿說道：「人的身體全靠血裡面有無量數的白血輪時時刻刻與人身的病菌開戰，把一切病菌撲滅乾淨，方才可使身體健全，精神充足。社會國家的健康也全靠社會中有許多永不知足，永不滿意，時刻與罪惡分子宣戰的白血輪，方才有改良進步的希望。我們若要保衛社會的健康，須要使社會裡時時刻刻有斯鐸曼醫生一般的白血輪分子。但使社會常有這種白血輪精神，社會決沒有不改良進步的道理。」

一八八三年，易卜生寫信給朋友道：

十年之後，社會的多數人大概也會到了斯鐸曼醫生開公民大會時的見地了。但是這十年之中，斯鐸曼自己也刻刻向前進；所以到了十年之後，他的見地仍舊比社會的多數人還高十年。即以我個人而論，我覺得時時刻刻總有進境。我從前每做一本戲時的主張，如今都已漸漸變成了很多數人的主張。但是等到他們趕到那裡時，我久已不在那裡了。我又到別處去了。我希望我總是向前去了。

漫遊的感想

一　東西文化的界線

我離了北京，不上幾天，到了哈爾濱。在此地我得了一個絕大的發現：我發現了東西文明的交界點。

哈爾濱本是俄國在遠東侵略的一個重要中心。當初俄國人經營哈爾濱的時候，早就預備要把此地闢作一個二百萬居民的大城，所以一切文明設備，應有盡有；幾十年來，哈爾濱就成了北中國的上海。這是哈爾濱的租界，本地人叫做「道裡」，現在租界收回，改為特別區。

租界的影響，在幾十年中，使附近的一個村莊逐漸發展，也變成了一個繁盛的大城。這是「道外」。

「道裡」現在收歸中國管理了。但俄國人的勢力還是很大的，向來租界時代的許多舊習慣至今還保存著。其中的一種遺風就是不准用人力車（東洋車）。「道外」的街道上都是人力車。一到了「道裡」，只見電車與汽車，不見一部人力車。道外的東洋車可以拉到道裡，但不准再拉客，只可拉空車回去。

我到了哈爾濱，看了道裡與道外的區別，忍不住嘆口氣，自己想道：這不是東方文明與西方文明的交界點嗎？東西洋文明的界線只是人力車文明與摩托車文明的界線——這是我的一大發現。

人力車又叫做東洋車，這真是確切不移。請看世界之上，人力車所至之地，北起哈爾濱，西至四川，南至南洋，東至日本，這不是東方文明的區域嗎？

人力車代表的文明就是那用人做牛馬的文明。摩托車代表的文明就是用人的心思才智製做出機械來代替人力的文明。把人做牛馬看待，無論如何，夠不上叫做精神文明。用人的智慧造做出機械來，減少人類的苦痛，便利人類的交通，增加人類的幸福，——這種文明卻含有不少的理想主義，含有不少的精神文明的可能性。

我們坐在人力車上，眼看那些圓顱方趾的同胞努起筋肉，彎著背脊樑梁，流著血汗，替我們做牛做馬，施我們行遠登高，為的是要掙幾十個銅子去活命養家，——我們當此時候，不能不感謝那發明蒸汽機的大聖人，不能不感謝那發明電力的大聖人，不能不祝福那製作汽船汽車的大聖人：感謝他們的心思才智節省了人類多少精力，減除了人類多少苦痛！你們嫌我用「聖人」一個字嗎？孔夫子不說過嗎？「制而用之謂之器。利用出入，民咸用之，謂之神。」孔老先生還嫌「聖」字不夠，他簡直要尊他們為「神」呢！

二　摩托車的文明

去年八月十七日的《倫敦晚報》（*evening standard*）有下列的統計：

全世界的摩托車共 24,590,000 輛。

全世界人口平均每七十一人有一輛摩托車。

美國每六人有車一輛。

加拿大與紐西蘭每十二人有車一輛。

澳洲每二十人有車一輛。

今年一月十六日紐約的《國民週報》（*the nation*）有下列的統計：

全世界摩托車 27,500,000 輛

美國摩托車 22,330,000 輛

美國摩托車數占全世界百分之八十一。

美國人口平均每五人有車一輛。

去年（1926）美國造的摩托車凡四百五十萬輛，出口五十萬輛。

美國的路上，無論是大城裡或鄉間，都是不斷的汽車。《紐約時報》上曾說一個故事：有一個北方人駕著摩托車走過 miami 的一條大道，他開的速度是每點鐘三十五英里。後面一個駕著兩輪摩托車的警察趕上來問他為什麼擋住大路。他說，「我開的已是三十五里了。」警察喝道：「開六十里！」

今年三月裡我到費城（philadelphia）演講，一個朋友請我到鄉間 haverford 去住一天。我和他同車往鄉間去，到了一處，只見那邊停著一二百輛摩托車。我說：「這裡開汽車賽會嗎？」他用手指道；「那邊不在造房子嗎？這些都是木匠泥水匠坐來做工的汽車。」

這真是一個摩托車的國家！木匠泥水匠坐了汽車去做工，大學教員自己開著汽車去上課，鄉間兒童上學都有公共汽車接送，農家出的雞蛋牛乳每天都自己用汽車送上火車或直送進城。十字街頭，向來總有一兩家酒店的；近年酒禁實行了，十字街頭往往建著汽油的小站。車多了，停車的空場遂成為都市建築的一個大問題。此外還發生了許多連帶的問題，很能使都市因此改觀。例如我到丹佛城（danver），看見牆上都沒有街道的名字，我很詫異。後來才看見街名都用白漆寫在馬路兩邊的「行道」（pavement or side walk）的底下，為的是要使夜間汽車燈光容易照著。這一件事便可以看出摩托車在都市經營上的影響了。

摩托車的文明的好處真是一言難盡。汽車公司近年通行「分月付款」的法子，使普通人家都可以購買汽車。據最近統計，去年一年之中美國人買的汽車有三分之二是分月付錢的。這種人家向來是不肯出遠門的。如今有了汽車，旅行便利了，所以每日工作完畢之後，在家帶了家中妻兒，自己開著汽車，到郊外去遊玩；每星期日，可以全家到遠地旅行遊覽。例如舊金山的「金門公園」，遠在海濱，可以縱觀太平洋上的水光島色；每到星期日，四方男女來遊的真是人山人海！這都是摩托車的恩賜。這種遠遊的便利可以增進健康，開拓眼界，增加知識，——這都是我們的轎子文明與人力車文明底下想像不到的幸福。

最大的功效還在人的官能的訓練。人的四肢五官都是要訓練的；不練就不靈巧了，久不練就遲鈍麻木了。中國鄉間的老百姓，看見汽車來了，往往手足失措，不知道怎樣迴避；你盡著嗚嗚地壓著號筒，他們只聽不見；連街上的狗與雞也只是懶洋洋地踱來擺去，不知避開。但是你若把這班老百姓請到上海來，請他們從先施公司走到永安公司去，他們便不能不用耳目手足了。走過大馬路的人，真如《封神傳》上的黃天化說的「須要眼觀四處，耳聽八方」。你若眼不明，耳不聽，手足不靈動，必難免危險。這便是摩托車文明的訓練。

美國的汽車大概都是各人自己駕駛的。往往一家中，父母子女都會開車。人工貴了，只有頂富的人家可以僱人開車。這種開車的訓練真是「勝讀十年書」！你開著汽車，兩手各有職務，兩腳也各有職務，眼要觀四處，耳要聽八方，還要手足眼耳一時並用，同力合作。你不但要會開車，還要會修車；隨你是什麼大學教授、詩人詩哲，到了半路車壞的時候，也不能不捲起袖管，替機器醫病。什麼書呆子，書蹬頭，傻瓜，若受了這種訓練，都不會四體不勤，五官不靈了。你們不常聽見人說大學教授「心不在焉」的笑話嗎？我這回新到美國，有些大學教授如孟錄博士等請我坐他們自己開的車，我總覺得有點慄慄危懼，怕他們開到半路上忽然想起什麼哲學問題或天文學問題來，那才危險呢！便是我經過幾回之後，才覺得這些大學教授已受了摩托車文明的洗禮，把從前的「心不在焉」的呆氣都趕跑了，坐在輪子前便一心在輪子上，手足也靈活了，耳目也聰明了！猗歟休哉！摩托車的教育！

三　一個勞工代表

有些自命「先知」的人常常說：「美國的物質發展終有到頭的一天；到了物質文明破產的時候，社會革命便起來了。」

我可以武斷地說：美國是不會有社會革命的，因為美國天天在社會革命之中。這種革命是漸進的，天天有進步，故天天是革命。如所得稅的實行，不過是十四年來的事，然而現在所得稅已成了國家稅收的一大宗，巨富的傢俬有納稅百分之五十以上的。這種「社會化」的現象隨地都可以看見。從前馬克思派的經濟學者說資本愈集中則財產所有權也愈集中，必做到資本全歸極少數人之手的地步。但美國近年的變化卻是資本集中而所有權分散在民眾。一個公司可以有一萬萬的資本，而股票可由僱員與工人購買，故一萬萬元的資本就不妨有一萬人的股東。近年移民進口的限制加嚴，賤工絕跡，故國內工資天天增漲；工人收入既豐，多有積蓄，往往購買股票，逐漸成為小資本家。不但白人如此，黑人的生活也逐漸抬高。紐約城的哈倫區，向為白人居住的，十年之中土地房屋全被發財的黑人買去了，遂成了一片五十萬人的黑人區域。人人都可以做有產階級，故階級戰爭的煽動不發生效力。

我且說一個故事。

我在紐約時，有一次被邀去參加一個「兩週討論會」(fortnightly forum)。這一次討論的題目是「我們這個時代應該叫什麼時代」？十八世紀是「理智時代」，十九世紀是「民治時代」，這個時期應該叫什麼?究竟是好是壞?

依這個討論會規矩，這一次請了六位客人作辯論員：一個是俄國克倫斯基革命政府的交通總長；一個是印度人；一個是我；一個是有名的「效率工程師」，(efficiency engineer) 是一位老女士；一個是紐約有名的牧師 holmes；一個是工會代表。

一　人生隨想

這是俄國 1905 年資產階級革命後成立的政府。

有些人的話是可以預料的。那位印度人一定痛罵這個物質文明時代；那位俄國交通總長一定痛罵鮑爾雪維克，那位牧師一定是很悲觀的；我一定是很樂觀的；那位女效率專家一定鼓吹她的效率主義。一言表過不提。

即布爾什維克。

單說那位勞工代表 frahne(?) 先生。他站起來演說了。他穿著晚餐禮服，挺著雪白的硬襯衫，頭髮蒼白了。他站起來，一手向裡面衣袋裡抽出一卷打字的演說稿，一手向外面袋裡摸出眼鏡盒，取出眼鏡戴上。他高聲演說了。

他一開口便使我詫異。他說：我們這個時代可以說是人類有歷史以來最好的偉大的時代，最可驚嘆的時代。

這是他的主文。以下他一條一條地舉例來證明這個主旨。他先說科學的進步，尤其注重醫學的發明；次說工業的進步；次說美術的新貢獻，特別注重近年的新音樂與新建築。最後他敘述社會的進步，列舉資本制裁的成績，勞工待遇的改善，教育的普及，幸福的增加。他在十二分鐘之內描寫世界人類各方面的大進步，證明這個時代是人類有史以來最好的時代。

我聽了他的演說，忍不住對自己說道：這才是真正的社會革命。社會革命的目的就是要做到向來被壓迫的社會分子能站在大庭廣眾之中歌頌他的時代為人類有史以來最好的時代。

四　往西去！

我在莫斯科住了三天，見著一些中國共產黨的朋友，他們很勸我在俄國多考察一些時。我因為要趕到英國去開會，所以不能久留。那時馮玉祥將軍在莫斯科郊外避暑，我聽說他很崇拜蘇俄，常常繪畫列寧的肖像。我對他的祕書劉伯堅諸君說：我很盼望馮先生從俄國向西去看看。即使不能看美國，至少也應該看看德國。

我的老朋友李大釗先生在他被捕之前一兩月曾對北京朋友說：「我們應該寫信給適之，勸他仍舊從俄國回來，不要讓他往西去打美國回來。」但他說這話時，我早已到了美國了。

我希望馮玉祥先生帶了他的朋友往西去看看德國美國；李大釗先生卻希望我不要往西去。要明白此中的意義，且聽我再說一件有趣味的故事。

我在日本時，同了馬伯援先生去訪問日本最有名的經濟學家福田德三博士。我說：「福田先生，聽說先生最近到歐洲遊歷回來之後，先生的思想主張頗有改變，這話可靠嗎？」

他說：「沒有什麼大的改變。」

我問：「改變的大致是什麼？」

他說：「從前我主張社會政策；這次從歐洲回來之後，我不主張這種妥協的緩和的社會政策了。我現在以為這其間只有兩條路：不是純粹的馬克思派社會主義，就是純粹的資本主義。沒有第三條路。」

我說：「可惜先生到了歐洲不曾走的遠點，索性到美國去看看，也許可以看見第三條路，也未可知。」

福田博士搖頭說：「美國我不敢去，我怕到了美國會把我的學說完全推翻了。」

我說：「先生這話使我頗失望。學者似乎應該尊重事實。若事實可以推翻學說，那麼，我們似乎應該拋棄那學說，另尋更滿意的假設。」

福田博士搖頭說：「我不敢到美國去。我今年五十五了，等到我六十歲時，我的思想定了，不會改變了，那時候我要往美國看看去。」

這一次的談話給了我一個絕大的刺激。世間的大問題絕不是一兩個抽象名詞（如「資本主義」「共產主義」等等）所能完全包括的。最要緊的是事實。現今許多朋友卻只高談主義，不肯看看事實。孫中山先生曾引外國俗語說「社會主義有五十七種，不知那一種是真的。」豈但社會主義有五十七種？資本主義還不止五百七十種呢！拿一個「赤」字抹殺新運動，那是張作霖、吳佩孚的把戲。然而拿一個「資本主義」來抹殺一切現代國家，這種眼光究竟比張作霖、吳佩孚高明多少？

朋友們，不要笑那位日本學者。他還知道美國有些事實足以動搖他的學說，所以他不敢去。我們之中卻有許多人絕不承認世上會有事實足以動搖我們的迷信的。

五　東方人的「精神生活」

我到紐約後的第十天——一月二十一日——《紐約時報》上登出一條很有趣味的新聞：

昨天下午一點鐘，紐吉賽邦的恩格兒塢（Englewood, NJ）的山郎先生住宅面前，圍了許多男男女女，小孩子，小狗，等著要看一位埃及道人（fakir）名叫哈密（harold bey）的被活埋的奇事。

哈密道人站在那掘好的墳坑旁邊；微微的雨點灑在他的飄飄的長袍上。他身邊站著兩個同道的助手。

人越來越多了。到了一點一分的時候，哈密道人忽然倒在地下省人事了。兩個請來的醫生同了三個報館訪員動手把他的耳朵、鼻子、嘴，都用棉花塞好。隨後便有人來把哈密道人抬下墳坑，放在墳裡的內穴裡。他臉上撒了一薄層的沙。內穴上面用木板蓋好。

內穴上面還有三尺深的空坑，他們也用泥土填滿了。填滿了後，活埋的工作算完了。

到場的許多人都走進山郎先生的家裡去喫茶點。山郎夫人未嫁之前就是那位綽號「千眼姑娘」的李麻小姐。她在那邊招待來賓，大家談著「人生無涯」一類的問題，靜候那活埋道人的復活。

一點鐘過去了。……一點半過去了。……兩點鐘過去了。……

到了下午四點，三個愛爾蘭的工人動手把墳掘開。三個黑種工人站在旁邊陪著，——也許是給那三個白種同伴鎮壓邪鬼罷。

四點鐘敲過不久，哈密道人扶起來了。扶到了空氣裡，他便顫動了，漸漸活過來了。他低低地喊了一聲「胡帝尼」，微微一笑，他回生了。

他未埋之先，醫生驗過他的脈跳是七十二，呼吸是十八。復活之後，脈跳與呼吸仍是七十二與十八。他在坑裡足足埋了兩點五十二分。

這回的安排布置全是勒烏公司（loew's）的杜納先生辦理的。杜納先生說，本想同這位埃及道人訂一個「雜耍戲」的契約，不過還得考慮一會，因為看戲的人等不得三個鐘頭就都會跑光了。

哈密道人卻很得意，他說他還可以活埋三天咧。

美國是個有錢的地方，世界各國的奇奇怪怪的宗教掮客都趕到這裡來招攬信徒，炫賣花樣。前一年，有個埃及道人名叫拉曼（rahman）的，自稱能收斂心神，停止呼吸。他當大眾試驗，閉在鐵棺內，沉在赫貞河裡，過一點鐘之久。當時美國有大幻術胡帝尼（harry houdini）研究此事，說這不是停止呼吸，乃是一種「淺呼吸」，是可以操練出來的。胡帝尼自己練習，到了去年夏間，他也公開試驗：睡在鐵棺裡，叫人沉在紐約謝爾敦大旅館的水池裡，過了一點半鐘，方才撈起來。開棺之後，依然復生，不過脈跳增加至一百四十二跳而已。胡帝尼的成績比拉曼加長半點鐘，頗能使人明白這種把戲不過是一種技術上的訓練，並沒有什麼精神作用。

胡帝尼死後，這班東方道人還不服氣，所以有今年一月二十日哈密道人的公開試驗。哈密的成績又比胡帝尼加長了八十二分鐘，應該夠得上和勒烏公司訂六個月的「雜耍戲」的契約了，然而杜納先生又嫌活埋三點鐘太乾燥無味了，怕不能號召看戲的群眾！可惜，可惜！大概哈密先生和他的道友們後來仍舊回到東方去繼續他們的「內心生活」了罷。

胡帝尼的試驗的精神是很可佩服的。其實即使這班東方道人真能活埋三點鐘以至三天，完全停止呼吸，這又算得什麼精神生活？這裡面那有什麼「精神的分子」？泥裡的蚯蚓，以至一切冬天蟄伏的爬蟲，不是都能這樣嗎？

六　麻將

前幾年，麻將牌忽然行到海外，成為出口貨的一宗。歐洲與美洲的社會裡，很有許多人打麻將的；後來日本也傳染到了。有一個時期，麻將竟成了西洋社會裡最時髦的一種遊戲：俱樂部裡差不多桌桌都是麻將，書店裡出了許多種研究麻將的小冊子，中國留學生沒有錢的可以靠教麻將吃飯賺錢。歐美人竟發了麻將狂熱了。

誰也夢想不到東方文明征服西洋的先鋒隊卻是那一百三十六個麻將軍！

這回我從西伯利亞到歐洲，從歐洲到美洲，從美洲到日本，一個月之中，只有一次在日本京都的一個俱樂部裡看見有人打麻將牌。在歐美簡直看不見麻將了。我曾問過歐洲和美國的朋友，他們說：「婦女俱樂部裡，偶然還可以看見一桌兩桌打麻將的，但那是很少的事了。」我在美國人家裡，也常看見麻將牌盒子——雕刻裝潢很精緻的——陳列在室內，有時一家竟有兩三副的。但從不見主人主婦談起麻將；他們從不向我這位麻將國的代表請教此中的玄妙！麻將在西洋已成了架上的古玩了；麻將的狂熱已退涼了。

我問一個美國朋友，為什麼麻將的狂熱過去的這樣快？他說：「女士太太們喜歡麻將，男子們卻很反對，終於是男子們戰勝了。」

這是我們意想得到的。西洋的勤勞奮鬥的民族絕不會做麻將的信徒，絕不會受麻將的征服。麻將只是我們這種好閒愛蕩、不愛惜光陰的「精神文明」的中華民族的專利品。

當明朝晚年，民間盛行一種紙牌，名為「馬吊」。馬吊中有四十張牌，有一文至九文，一千至九千，一萬至九萬等，等於麻將牌的筒子，索子，萬子。還有一張「零」，即是「白板」的祖宗。還有一張「千萬」，即是徽州紙牌的「千萬」。馬吊牌上每張上畫有《水滸傳》的人物。徽州紙牌上的「王英」即是矮腳虎王英的遺蹟。乾隆嘉慶間人汪師韓的全集裡收有幾種明人的馬吊牌（在《叢睦汪氏叢書》內）。

馬吊在當日風行一時，士大夫整日整夜的打馬吊，把正事都荒廢了。所以明亡之後，吳梅村作《綏寇紀略》說，明之亡是亡於馬吊。

三百年來，四十張的馬吊逐漸演變，變成每樣五張的紙牌，近七八十年中又變為每樣四張的麻將牌。（馬吊三人對一人，故名「馬吊腳」，省稱「馬吊」；「麻將」稱「麻雀」的音變，「麻雀」為「馬腳」的音變。）越變越繁複巧妙了，所以更能迷惑人心，使國中的男男女女，無論富貴貧賤，不分日夜寒暑，把精力和光陰葬送在這一百三十六張牌上。

英國的「國戲」是 cricket，美國的國戲是 baseball，日本的國戲是角抵。中國呢？中國的國戲是麻將。

麻將平均每四圈費時約兩點鐘。少說一點，全國每日只有一百萬桌麻將，每桌只打八圈，就得費四百萬點鐘，就是損失十六萬七千日的光陰，金錢的輸贏，精力的消磨，都還在外。

我們走遍世界，可曾看見那一個長進的民族，文明的國家，肯這樣荒時廢業的嗎？一個留學日本的朋友對我說：「日本人的勤苦真不可及！到了晚上，登高一望，家家板屋裡都是燈光；燈光之下，不是少年人跳著讀書，便是老年人跪著翻書，或是老婦人跪著做活計。到了天明，滿街上，滿電車上都是上學去的兒童。單只這一點勤苦就可以征服我們了。」

其實何止日本？凡是長進的民族都是這樣的。只有咱們這種不長進的民族以「閒」為幸福，以「消閒」為急務，男人以打麻將為消閒，女人以打麻將為家常，老太婆以打麻將為下半生的大事業！

從前的革新家說中國有三害：鴉片，八股，小腳。鴉片雖然沒禁絕，總算是犯法的了。雖然還有做「洋八股」與更時髦的「黨八股」的，但八股的四書文是過去的了。小腳也差不多沒有了。只有這第四害，麻將，還是日興月盛，沒有一點衰歇的樣子，沒有人說它是可以亡國的大害。最近麻將先生居然大搖大擺地跑到西洋去招搖一次，幾乎做了鴉片與楊梅瘡的還敬禮物。但如今它仍舊縮回來了，仍舊回來做東方精神文明的國家的國粹，國戲！

後記

《漫遊的感想》本不止這六條，我預備寫四五十條，做成一本遊記。但我當時正在趕寫《白話文學史》，忙不過來，便把遊記擱下來了。現在我把這六條保存在這裡，因為遊記專書大概是寫不成的了。

1930年3月10

一個問題

我到北京不到兩個月。這一天我在中央公園裡吃冰，幾位同來的朋友先散了；我獨自坐著，翻開幾張報紙看看，只見滿紙都是討伐西南和召集新國會的話。我懶得看那些瘋話，丟開報紙，抬起頭來，看見前面來了一男一女，男的抱著一個小孩子，女的手裡牽著一個三四歲的孩子。我覺得那男的好生面善，仔細打量他，見他穿一件很舊的官紗長衫，面上很有老態，背脊微有點彎，因為抱著孩子，更顯出曲背的樣子。他看見我，也仔細打量。我不敢招呼，他們就過去了。走過去幾步，他把小孩子交給那女的，他重又回來，問我道：「你不是小山嗎？」我說，「正是。你不是朱子平嗎？

我幾乎不敢認你了！」他說，「我是子平，我們八九年不見，你還是壯年，我竟成了老人了，怪不得你不敢招呼我。」

我招呼他坐下，他不肯坐，說他一家人都在後面坐久了，要回去預備晚飯了。我說，「你現在是兒女滿堂的福人了。怪不得要自稱老人了。」他嘆口氣，說，「你看我狼狽到這個樣子，還要取笑我？我上個月見著伯安仲實弟兄們，才知道你今年回國。你是學哲學的人，我有個問題要來請教你。我問過多少人，他們都說我有神經病。不大理會我。你把住址告訴我，我明天來看你。今天來不及談了。」

我把住址告訴了他，他匆匆的趕上他的妻子，接過小孩子，一同出去了。

我望著他們出去，心裡想道：朱子平當初在我們同學裡面，要算一個很有豪氣的人，怎麼現在弄得這樣潦倒？看他見了一個多年不見的老同學，一開口就有什麼問題請教，怪不得人說他有神經病。但不知他因為潦倒了才有神經病呢？還是因為有了神經病所以潦倒呢？……

第二天一大早，他果然來了。他比我只大得一歲，今年三十歲。但是他頭上已有許多白髮了。外面人看來，他至少要比我大十幾歲。

他還沒有坐定，就說，「小山，我要請教你一個問題。」

我問他什麼問題。他說，「我這幾年以來，差不多沒有一天不問自己道：人生在世，究竟是為什麼的？我想了幾年，越想越想不通。朋友之中也沒有人能回答這個問題。起先他們給我一個『哲學家』的綽號，後來他們竟叫我做朱瘋子了！小山，你是見多識廣的人，請你告訴我，人生在世，究竟是為什麼的？」

我說，「子平，這個問題是沒有答案的。現在的人最怕的是有人問他這個問題。得意的人聽著這個問題就要掃興，不得意的人想著這個問題就要發狂。他們是聰明人，不願意掃興，更不願意發狂，所以給你一個瘋子的綽號，就算完了。——我要問你，你為什麼想到這個問題上去呢？」

他說，「這話說來很長，只怕你不愛聽。」

我說我最愛聽。他吸了一口氣，點著一根紙煙，慢慢的說。以下都是他的話。

我們離開高等學堂那一年，你到英國去了，我回到家鄉，生了一場大病，足足的病了十八個月。病好了，便是辛亥革命，把我家在漢口的店業就光復掉了。家裡生計漸漸困難，我不能不出來謀事。那時伯安石生一班老同學都在北京，我寫信給他們，托他們尋點事做。後來他們寫信給我，說從前高等學堂的老師陳老先生答應要我去教他的孫子。我到了北京，就住在陳家。陳老先生在大學堂教書，又擔任女子師範的國文，一個月拿得錢很多，但是他的兩個兒子都不成器，老頭子氣得很，發憤要教育他幾個孫子成人。但是他一個人教兩處書，那有工夫教小孩子？你知道我同伯安都是他的得意學生，所以他叫我去，給我二十塊錢一個月，住的房子，吃的飯，都是他的，總算他老先生的一番好意。

過了半年，他對我說，要替我做媒。說的是他一位同年的女兒，現在女子師範讀書，快要畢業了。那女子我也見過一兩次，人倒很樸素穩重。但是我一個月拿人家二十塊錢，如何養得起家小？我把這個意思回覆他，謝他的好意。老先生有點不高興，當時也沒說什麼。過了幾天，他請了伯安仲實弟兄到他家，要他們勸我就這門親事。他說：「子平的家事，我是曉得的。他家三代單傳，嗣續的事不能再緩了。二十多歲的少年，那裡怕沒有事做？還怕養不活老婆嗎？我替他做媒的這頭親事是再好也沒有的。女的今年就畢業，畢業後還可在本京蒙養院教書，我已經替她介紹好了。蒙養院的錢雖不多，也可以貼補一點家用。他再要怕不夠時，我把女學堂的三十塊錢讓他去教。我老了，大學堂一處也夠我忙了。你們看我這個媒人總可算是竭力報效了。」

伯安弟兄把這番話對我說，你想我如何能再推辭。我只好寫信告訴家母。家母回信，也說了許多「三代單傳，不孝有三，無後為大」的話。又說，「陳老師這番好意，你稍有人心，應該感激圖報，豈可不識抬舉？」

我看了信，曉得家母這幾年因為我不肯娶親，心裡很不高興，這一次不過是借題發點牢騷。我仔細一想，覺得做了中國人，老婆是不能不討的，只好將就點罷。

我去找到伯安仲實。說我答應訂定這頭親事，但是我現在沒有積蓄，須過一兩年再結婚。

他們去見老先生，老先生說，「女孩子今年二十三歲了，她父親很想早點嫁了女兒，好替他小兒子娶媳婦。你們去對子平說，叫他等女的畢業了就結婚。儀節簡單一點，不費什麼錢。他要用木器家具，我這裡有用不著的，他可以搬去用。我們再替他邀一個公份，也就可以夠用了。」

他們來對我說，我沒有話可駁回，只好答應了。過了三個月，我租了一所小屋，預備成親。老先生果然送了一些破爛家具，我自己添置了一點。伯安石生一些人發起一個公份，送了我六十多塊錢的賀儀，只夠我替女家做了兩套衣服，就完了。結婚的時候，我還借了好幾十塊錢，才勉強把婚事辦了。

結婚的生活，你還不曾經過。我老實對你說，新婚的第一年，的確是很有樂趣的生活。我的內人，人極溫和，她曉得我的艱苦，我們從不肯亂花一個錢。我們只用一個老媽，白天我上陳家教書，下午到女師範教書，她到蒙養院教書。晚上次家，我們自己做兩樣家鄉小菜，吃了晚飯，閒談一會，我改我的卷子，她陪我坐著做點針線。我有時做點文字賣給報館，有時寫到夜深才睡。她怕我身體過勞，每晚到了十二點鐘，她把我的墨盒紙筆都收了去，吹滅了燈，不許我再寫了。

小山，這種生活，確有一種樂趣。但是不到七八個月，我的內人就病了，嘔吐得很利害。我們猜是喜信，請醫生來看，醫生說八成是有喜。我連忙寫信回家，好叫家母歡喜。老人家果然歡喜得很，託人寫信來說了許多孕婦保重身體的法子，還做了許多小孩的衣服小帽寄來。

產期將近了。她不能上課，請了一位同學代她。我添雇了一個老媽子，還要準備許多臨產的需要品。好容易生下一個男孩子來。產後內人身體不好，乳水不夠，不能不雇奶媽。一家平空減少了每月十幾塊錢的進帳，倒添上了幾口人吃飯拿工錢。家庭的擔負就很不容易了。

過了幾個月，內人身體復原了，依舊去上課，但是記掛著小孩子，覺得很不方便。看十幾塊錢的面上，只得忍著心腸做去。

不料陳老先生忽然得了中風的病，一起病就不能說話，不久就死了。他那兩個寶貝兒子，把老頭子的一點存款都瓜分了，還要趕回家去分田產，把我的三個小學生都帶回去了。

我少了二十塊錢的進款，正想尋事做，忽然女學堂的校長又換了人，第二年開學時，他不曾送聘書來，我托熟人去說，他說我的議論太偏僻了，不便在女學堂教書。我生了氣，也不屑再去求他了。

伯安那時做眾議院的議員，在國會裡頗出點風頭。我托他設法。他托陳老先生的朋友把我薦到大學堂去當一個事務員，一個月拿三十塊錢。

我們只好自己刻苦一點，把奶媽和那添雇的老媽子辭了。每月只吃三四次肉，有人請我吃酒，我都辭了不去，因為吃了人的，不能不回請。戲園裡是四年多不曾去過了。

但是無論我們怎樣節省，總是不夠用。過了一年又添了一個孩子。這回我的內人自己給他奶吃，不雇奶媽了。但是自己的乳水不夠，我們用開成公司的豆腐漿代它，小孩子不肯吃，不到一歲就殤掉了。內人哭的什麼似的。我想起孩子之死全是因為僱不起奶媽，內人又過於省儉，不肯吃點滋養的東西，所以乳水更不夠。我看見內人傷心，我心裡實在難過。

後來時局一年壞似一年，我的光景也一年更緊似一年。內人因為身體不好，輟課太多，蒙養院的當局頗說嫌話，內人也有點拗性，索性辭職出來。想找別的事做，一時竟尋不著。北京這個地方，你想尋一個三百五百的闊差使，反不費力。要是你想尋二三十塊錢一個月的小事，那就比登天還難。到了中交兩行停止兌現的時候，我那每月三十塊錢的票子更不夠用了。票子的價值越縮下去，我的大孩子吃飯的本事越大起來。去年冬天，又生了一個女孩子，就是昨天你看見我抱著的。我託了伯安去見大學校長，請他加我的薪水，校長曉得我做事認真，加了我十塊錢票子，共是四十塊，打個七折，四七二十八，你替我算算，房租每月六塊，伙食十五塊，老媽工錢兩塊，已是二十三塊錢了。

剩下五塊大錢，每天只派著一角六分大洋做零用錢。做衣服的錢都沒有，不要說看報買書了。

一　人生隨想

大學圖書館裡雖然有書有報，但是我一天忙到晚，公事一完，又要趕回家來幫內人照應小孩子，哪裡有工夫看書閱報？晚上我騰出一點工夫做點小說，想賺幾個錢。我的內人向來不許我寫過十二點鐘的，於今也不來管我了。她曉得我們現在所處的境地，非尋兩個外快錢不能過日子，所以只好由我寫到兩三點鐘才睡。但是現在賣文的人多了，我又沒有工夫看書，全靠絞腦子，挖心血，沒有接濟思想的來源，做的東西又都是百忙裡偷閒潦草做的，哪裡會有好東西？所以往往賣不起價錢，有時原稿退回，我又修改一點，寄給別家。前天好容易賣了一篇小說，拿著五塊錢，所以昨天全家去逛中央公園，去年我們竟不曾去過。

我每天五點鐘起來，——冬天六點半起來——午飯後靠著桌子偷睡半個鐘頭，一直忙到夜深半夜後。忙的是什麼呢？我要吃飯，老婆要吃飯，還要餵小孩子吃飯——所忙的不過為了這一件事！

我每天上大學去，從大學回來，都是步行。這就是我的體操，不但可以省錢，還可給我一點用思想的時間，使我可以想小說的布局，可以想到人生的問題。有一天，我的內人的姊夫從南邊來，我想請他上一回館子，家裡恰沒有錢，我去問同事借，那幾位同事也都是和我不相上下的窮鬼，那有錢借人？我空著手走回家，路上自思自想，忽然想到一個大問題，就是「人生在世，究竟是為什麼的？」……我一頭想，一頭走，想人了迷，就站在北河沿一棵柳樹下，望著水裡的樹影子，足足站了兩個鐘頭。等到我醒過來走回家時，天已黑了，客人已走了半天了！

自從那一天到現在，幾乎沒有一天我不想到這個問題。有時候，我從睡夢裡喊著「人生在世，究竟是為什麼的？」

小山，你是學哲學的人。像我這樣養老婆，餵小孩子，就算做了一世的人嗎……

1919年

差不多先生傳

你知道中國最有名的人是誰？

提起此人，人人皆曉，處處聞名。他姓差，名不多，是各省各縣各村人氏。你一定見過他，一定聽過別人談起他。差不多先生的名字天天掛在大家的口頭，因為他是中國全國人的代表。

差不多先生的相貌和你和我都差不多。他有一雙眼睛，但看的不很清楚；有兩隻耳朵，但聽的不很分明；有鼻子和嘴，但他對於氣味和口味都不很講究。他的腦子也不小，但他的記性卻不很精明，他的思想也不很細密。

他常常說：「凡事只要差不多，就好了。何必太精明呢？」

他小的時候，他媽叫他去買紅糖，他買了白糖回來。他媽罵他，他搖搖頭說：「紅糖白糖不是差不多嗎？」

他在學堂的時候，先生問他：「直隸省的西邊是哪一省？」他說是陝西。先生說：「錯了。是山西，不是陝西。」他說：「陝西同山西，不是差不多嗎？」

後來他在一個錢鋪裡做夥計；他也會寫，也會算，只是總不會精細。十字常常寫成千字，千字常常寫成十字。掌櫃的生氣了，常常罵他。他只是笑嘻嘻地賠小心道：「千字比十字只多一小撇，不是差不多嗎？」

有一天，他為了一件要緊的事，要搭火車到上海去。他從從容容地走到火車站，遲了兩分鐘，火車已開走了。他白瞪著眼，望著遠遠的火車上的煤煙，搖搖頭道：「只好明天再走了，今天走同明天走，也還差不多。可是火車公司未免太認真了。八點三十分開，同八點三十二分開，不是差不多嗎？」他一面說，一面慢慢地走回家，心裡總不明白為什麼火車不肯等他兩分鐘。

有一天，他忽然得了急病，趕快叫家人去請東街的汪醫生。那家人急急忙忙地跑去，一時尋不著東街的汪大夫，卻把西街牛醫王大夫請來了。差不多先生病在床上，知道尋錯了人；但病急了，身上痛苦，心裡焦急，等不得了，心裡想道：「好在王大夫同汪大夫也差不多，讓他試試看吧。」於是這位牛醫王大夫走近床前，用醫牛的法子給差不多先生治病。不上一點鐘，差不多先生就一命嗚呼了。

差不多先生差不多要死的時候，一口氣斷斷續續地說道：「活人同死人也差……差……差不多，……凡事只要……差……差……不多……就……好了，……何……何……必……太……太認真呢？」他說完了這句格言，方才絕氣了。

他死後，大家都很稱讚差不多先生樣樣事情看得破，想得通；大家都說他一生不肯認真，不肯算帳，不肯計較，真是一位有德行的人。於是大家給他取個死後的法號，叫他做圓通大師。

他的名譽越傳越遠，越久越大。無數無數的人都學他的榜樣。於是人人都成了一個差不多先生。——然而中國從此就成為一個懶人國了。

二　文化之聲

新思潮的意義

近來報紙上發表過幾篇解釋「新思潮」的文章，我讀了這幾篇文章，覺得他們所舉出的新思潮的性質，或太瑣碎，或太攏統，不能算作新思潮運動的真確解釋，也不能指出新思潮的將來趨勢。即如包世傑先生的〈新思潮是什麼〉一篇長文，列舉新思潮的內容，何嘗不詳細？但是他究竟不曾使我們明白那種種新思潮的共同意義是什麼。比較最簡單的解釋要算我的朋友陳獨秀先生所舉出的《新青年》兩大罪案——其實就是新思潮的兩大罪案——一是擁護德莫克拉西先生（民治主義），一是擁護賽因斯先生（科學）。陳先生說：

要擁護那德先生，便不得不反對孔教、禮法、貞節、舊倫理、舊政治。要擁護那賽先生，便不得不反對舊藝術、舊宗教。要擁護德先生，又要擁護賽先生，便不得不反對國粹和舊文學。

這話雖然很簡明，但是還嫌太籠統了一點。假使有人問：「何以要擁護德先生和賽先生便不能不反對國粹和舊文學呢？」答案自然是：「因為國粹和舊文學是同德賽兩位先生反對的。」又問：「何以凡德兩位先生反對的東西都該反對呢？」這個問題可就不是幾句籠統簡單的話所能回答的了。

據我個人的觀察，新思潮的根本意義只是一種新態度。這種新態度可叫做「評判的態度」。

評判的態度，簡單說來，只是凡事要重新分別一個好與不好。仔細說來，評判的態度含有幾種特別的要求：

（一）對於習俗相傳下來的制度風俗，要問：「這種制度現在還有存在的價值嗎？」

（二）對於古代遺傳下來的聖賢教訓，要問：「這句話在今日還是不錯嗎？」

（三）對於社會上糊塗公認的行為與信仰，都要問：「大家公認的，就不會錯了嗎？人家這樣做，我也該這樣做嗎？難道沒有別樣做法比這個更好，更有理，更有益的嗎？」

尼采說現今時代是一個「重新估定一切價值」（transvaluation of all values）的時代。「重新估定一切價值」八個字便是評判的態度的最好解釋。從前的人說婦女的腳越小越美。現在我們不但不認小腳為「美」，簡直說這是「慘無人道」了。十年前，人家和店家都用鴉片煙敬客。現在鴉片煙變成犯禁品了。二十年前，康有為是洪水猛獸一般的維新黨。現在康有為變成老古董了。康有為並不曾變換，估價的人變了，故他的價值也跟著變了。這叫做「重新估定一切價值」。

尼采（nietzsche, 1844-1900）：德國哲學家，傑出的詩人和散文家。

我以為現在所謂「新思潮」，無論怎樣不一致，根本上同有這公共的一點：評判的態度。孔教的討論只是要重新估定孔教的價值。文學的評論只是要重新估定舊文學的價值。貞操的討論只是要重新估定貞操的道德在現代社會的價值。舊戲的評論只是要重新估定舊戲在今日文學上的價值。禮教的討論只是要重新估定古代的綱常禮教在今日還有什麼價值。女子的問題只是要重新估定女子在社會上的價值。政府與無政府的討論，財產私有與公有的討論，也只是要重新估定政府與財產等等制度在今日社會的價值。……我也不必往下數了，這些例很夠證明這種評判的態度是新思潮運動的共同精神。

二　文化之聲

這種評判的態度，在實際上表現時，有兩種趨勢。一方面是討論社會上、政治上、宗教上、文學上種種問題。一方面是介紹西洋的新思想、新學術、新文學、新信仰。前者是「研究問題」，後者是「輸入學理」。這兩項是新思潮的手段。

我們隨便翻開這兩三年以來的新雜誌與報紙，便可以看出這兩種的趨勢。在研究問題一方面，我們可以指出1、孔教問題。2、文學改革問題。3、國語統一問題。4、女子解放問題。5、貞操問題。6、禮教問題。7、教育改良問題。8、婚姻問題。9、父子問題。10、戲劇改良問題，等等。在輸入學理一方面，我們可以指出《新青年》的「易卜生號」、「馬克思號」，《民鐸》的「現代思潮號」，《新教育》的「杜威號」，《建設》的「全民政治」的學理，和北京《晨報》、《國民公報》、《每週評論》，上海《星斯評論》、《時事新報》、《解放與改造》，廣州《民風週刊》，等等雜誌報紙所介紹的種種西洋新學說。

為什麼要研究問題呢？因為我們的社會現在正當根本動搖的時候，有許多風俗制度，向來不發生問題的，現在為不能適應時勢的需要，不能使人滿意，都漸漸的變成困難的問題，不能不澈底研究，不能不考問舊日的解決法是否錯誤；如果錯了，錯在什麼地方；錯誤尋出了，可有什麼更好的解決方法；有什麼方法可以適應現時的要求。例如孔教的問題，向來不成什麼問題；後來東方文化與西方文化接近，孔教的勢力漸漸衰微，於是有一班信仰孔教的人妄想要用政府法令的勢力來恢復孔教的尊嚴；卻不知道這種高壓的手段恰好挑起一種懷疑的反動。因此。民國四五年的時候，孔教會的活動最大，反對孔教的人也最多。孔教成為問題就在這個時候。現在大多數明白事理的人，已打破了孔教的迷夢，這個問題又漸漸的不成問題了，故安福部的議員透過孔教為修身大本的議案時，國內竟沒有人睬他們了！

又如文學革命的問題。向來教育是少數「讀書人」的特別權利，於大多數人是無關係的，文字的艱深不成問題。近來教育成為全國人的公共權利，人人知道普及教育是不可少的，故漸漸的有人知道文言在教育上實在不適用，於是文言白話就成為問題了。後來有人覺得單用白話做教科書是不中用的，因為世間決沒有人情感學一種除了教科書以外便沒有用處的文字。這些人主張：古文不但不配做教育的工具，並且不配做文學的利器；若要提倡國語的教育，先須提倡國語的文學。文學革命的問題就是這樣發生的。現在全國教育聯合會已全體一致透過小學教科書改用國語的議案，況且用國語做文章的人也漸漸的多了，這個問題又漸漸的不成問題了。

為什麼是輸入學理呢？這個大概有幾層解釋。一來呢，有些人深信中國不但缺乏砲彈兵船電報鐵路，還缺乏新思想與新學術，故他們盡量的輸入西洋近世的學說。二來呢，有些人自己深信某種學說，要想他傳播發展，故盡力提倡。三來呢，有些人自己不能做具體的研究功夫，覺得翻譯現成的學說比較容易些，故樂得做這種稗販事業。四來呢，研究具體的社會問題或政治問題，一方面做那破壞事業。一方面做對症下藥的功夫，不但不容易，並且很遭犯忌諱，很容易惹禍，故不如做介紹學說的事業，借「學理研究」的美名，既可以避「過激派」的罪名，又還可以種下一點革命的種子。五來呢，研究問題的人，勢不能專就問題本身討論，不能不從那問題的意義上著想；但是問題引申到意義上去，便不能不靠許多學理做參考比較的材料，故學理的輸入往往可以幫助問題的研究。

這五種動機雖然不同，但是多少總含有一種「評判的態度」，總表示對於舊有學術思想的一種不滿意和對於西方的精神文明的一種新覺悟。

但是這兩三年新思潮運動的歷史應該給我們一種很有益的教訓。什麼教訓呢？就是，這兩三年來新思潮運動的最大成績差不多全是研究問題的結果。新文學的運動便是一個最明白的例。這個道理很容易解釋。凡社會上成為問題的問題，一定是與許多人有密切關係的。這許多人雖然不能提出什麼新解決，但是他們平時對於這個問題自然不能不注意。若有人能把這個問題的各方面都細細分析出來，加上評判的研究，指出不滿意的所在，提出新鮮的救濟方法，自然容易引起許多人的注意。起初自然有許多人反對。但是反對便是注意的證據。便是興趣的表示。

沒有人討論，沒有人反對，便是不能引起人注意的證據。研究問題的文章所以能發生效果，正為所研究的問題一定是社會人生最切要的問題，最能使人注意，也最能使人覺悟。懸空介紹一種專家學說，除了少數專門學者之外，絕不會發生什麼影響。但是我們可以在研究問題裡面做點輸入學理的事業，或用學理來解釋問題的意義，或從學理上尋求解決問題的方法。用這種方法來輸入學理，能使人於不知不覺之中感受學理的影響。不但如此，研究問題最能使讀者漸漸的養成一種批評的態度、研究的興趣、獨立思想的習慣。十部《純粹理性的評判》，不如一點評判的態度；十種「全民政治論」，不如一點獨立思想的習慣。

總起來說：研究問題所以能於短時期中發生很大的效力，正因為研究問題有這幾種好處：1、研究社會人生切要的問題最容易引起大家的注意；2、因為問題關切人生，故最容易引起反對，但反對是該歡迎的，因為反對便是興趣的表示，況且反對的討論不但給我們許多不要錢的廣告，還可使我們得討論的益處，使真理特別分明；3、因為問題是逼人的活問題，故容易使人覺悟，容易得人信從；4、因為從研究問題裡面輸入的學理，最容易消除平常人對於學理的抗拒力，最容易使人於不知不覺之中受學理的影響；5、因為研究問題可以不知不覺的養成一班研究的、評判的、獨立思想的革新人才。

這是這幾年新思潮運動的大教訓！我希望新思潮的領袖人物以後能了解這個教訓，能把全副精力貫注到研究問題上去；能把一切學理不看作天經地義，但看作研究問題的參考材料；能把一切學理應用到我們自己的種種切要問題上去；能在研究問題上面做輸入學理的功夫；能用研究問題的功夫來提倡研究問題的態度，來養成研究問題的人才。

這是我對於新思潮運動的解釋。這也是我對於新思潮將來的趨向的希望。

以上說新思潮的「評判的精神」在實際上的兩種表現。現在要問：「新思潮的運動對於中國舊有的學術思想，持什麼態度呢？」

我的答案是：「也是評判的態度。」

分開來說，我們對於舊有的學術思想有三種態度：第一，反對盲從；第二，反對調和；第三，主張整理國故。

盲從是評判的反面，我們既主張「重新估定一切價值」，自然要反對盲從。這是不消說的了。

為什麼要反對調和呢？因為評判的態度只認得一個是與不是，一個好與不好，一個適與不適

——不認得什麼古今中外的調和。調和是社會的一種天然趨勢。人類社會有一種守舊的惰性，少數人只管趨向極端的革新，大多數人至多只能跟你走半程路。這就是調和。調和是人類懶病的天然趨勢，用不著我們來提倡。我們走了一百里路，大多數人也許勉強走三四十里。我們若先講調和，只走五十里，他們就一步都不走了。所以革新家的責任只是認定「是」的一個方向走去，不要回頭講調和。社會上自然有無數懶人懦夫出來調和。

我們對於舊有的學術思想，積極的只有一個主張——就是「整理國故」。整理就是從亂七八糟裡面尋出一個條理脈絡來；從無頭無腦裡面尋出一個前因後果來；從胡說謬解裡面尋出一個真意義來；從武斷迷信裡面尋出一個真價值來。為什麼要整理呢？因為古代的學術思想向來沒有條理、沒有頭緒、沒有系統，故第一步是條理系統的整理。因為前人研究古書，很少有歷史進化的眼光的，故從來不講究一種學術的淵源，一種思想的前因後果，所以第二步是要尋出每種學術思想怎樣發生，發生之後有什麼影響效果。因為前人讀古書，除極少數學者以外，大都是以訛傳訛的謬說——如太極圖、爻辰、先天圖、卦氣之類。——故第三步是要用科學的方法，作精確的考證，把古人的意義弄得明白清楚。因為前人對於古代的學術思想，有種種武斷的成見，有種種可笑的迷信，如罵楊朱、墨翟為禽獸，卻尊孔丘為德配天地，道冠古今！——故第四步是綜合前三步的研究，各家都還他一個本來真面目，各家都還他一個真價值。

這叫做「整理國故」。現在有許多人自己不懂得國粹是什麼東西，卻偏要高談「保存國粹」。林琴南先生做文章論古文之不當廢，他說：「吾知其理而不能言其所以然！」現在許多國粹黨，有幾個不是這樣糊塗懵懂的？這種人如何配談國粹？若要知道什麼是國粹，什麼是國渣，先須要用評判的態度、科學的精神，去做一番整理國故的功夫。

新思潮的精神是一種評判的態度。

新思潮的手段是研究問題與輸入學理。

新思潮的將來趨勢，依我個人的私見看來，應該是注重研究人生社會的切要問題，應該於研究問題之中作介紹學理的事業。

新思潮對於舊文化的態度，在消極一方面是反對盲從，是反對調和；在積極一方面，是用科學的方法來做整理的功夫。

新思潮的唯一目的是什麼呢？是再造文明。

文明不是籠統造成的，是一點一滴的造成的。進化不是一晚上籠統進化的，是一點一滴的進化的。現今的人愛談「解放與改造」，須知解放不是籠統解放，改造也不是籠統改造。解放是這個那個制度的解放，這種那種思想的解放，這個那個人的解放，是一點一滴的解放。改造是這個那個制度的改造，這種那種思想的改造，這個那個人的改造，是一點一滴的改造。

再造文明的下手功夫，是這個那個問題的研究。再造文明的進行，是這個那個問題的解決。

1919 年 11 月 1 日

文學改良芻議

今之談文學改良者眾矣，記者末學不文，何足以言此？然年來頗於此事再四研思，輔以友朋辯論，其結果所得，頗不無討論之價值。因綜括所懷見解，列為八事，分別言之，以與當世之留意文學改良者一研究之。

吾以為今日而言文學改良，須從八事入手。八事者何？

一曰，須言之有物。

二曰，不摹仿古人。

三曰，須講求文法。

四曰，不作無病之呻吟。

五曰，務去爛調套語。

六曰，不用典。

七曰，不講對仗。

八曰，不避俗字俗語。

一曰須言之有物

吾國近世文學之大病，在於言之無物。今人徒知「言之無文，行之不遠」；而不知言之無物，又何用文為乎？吾所謂「物」，非古人所謂「文以載道」之說也。吾所謂「物」，約有二事：

（一）情感《詩序》曰：「情動於中而形諸言。言之不足，故嗟嘆之。嗟嘆之不足，故詠歌之。詠歌之不足，不知手之舞之，足之蹈之也。」此吾所謂情感也。情感者，文學之靈魂。文學而無情感，如人之無魂，木偶而已，行屍走肉而已。（今人所謂「美感」者，亦情感之一也。）

（二）思想 吾所謂「思想」，蓋兼見地、識力、理想，三者而言之。思想不必皆賴文學而傳，而文學以有思想而益貴，思想亦以有文學的價值而益貴也；此莊周之文，淵明老杜之詩，稼軒之詞，施耐庵之小說，所以敻絕千古也。思想之在文學，猶腦筋之在人身。人不能思想，則雖面目姣好，雖能笑啼感覺，亦何足取哉？文學亦猶是耳。

文學無此二物，便如無靈魂無腦筋之美人，雖有穠麗富厚之外觀，抑亦末矣。近世文人沾沾於聲調字句之間，既無高遠之思想，又無真摯之情感，文學之衰微，此其大因矣。此文勝之害，所謂言之無物者是也。欲救此弊，宜以質救之。質者何？情與思二者而已。

二曰不摹仿古人

文學者，隨時代而變遷者也。一時代有一時代之文學：周秦有周秦之文學，漢魏有漢魏之文學，唐宋元明有唐宋元明之文學。此非吾一人之私言，乃文明進化之公理也。即以文論，有《尚書》之文，有先秦諸子之文，有司馬遷班固之文，有韓柳歐蘇之文，有語錄之文，有施耐庵曹雪芹之文：此文之進化也。

試更以韻文言之：《擊壤》之歌，《五子》之歌，一時期也；《三百篇》之詩，一時期也；屈原荀卿之騷賦，又一時期也；蘇李以下，至於魏晉，又一時期也；江左之詩流為排比，至唐而律詩大成，此又一時期也；老杜香山之「寫實」體諸詩（如杜之《石壕吏》，《羌村》，白之《新樂府》），又一時期也；詩至唐而極盛，自此以後，詞曲代興，唐五代及宋初之小令，此詞之一時代也；蘇柳（永）辛姜之詞，又一時代也；至於元之雜劇傳奇，則又一時代矣；凡此諸時代，各因時勢風會而變，各有其特長，吾輩以歷史進化之眼光觀之，絕不可謂古人之文學皆勝於今人也。左氏史公之文奇矣，然施耐庵之《水滸傳》視《左傳》，《史記》，何多讓焉？《三都》《兩京》之賦富矣，然以視唐詩，宋詞，則糟粕耳。此可見文學因時進化，不能自止。唐人不當作商周之詩，宋人不當作相如子雲之賦，——即令作之，亦必不工。逆天背時，違進化之跡，古不能工也。

既明文學進化之理，然後可言吾所謂「不摹仿古人」之說。今日之中國，當造今日之文學，不必摹仿唐宋，亦不必摹仿周秦也。前見「國會開幕詞」，有云：「於鑠國會，遵晦時休。」此在今日而欲為三代以上之文之一證也。更觀今之「文學大家」，文則下規姚曾，上師韓歐；更上則取法秦漢魏晉，以為六朝以下無文學可言，此皆百步與五十步之別而已，而皆為文學下乘。即令神似古人，亦不過為博物院中添幾許「逼真贗鼎」而已，文學云乎哉！昨見陳伯嚴先生一詩云：

濤園鈔杜句，半歲禿千毫。
所得都成淚，相過問奏刀。
萬靈噤不下，此老仰彌高。
胸腹回滋味，徐看薄命騷。

此大足代表今日「第一流詩人」摹仿古人之心理也。其病根所在，在於以「半歲禿千毫」之工夫作古人的鈔胥奴婢，故有「此老仰彌高」之嘆。若能灑脫此種奴性，不作古人的詩，而唯作我自己的詩，則絕不致如此失敗矣。

吾每謂今日之文學，其足與世界「第一流」文學比較而無愧色者，獨有白話小說（我佛山人、南亭亭長、洪都百鍊生，三人而已。）一項。此無他故，以此種小說皆不事摹仿古人，（三人皆得力於《儒林外史》、《水滸》、《石頭記》。然非摹仿之作也。）而唯實寫今日社會之情狀，故能成真正文學。其他學這個，學那個之詩古文家，皆無文學之價值也。今之有志文學者，宜知所從事矣。

三曰須講文法

今之作文作詩者，每不講求文法之結構。其例至繁，不便舉之，尤以作駢文律詩者為尤甚。夫不講文法，是謂「不通」。此理至明，無待詳論。

四曰不作無病之呻吟

此殊未易言也。今之少年往往作悲觀，其取別號則曰「寒灰」。「無生」，「死灰」；其作為詩文，則對落日而思暮年，對秋風而思零落，春來則唯恐其速去，花發又唯懼其早謝：此亡國之哀音也。老年人為之猶不可，況少年乎？其流弊所至，遂養成一種暮氣，不思奮發有為，服勞報國，但知發牢騷之音，感喟之文；作者將以促其壽年，讀者將亦短其志氣：此吾所謂無病之呻吟也。國之多患，吾豈不知之？然病國危時，豈痛哭流涕所能收效乎？吾唯願今之文學家做費舒特（fichte），做瑪志尼（mazzini），而不願其為賈生、王粲、屈原、謝皋羽也。其不能為賈生、王粲、屈原、謝皋羽，而徒為婦人醇酒喪氣失意之詩文者，尤卑卑不足道矣！

也即費希特（1762-1814）：德國哲學家。

也即馬志尼（1805-1872）：義大利民族主義者。

五曰務去爛調套語

今之學者，胸中記得幾個文學的套語，便稱詩人。其所為詩文處處是陳言爛調，「蹉跎」，「身世」，「寥落」，「飄零」，「蟲沙」，「寒窗」，「斜陽」，「芳草」，「春閨」，「愁魂」，「歸夢」，「鵑啼」，「孤影」，「雁字」，「玉樓」，「錦字」，「殘更」，……之類，纍纍不絕，最可憎厭。其流弊所至，遂令國中生出許多似是而非、貌似而實非之詩文。今試舉吾友胡先（馬肅）先生一詞以證之：

熒熒夜燈如豆，映幢幢孤影，凌亂無據。翡翠衾寒，鴛鴦瓦冷，禁得秋宵幾度。么弦漫語，早丁字簾前，繁霜飛舞。裊裊餘音，片時猶繞柱。

此詞驟觀之，覺字字句句皆詞也，其實僅一大堆陳套語耳。「翡翠衾」，「鴛鴦瓦」，用之白香山《長恨歌》則可，以其所言乃帝王之衾之瓦也。「丁字簾」，「麼弦」，皆套語也。此詞在美國所作，其夜燈絕不「熒熒如豆」，其居室尤無「柱」可繞也。至於「繁霜飛舞」，則更不成話矣。誰曾見繁霜之「飛舞」耶？

吾所謂務去爛調套語者，別無他法，唯在人人以其耳目所親見親聞所親身閱歷之事物，一一自己鑄詞以形容描寫之；但求其不失真，但求能達其狀物寫意之目的，即是工夫。其用爛調套語者，皆懶惰不肯自己鑄詞狀物者也。

六曰不用典？

吾所主張八事之中，唯此一條最受朋友攻擊，蓋以此條最易誤會也。吾友江亢虎君來書曰：

> 所謂典者，亦有廣狹二義。餖飣獺祭，古人早懸為厲禁；若並成語故事而屏之，則非唯文字之品格全失，即文字之作用亦亡。……文字最妙之意味，在用字簡而涵義多。此斷非用典不為功。不用典不特不可作詩，並不可寫信，且不可演說。來函滿紙「舊雨」，「虛懷」，「治頭治腳」，「捨本逐末」，「洪水猛獸」，「發聾振聵」，「負弩先驅」，「心悅誠服」，「詞壇」，「退避三舍」，「滔天」，「利器」，「鐵證」，……皆典也。試盡抉而去之，代以俚語俚字，將成何說話？其用字之繁簡，猶其細焉。恐一易他詞，雖加倍蓰而涵義仍終不能如是恰到好處，奈何？……

此論極中肯要。

今依江君之言，分典為廣狹二義，分論之如下：

（一）廣義之典非吾所謂典也。廣義之典約有五種：

（甲）古人所設譬喻，其取譬之事物，含有普通意義，不以時代而失其效用者，今人亦可用之。如古人言「以子之矛，攻子之盾」，今人雖不讀書者，亦知用「自相矛盾」之喻，然不可謂為用典也。上文所舉例中之「治頭治腳」，「洪水猛獸」，「發聾振聵」，……皆此類也。蓋設譬取喻，貴能切當；若能切當，固無古今之別也。若「負弩先驅」，「退避三舍」之類，在今日已非通行之事物，在文人相與之間，或可用之，然終以不用為上。如言「退避」，千里亦可，百里亦可，不必定用「三舍」之典也。

(乙) 成語　成語者，合字成辭，別為意義。其習見之句，通行已久，不妨用之。然今日若能另鑄「成語」，亦無不可也。「利器」，「虛懷」，「捨本逐末」……皆屬此類。此非「典」也，乃日用之字耳。

(丙) 引史事　引史事與今所論議之事相比較，不可謂為用典也。如老杜詩云，「未聞殷周衰，中自誅褒妲」，此非用典也。近人詩云，「所以曹孟德，猶以漢相終」，此亦非用典也。

(丁) 引古人作比　此亦非用典也。杜詩云，「清新庾開府，俊逸鮑參軍」，此乃以古人比今人，非用典也。又云，「伯仲之間見伊呂，指揮若定失蕭曹」，此亦非用典也。

(戊) 引古人之語　此亦非用典也。吾嘗有句云，「我聞古人言，艱難唯一死。」又云，「嘗試成功自古無，放翁此語未必是。」此乃引語，非用典也。

以上五種為廣義之典，其實非吾所謂典也。若此者可用可不用。

(二) 狹義之典，吾所主張不用者也。吾所謂用「典」者，謂文人詞客不能自己鑄詞造句以寫眼前之景，胸中之意，故借用或不全切，或全不切之故事陳言以代之，以圖含混過去：是謂「用典」。上所述廣義之典，除戊條外，皆為取譬比方之辭。但以彼喻此，而非以彼代此也。狹義之用典，則全為以典代言，自己不能直言之，故用典以言之耳。此吾所謂用典與非用典之別也。狹義之典亦有工拙之別，其工者偶一用之，未為不可，其拙者則當痛絕之。

(子) 用典之工者　此江君所謂用字簡而涵義多者也。客中無書不能多舉其例，但雜舉一二，以實吾言：

（1）東坡所藏「仇池石」，王晉卿以詩借觀，意在於奪。東坡不敢不借，先以詩寄之，有句云，「欲留嗟趙弱，寧許負秦曲。傳觀慎勿許，間道歸應速。」此用藺相如返璧之典，何其工切也！

（2）東坡又有「章質夫送酒六壺，書至而酒不達。」詩云：「豈意青州六從事，化為烏有一先生。」此雖工已近於纖巧矣。

（3）吾十年前嘗有讀《十字軍英雄記》一詩云：「豈有酖人羊叔子？焉知微服趙主父？十字軍真兒戲耳，獨此兩人可千古。」以兩典包盡全書，當時頗沾沾自喜，其實此種詩，盡可不作也。

（4）江亢虎代華僑誄陳英士文有「未懸太白，先壞長城。世無（左金右且）（上鹿下兒），乃戕趙卿」四句，余極喜之。所用趙宣子一典，甚工切也。

（5）王國維詠史詩，有「虎狼在堂室，徒戎復何補？神州遂陸沉，百年委榛莽。寄語桓元子，莫罪王夷甫。」此亦可謂使事之工者矣。

上述諸例，皆以典代言，其妙處，終在不失設譬比方之原意；唯為文體所限，故譬喻變而為稱代耳。用典之弊，在於使人失其所欲譬喻之原意。若反客為主，使讀者迷於使事用典之繁，而轉忘其所為設譬之事物，則為拙矣。古人雖作百韻長詩，其所用典不出一二事而已，（《北征》與白香山《悟真寺詩》皆不用一典。）今人作長律則非典不能下筆矣。嘗見一詩八十四韻，而用典至百餘事，宜其不能工也。

（醜）用典之拙者　用典之拙者，大抵皆懶惰之人，不知造詞，故以此為躲懶藏拙之計。唯其不能造詞，故亦不能用典也。總計拙典亦有數類：

（1）比例泛而不切，可作幾種解釋，無確定之根據。今取王漁洋《秋柳》一章證之：

娟娟涼露欲為霜，萬縷千條拂玉塘。
浦裡青荷中婦鏡，江干黃竹女兒箱。
空憐板渚隋堤水，不見琅琊大道王。
若過洛陽風景地，含情重問永豐坊。

此詩中所用諸典無不可作幾樣說法者。

（2）僻典使人不解。夫文學所以達意抒情也。若必求人人能讀五車之書，然後能通其文，則此種文可不作矣。

（3）刻削古典成語，不合文法。「指兄弟以孔懷，稱在位以曾是」（章太炎語），是其例也。今人言「為人作嫁」亦不通。

（4）用典而失其原意。如某君寫山高與天接之狀，而曰「西接杞天傾」是也。

（5）古事之實有所指，不可移用者，今往往亂用作普通事實。如古人灞橋折柳，以送行者，本是一種特別土風。陽關渭城亦皆實有所指。今之懶人不能狀別離之情，於是雖身在滇越，亦言灞橋；雖不解陽關渭城為何物，亦皆言「陽關三疊」，「渭城離歌」。又如張翰因秋風起而思故鄉之蓴羹鱸膾，今則雖非吳人，不知蓴鱸為何味者，亦皆自稱有「蓴鱸之思」。

此則不僅懶不可救，直是自欺欺人耳！

凡此種種，皆文人之下下工夫，一受其毒，便不可救。此吾所以有「不用典」之說也。

七曰不講對仗

排偶乃人類言語之一種特性，故雖古代文字，如老子孔子之文，亦間有駢句。如「道可道，非常道；名可名，非常名。無名天地之始，有名萬物之母。故常無，欲以觀其妙；常有，欲以觀其徼。」此三排句也。「食無求飽，居無求安。」「貧而無諂，富而無驕。」「爾愛其羊，我愛其禮。」——此皆排句也。然此皆近於語言之自然，而無牽強刻削之跡；尤未有定其字之多寡，聲之平仄，詞之虛實者也。至於後世文學末流，言之無物，乃以文勝；文勝之極，而駢文律詩興焉，而長律興焉。駢文律詩之中非無佳作，然佳作終鮮。所以然者何？豈不以其束縛人之自由過甚之故耶？（長律之中，上下古今，無一首佳作可言也。）今日而言文學改良，當「先立乎其大者」，不當枉廢有用之精力於微細纖巧之末：此吾所以有廢駢廢律之說也。即不能廢此兩者，亦但當視為文學末技而已，非講求之急務也。

今人猶有鄙夷白話小說為文學小道者，不知施耐庵、曹雪芹、吳趼人皆文學正宗，而駢文律詩乃真小道耳。吾知必有聞此言而卻走者矣。

八曰不避俗語俗字

吾唯以施耐庵、曹雪芹、吳趼人為文學正宗，故有「不避俗字俗語」之論也。（參看上文第二條下。）蓋吾國言文之背馳久矣。自佛書之輸入，譯者以文言不足以達意，故以淺近之文譯之，其體已近白話。其後佛氏講義語錄尤多用白話為之者，是為語錄體之原始。及宋人講學以白話為語錄，此體遂成講學正體。（明人因之。）當是時，白話已久入韻文，觀唐宋人白話之詩詞可見也。及至元時，中國北部已在異族（遼金元）之下，三百餘年矣。此三百年中，中國乃發生一種通俗行遠之文學。文則有《水滸》，《西遊》，《三國》……之類，戲曲則尤不可勝計。（關漢卿諸人，人各著劇數十種之多。吾國文人著作之富，未有過於此時者也。）以今世眼光觀之，則中國文學當以元代為最盛；可傳世不朽之作，當以元代為最多：此可無疑也。當是時，中國之文學最近言文合一，白話幾成文學的語言矣。

使此趨勢不受阻遏，則中國幾有一「活文學出現」，而但丁、路得之偉業，（歐洲中古時，各國皆有俚語，而以拉丁文為文言，凡著作書籍皆用之，如吾國之以文言著書也。其後義大利有但丁(dante)諸文豪，始以其國俚語著作。諸國踵興，國語亦代起。路得(luther)創新教，始以德文譯《舊約》《新約》，遂開德文學之先。英法諸國亦復如是。今世通用之英文「新舊約」乃一六一一年譯本，距今才三百年耳。故今日歐洲諸國之文學，在當日皆為俚語。迨諸文豪興，始以「活文學」代拉丁之死文學；有活文學而後有言文合一之國語也。）幾發生於神州。不意此趨勢驟為明代所阻，政府既以八股取士，而當時文人如何李七子之徒，又爭以復古為高，於是此千年難遇言文合一之機會，遂中道夭折矣。然以今世歷史進化的眼光觀之，則白話文學之為中國文學之正宗，又為將來文學必用之利器，可斷言也。（此「斷言」乃自作者言之，贊成此說者今日未必甚多也。）以此之故，吾主張今日作文作詩，宜採用俗語俗字。與其用三千年前之死字（如「於鑠國會，遵晦時休」之類），不如用二十世紀之活字；與其作不能行遠、不能普及之秦漢六朝文字，不如作家喻戶曉之《水滸》、《西遊》文字也。

結論

上述八事，乃吾年來研思此一大問題之結果。遠在異國，既無讀書之暇晷，又不得就國中先生長者質疑問難，其所主張容有矯枉過正之處。然此八事皆文學上根本問題，一一有研究之價值。故草成此論，以為海內外留心此問題者作一草案。謂之芻議，猶云未定草也，伏唯國人同志有以匡糾是正之。

1917 年 1 月

什麼是文學——答錢玄同

我嘗說：「語言文字都是人類達意表情的工具；達意達的好，表情表的妙，便是文學。」

但是怎樣才是「好」與「妙」呢？這就很難說了。我曾用最淺近的話說明如下：「文學有三個要件：第一要明白清楚，第二要有力能動人，第三要美。」

因為文學不過是最能盡職的語言文字，因為文學的基本作用（職務）還是「達意表情」，故第一個條件是要把感情或意，明白清楚的表出達出，使人懂得，使人容易懂得，使人絕不會誤解。請看下例：

蘸塢芝房，一點中池。生來易驚。笑金釵卜就，先能斷決；犀珠鎮後，才得和平。樓響登難，房空怯最，三門除非借酒傾。芳名早，喚狗兒吹笛，伴取歌聲。

沉忱何事牽情？消不覺人前太息輕。怕殘燈枕外，簾旌蝙拂；幽期夜半，窗戶雞鳴。愁髓頻寒，迴腸易碎，長是心頭苦暗並。無邊月，縱團（外口內欒）如鏡，難照分明。

這首《沁園春》是從《曝書亭集》卷二十八，頁八，抄出來的。你是一位大學的國文教授，你可看得懂他「詠」的是什麼東西嗎？若是你還看不懂，那麼，他就通不過這第一場「明白」（「懂得性」）的試驗。他是一種玩意兒，「語言文字」的基本作用都夠不上，那配稱為「文學」！

懂得還不夠。還要人不能不懂得；懂得了，還要人不能不相信，不能不感動。我要他高興，他不能不高興；我要他哭，他不能不哭，我要他崇拜我，他不能不崇拜我，我要他愛我，他不能不愛我。這是「有力」。這個，我可以叫他做「逼人性」。

我又舉一例：

血府當歸生地桃，紅花甘草殼赤芍，柴胡芎桔牛膝等，血化下行不作勞。

這是「血府逐瘀湯」的歌訣。這一類的文字，只有「記帳」的價值，絕不能動人，絕沒有「逼人」的力量，故也不能算文學。大多數的中國舊「文學」，如碑版文字，如平鋪直敘的史傳，都屬於這一類。

我讀齊（左金右薄）文，書闕乏左證。獨取聖（左示右比）字，古誼藉以正。親殤稱考妣，從女疑非敬。《說文》有（左示右比）字，乃訓祀司命。此文兩皇（左示右比），配祖義相應。幸得三代物，可與汶長評。……（李慈銘齊子中姜（左金右薄）歌）

這一篇你（大學的國文教授）看了一定大略明白，但他絕不能感動你，絕不能使你有情感上的感動。

第三是「美」。我說，孤立的美，是沒有的。美就是「懂得性」（明白）與「逼人性」（有力）二者加起來自然生的結果。例如「五月榴花照眼明」一句，何以「美」呢？美在用的是「明」字。我們讀這個「明」字不能不發生一樹鮮明逼人的榴花的印象。這裡面含有兩個分子：（1）明白清楚，

（2）明白之至，有逼人而來的「力」。

再看《老殘遊記》的一段：

那南面山上，一條白光，映著月色，分外好看。一層一層的山嶺，卻分辨不清；又有幾片白雲在裡面，所以分不出是雲是山。及至定睛看去，方才看出那是雲那是山來。雖然雲是白的，山也是白的，雲也有亮光，山也有亮光；只因為月在雲上，雲在月下，所以雲的亮光從背後透過來。那山卻不然的：山的亮光由月光照在山上，被那山上的雪反射過來，所以光是兩樣了。然只稍近的地方如此。那山望東去，越望越遠，天也是白的，山也是白的，雲也是白的，就分辨不出來。

這一段無論是何等頑固古文家都不能不承認是「美」。美在何處呢？也只是兩個分子：第一是明白清楚；第二是明白清楚之至，故有逼人而來的影像。除了這兩個分子之外，還有什麼孤立的「美」嗎？沒有了。

你看我這個界說怎樣？我不承認什麼「純文」與「雜文」。無論什麼文（純文或雜文，韻文或非韻文）都可分作「文學的」與「非文學的」兩項。

我們對於西洋近代文明的態度

今日最沒有根據而又最有毒害的妖言是譏貶西洋文明為唯物的（materialistic），而尊崇東方文明為精神的（spiritual）。這本是很老的見解，在今日卻有新興的氣象。從前東方民族受了西洋民族的壓迫，往往用這種見解來解嘲，來安慰自己。近幾年來，歐洲大戰的影響使一部分的西洋人對於近世科學的文化起一種厭倦的反感，所以我們時時聽見西洋學者有崇拜東方的精神文明的議論。這種議論，本來只是一時的病態的心理，卻正投合東方民族的誇大狂；東方的舊勢力就因此增加了不少的氣焰。

我們不願「開倒車」的少年人，對於這個問題不能沒有一種徹底的見解，不能沒有一種鮮明的表示。

現在高談「精神文明」、「物質文明」的人，往往沒有共同的標準做討論的基礎，故只能作文字上或表面上的爭論，而不能有根本的了解。我想提出幾個基本觀念來做討論的標準。

第一，文明（civilization）是一個民族應付他的環境的總成績。

第二，文化（culture）是一種文明所形成的生活的方式。

第三，凡一種文明的造成，必有兩個因子：一是物質的（material），包括種種自然界的勢力與質料；一是精神的（spiritual），包括一個民族的聰明才智、感情和理想。凡文明都是人的心思智力運用自然界的質與力的作品；沒有一種文明是精神的，也沒有一種文明單是物質的。

我想這三個觀念是不須詳細說明的，是研究這個問題的人都可以承認的。一隻瓦盆和一隻鐵鑄的大蒸汽爐，一隻舢板船和一隻大汽船，一部單輪小車和一輛電力街車，都是人的智慧利用自然界的質力製造出來的文明，同有物質的基礎，同有人類的心思才智。這裡面只有個精粗巧拙的程度上的差異，卻沒有根本上的不同。蒸汽鐵爐固然不必笑瓦盆的幼稚，單輪小車上的人也更不配自誇他的精神的文明，而輕視電車上人的物質的文明。

因為一切文明都少不了物質的表現，所以「物質的文明」(material civilization) 一個名詞不應該有什麼譏貶的涵義。我們說一部摩托車是一種物質的文明，不過單指他的物質的形體；其實一部摩托車所代表的人類的心思智慧絕不亞於一首詩所代表的心思智慧。所以「物質的文明」不是和「精神的文明」反對的一個貶詞，我們可以不討論。

我們現在要討論的是（1）什麼叫做「唯物的文明」(materialistic civilization)，（2）西洋現代文明是不是唯物的文明。

崇拜所謂東方精神文明的人說，西洋近代文明偏重物質上和肉體上的享受，而略視心靈上與精神上的要求，所以是唯物的文明。

我們先要指出這種議論含有靈肉衝突的成見，我們認為錯誤的成見。我們深信，精神的文明必須建築在物質的基礎之上。提高人類物質上的享受，增加人類物質上的便利與安逸，這都是朝著解放人類的能力的方向走，使人們不至於把精力心思全拋在僅僅生存之上，使他們可以有餘力去滿足他們的精神上的要求。東方的哲人曾說：

衣食足而後知榮辱，倉廩實而後知禮節。

這不是什麼舶來的「經濟史觀」，這是平恕的常識。人世的大悲劇是無數的人們終身做血汗的生活，而不能得著最低限度的人生幸福，不能避免凍與餓。人世的更大悲劇是人類的先知先覺者眼看無數人們的凍餓，不能設法增進他們的幸福，卻把「樂天」、「安命」、「知足」、「安貧」種種催眠藥給他們吃，叫他們自己欺騙自己，安慰自己。西方古代有一則寓言說，狐狸想吃葡萄，葡萄太高了，他吃不著，只好說「我本不愛吃這酸葡萄！」狐狸吃不著甜葡萄，只好說葡萄是酸的；人們享不著物質上的快樂，只好說物質上的享受是不足羨慕的，而貧賤是可以驕人的。這樣自欺自慰成了懶惰的風氣，又不足為奇了。於是有狂病的人又進一步，索性回過頭去，戕賊身體，斷臂，絕食，焚身，以求那幻想的精神的安慰。從自欺自慰以至於自殘自殺，人生觀變成了人死觀，都是從一條路上來的：這條路就是輕蔑人類的基本的慾望。朝這條路上走，逆天而拂性，必至於養成懶惰的社會，多數人不肯努力以求人生基本慾望的滿足，也就不肯進一步以求心靈上與精神上的發展了。

西洋近代文明的特色便是充分承認這個物質的享受的重要。西洋近代文明，依我的鄙見看來，是建築在三個基本觀念之上：

第一，人生的目的是求幸福。

第二，所以貧窮是一樁罪惡。

第三，所以衰病是一樁罪惡。

借用一句東方古話，這就是一種「利用厚生」的文明。因為貧窮是一樁罪惡，所以要開發富源，獎勵生產，改良製造，擴張商業。因為衰病是一樁罪惡，所以要研究醫藥，提倡衛生，講求體育，防止傳染的疾病，改善人種的遺傳。因為人生的目的是求幸福，所以要經營安適的起居、便利的交通、潔淨的城市、優美的藝術、安全的社會、清明的政治。縱觀西洋近代的一切工藝、科學、法制，固然其中也不少殺人的利器與侵略掠奪的制度，我們終不能不承認那利用厚生的基本精神。

這個利用厚生的文明，當真忽略了人類心靈上與精神上的要求嗎？當真是一種唯物的文明嗎？

我們可以大膽地宣言：西洋近代文明絕不輕視人類的精神上的要求。我們還可以大膽地進一步說：西洋近代文明能夠滿足人類心靈上的要求的程度，遠非東洋舊文明所能夢見。在這三方面看來，西洋近代文明絕非唯物的，乃是理想主義的（idealistic），乃是精神的（spiritual）。

我們先從理智的方面說起。

西洋近代文明的精神方面的第一特色是科學。科學的根本精神在於求真理。人生世間，受環境的逼迫，受習慣的支配，受迷信與成見的拘束。只有真理可以使你自由，使你強有力，使你聰明聖智；只有真理可以使你打破你的環境裡的一切束縛，使你戡天，使你縮地，使你天不怕，地不怕，堂堂地做一個人。

求知是人類天生的一種精神上的最大要求。東方的舊文明對於這個要求，不但不想滿足他，並且常想裁制他，斷絕他。所以東方古聖人勸人要「無知」，要「絕聖棄智」，要「斷思唯」，要「不識不知，順帝之則」。這是畏難，這是懶惰。這種文明，還能自誇可以滿足心靈上的要求嗎？

東方的懶惰聖人說：「吾生也有涯，而知也無涯，以有涯逐無涯，殆已。」所以他們要人靜坐澄心，不思不慮，而物來順應。這是自欺欺人的誑語，這是人類的誇大狂。真理是深藏在事物之中的；你不去尋求探討，他絕不會露面。科學的文明教人訓練我們的官能智慧，一點一滴地去尋求真理，一絲一毫不放過，一銖一兩地積起來。這是求真理的唯一法門。自然（nature）是一個最狡猾的妖魔，只有敲打逼拶可以逼她吐露真情。不思不慮的懶人只好永永作愚昧的人，永永走不進真理之門。

東方的懶人又說：「真理是無窮盡的，人的求知的慾望如何能滿足呢？」誠然，真理是發現不完的。但科學絕不因此而退縮。科學家明知真理無窮，知識無窮，但他們仍然有他們的滿足：進一寸有一寸的愉快，進一尺有一尺的滿足。二千多年前，一個希臘哲人思索一個難題，想不出道理來；有一天，他跳進浴盆去洗澡，水漲起來，他忽然明白了，他高興極了，赤裸裸地跑出門去，在街上亂嚷道：「我尋著了！我尋著了！」（eureka！eureka！）這是科學家的滿足。newton、pasteur 以至於 edison 時時有這樣的愉快。一點一滴都是進步，一步一步都可以躊躇滿志。這種心靈上的快樂是東方的懶聖人所夢想不到的。

巴斯德（pasteur louis, 1822-1895）：法國微生物學家。

這裡正是東西文化的一個根本不同之點。一邊是自暴自棄的不思不慮，一邊是繼續不斷的尋求真理。

朋友們，究竟是那一種文化能滿足你們的心靈上的要求呢？

其次，我們且看看人類的情感與想像力上的要求。

文藝、美術，我們可以不談，因為東方的人，凡是能睜開眼睛看世界的，至少還都能承認西洋人並不曾輕蔑了這兩個重要的方面。

我們來談談道德與宗教罷。

近世文明在表面上還不曾和舊宗教脫離關係，所以近世文化還不曾明白建立他的新宗教新道德。但我們研究歷史的人不能不指出近世文明自有他的新宗教與新道德。科學的發達提高了人類的知識，使人們求知的方法更精密了，評判的能力也更進步了，所以舊宗教的迷信部分漸漸被淘汰到最低限度，漸漸地連那最低限度的信仰——上帝的存在與靈魂的不滅——也發生疑問了。所以這個新宗教的第一特色是他的理智化。近世文明仗著科學的武器，開闢了許多新世界，發現了無數新真理，征服了自然界的無數勢力，叫電氣趕車，叫「以太」送信，真個作出種種動地掀天的大事業來。人類的能力的發展使他漸漸增加對於自己的信仰心，漸漸把向來信天安命的心理變成信任人類自己的心理。所以這個新宗教的第二特色是他的人化。智識的發達不但抬高了人的能力，並且擴大了他的眼界，使他胸襟闊大，想像力高遠，同情心濃摯。同時，物質享受的增加使人有餘力可以顧到別人的需要與痛苦。擴大了的同情心加上擴大了的能力，遂產生了一個空前的社會化的新道德，所以這個新宗教的第三特色就是他的社會化的道德。

古代的人因為想求得感情上的安慰，不惜犧牲理智上的要求，專靠信心（faith），不問證據，於是信鬼，信神，信上帝，信天堂，信淨土，信地獄。近世科學便不能這樣專靠信心了。科學並不菲薄感情上的安慰；科學只要求一切信仰須要禁得起理智的評判，須要有充分的證據。凡沒有充分證據的，只可存疑，不足信仰。赫胥黎（huxley）說的最好：

> 如果我對於解剖學上或生理學上的一個小小困難，必須要嚴格的不信任一切沒有充分證據的東西，方才可望有成績，那麼，我對於人生的奇祕的解決，難道就可以不用這樣嚴格的條件嗎？

這正是十分尊重我們的精神上的要求。我們買一畝田，賣三間屋，尚且要一張契據；關於人生的最高希望的根據，豈可沒有證據就胡亂信仰嗎？

這種「拿證據來」的態度，可以稱為近世宗教的「理智化」。

從前人類受自然的支配，不能探討自然界的祕密，沒有能力抵抗自然的殘酷，所以對於自然常懷著畏懼之心，拜物，拜畜生，怕鬼，敬神，「小心翼翼，昭事上帝」，都是因為人類不信任自己的能力，不能不倚靠一種超自然的勢力。現代的人便不同了。人的智力居然征服了自然界的無數質力，上可以飛行無礙，下可以潛行海底，遠可以窺算星辰，近可以觀察極微。這個兩隻手一個大腦的動物——人——已成了世界的主角，他不能不尊重自己了。一個少年的革命詩人曾這樣的歌唱：

> 我獨自奮鬥，勝敗我獨自承當，我用不著誰來放我自由，我用不著什麼耶穌基督，妄想他能替我贖罪替我死。

i fight alone and, win or sink, i need no one to make me free, i want no jesus christ to think that he could ever die for me.

這是現代人化的宗教。信任天不如信任人，靠上帝不如靠自己。我們現在不妄想什麼天堂天國了，我們要在這個世界上建造「人的樂國」。我們不妄想做不死的神仙了，我們要在這個世界上做個活潑健全的人。我們不妄想什麼四禪定六神通了，我們要在這個世界上做個有聰明智慧可以戡天縮地的人。我們也許不輕易信仰上帝的萬能了，我們卻信仰科學的方法是萬能的，人的將來是不可限量的。我們也許不信靈魂的不滅了，我們卻信人格是神聖的，人權是神聖的。

這是近世宗教的「人化」。

但最重要的要算近世道德宗教的「社會化」。

古代的宗教大抵注重個人的拯救；古代的道德也大抵注重個人的修養。雖然也有自命普渡眾生的宗教，雖然也有自命兼濟天下的道德，然而終苦於無法下手，無力實行，只好仍舊回到個人的身心上用工夫，做那向內的修養。越向內做工夫，越看不見外面的現實世界；越在那不可捉摸的心性上玩把戲，越沒有能力應付外面的實際問題。即如中國八百年的理學工夫居然看不見二萬萬婦女纏足的慘無人道！明心見性，何補於人道的苦痛困窮！坐禪主敬，不過造成許多「四體不勤，五穀不分」的廢物！

近世文明不從宗教下手，而結果自成一個新宗教；不從道德入門，而結果自成一派新道德。十五十六世紀的歐洲國家簡直都是幾個海盜的國家，哥侖布（columbus）、馬汲倫（magellan）、都芮克（drake）一班探險家都只是一些大海盜。他們的目的只是尋求黃金、白銀、香料、象牙、黑奴。然而這班海盜和海盜帶來的商人開闢了無數新地，開拓了人的眼界，抬高了人的想像力，同時又增加了歐洲的富力。工業革命接著起來，生產的方法根本改變了，生產的能力更發達了。二三百年間，物質上的享受逐漸增加，人類的同情心也逐漸擴大。這種擴大的同情心便是新宗教新道德的基礎。自己要爭自由，同時便想到別人的自由，所以不但自由須以不侵犯他人的自由為界限，並且還進一步要要求絕大多數人的自由。自己要享受幸福，同時便想到人的幸福，所以樂利主義(utilitarianism)的哲學家便提出「最大多數的最大幸福」的標準來做人類社會的目的。這都是「社會化」的趨勢。

今譯作：麥哲倫。

十八世紀的新宗教信條是自由，平等，博愛。十九世紀中葉以後的新宗教信條是社會主義。這是西洋近代的精神文明，這是東方民族不曾有過的精神文明。

固然東方也曾有主張博愛的宗教，也曾有公田均產的思想。但這些不過是紙上的文章，不曾實地變成社會生活的重要部分，不曾變成範圍人生的勢力，不曾在東方文化上發生多大的影響，在西方便不然了。「自由，平等，博愛」成了十八世紀的革命口號。美國的革命、法國的革命、1848年全歐洲的革命運動、1862年的南北美戰爭，都是在這三大主義的旗幟之下的大革命。美國的憲法、法國的憲法，以至於南美洲諸國的憲法，都是受了這三大主義的絕大影響的。舊階級的打倒、專制政體的推翻、法律之下人人平等的觀念的普遍、「信仰，思想，言論，出版」幾大自由的保障的實行、普及教育的實施、婦女的解放、女權的運動、婦女參政的實現，……都是這個新宗教新道德的實際的表現。這不僅僅是三五個哲學家書本子裡的空談；這都是西洋近代社會政治制度的重要部分，這都已成了範圍人生、影響實際生活的絕大勢力。

十九世紀以來，個人主義的趨勢的流弊漸漸暴白於世了，資本主義之下的苦痛也漸漸明了了。遠識的人知道自由競爭的經濟制度不能達到真正「自由，平等，博愛」的目的。向資本家手裡要求公道的待遇，等於「與虎謀皮」。救濟的方法只有兩條大路：一是國家利用其權力，實行裁制資本家，保障被壓迫的階級；一是被壓迫的階級團結起來，直接抵抗資本階級的壓迫與掠奪。於是各種社會主義的理論與運動不斷地發生。西洋近代文明本建築在個人求幸福的基礎之上，所以向來承認「財產」為神聖的人權之一。但十九世紀中葉以後，這個觀念根本動搖了，有的人竟說「財產是賊贓」，有的人竟說「財產是掠奪」。現在私有財產制雖然還存在，然而國家可以徵收極重的所得稅和遺產稅，財產久已不許完全私有了。

勞動是向來受賤視的；但資本集中的制度使勞工有大組織的可能，社會主義的宣傳與階級的自覺又使勞工覺悟團結的必要，於是幾十年之中，有組織的勞動階級遂成了社會上最有勢力的分子。十年以來，工黨領袖可以執掌世界強國的政權，同盟總罷工可以屈伏最有勢力的政府，俄國的勞農階級竟做了全國的專政階級。這個社會主義的大運動現在還正在進行的時期。但他的成績已很可觀了。各國的「社會立法」（social legislation）的發達、工廠的視察、工廠衛生的改良、兒童工作與婦女工作的救濟、紅利分配製度的推行、縮短工作時間的實行、工人的保險、合作制之推行、最低工資（minimum wage）的運動、失業的救濟、級進制的（progressive）所得稅與遺產稅的實行，……這都是這個大運動已經做到的成績。這也不僅僅是紙上的文章，這也都已成了近代文明的重要部分。

這是「社會化」的新宗教與新道德。

東方的舊腦筋也許要說：「這是爭權奪利，算不得宗教與道德。」這裡又正是東西文化的一個根本不同之點。一邊是安分，安命，安貧，樂天，不爭，認吃虧；一邊是不安分，不安貧，不肯吃虧，努力奮鬥，繼續改善現成的境地。東方人見人富貴，說他是「前世修來的」；自己貧，也說是「前世不曾修」，說是「命該如此」。西方人便不然；他說，「貧富的不平等，痛苦的待遇，都是制度的不良的結果，制度是可以改良的」。他們不是爭權奪利，他們是爭自由，爭平等，爭公道；他們爭的不僅僅是個人的私利，他們奮鬥的結果是人類絕大多數人的福利。最大多數人的最大幸福，不是袖手唸佛號可以得來的，是必須奮鬥力爭的。

朋友們，究竟是哪一種文化能滿足你們的心靈上的要求呢？

我們現在可綜合評判西洋近代的文明了。這一系的文明建築在「求人生幸福」的基礎之上，確然替人類增進了不少的物質上的享受；然而他也確然很能滿足人類的精神上的要求。他在理智的方面，用精密的方法，繼續不斷地尋求真理，探索自然界無窮的祕密。他在宗教道德的方面，推翻了迷信的宗教，建立合理的信仰；打倒了神權，建立人化的宗教；拋棄了那不可知的天堂淨土，努力建設「人的樂國」、「人世的天堂」；丟開了那自稱的個人靈魂的超拔，盡量用人的新想像力和新智力去推行那充分社會化了的新宗教與新道德，努力謀人類最大多數的最大幸福。

東方的文明的最大特色是知足。西洋的近代文明的最大特色是不知足。

知足的東方人自安於簡陋的生活，故不求物質享受的提高；自安於愚昧，自安於「不識不知」，故不注意真理的發現與技藝器械的發明；自安於現成的環境與命運，故不想征服自然，只求樂天安命，不想改革制度，只圖安分守己，不想革命，只做順民。

這樣受物質環境的拘束與支配，不能跳出來，不能運用人的心思智力來改造環境改良現狀的文明，是懶惰不長進的民族的文明，是真正唯物的文明。這種文明只可以遏抑而絕不能滿足人類精神上的要求。

西方人大不然，他們說「不知足是神聖的」（divine discontent）。物質上的不知足產生了今日鋼鐵世界、汽機世界、電力世界。理智上的不知足產生了今日的科學世界。社會政治制度上的不知足產生了今日的民權世界、自由政體、男女平權的社會、勞工神聖的喊聲、社會主義的運動。神聖的不知足是一切革新一切進化的動力。

這樣充分運用人的聰明智慧來尋求真理以解放人的心靈，來制服天行以供人用，來改造物質的環境，來改革社會政治的制度，來謀人類最大多數的最大幸福，——這樣的文明應該能滿足人類精神上的要求；這樣的文明是精神的文明，是真正理想主義的（idealistic）文明，絕不是唯物的文明。

固然，真理是無窮的，物質上的享受是無窮的，新器械的發明是無窮的，社會制度的改善是無窮的。但格一物有一物的愉快，革新一器有一器的滿足，改良一種制度有一種制度的滿意。今日不能成功的，明日明年可以成功；前人失敗的，後人可以繼續助成。盡一分力便有一分的滿意；無窮的進境上，步步都可以給努力的人充分的愉快。所以大詩人鄧內孫（tennyson）借古英雄 ulysses 的口氣歌唱道：

然而人的閱歷就像一座穹門，從那裡露出那不曾走過的世界，越走越遠永永望不到他的盡頭。
半路上不幹了，多麼沉悶呵！
明晃晃的快刀為什麼甘心上鏽！
難道留得一口氣就算得生活了？
……
朋友，來罷！
去尋一個更新的世界是不會太晚的。
……
用掉的精力固然不回來了，剩下的還不少呢。
現在雖然不是從前那樣掀天動地的身手了，然而我們畢竟還是我們，——
光陰與命運頹唐了幾分壯志！
終止不住那不老的雄心，去努力，去探尋，去發現，永不退讓，不屈伏。

1926 年 6 月 6 日

名教

中國是個沒有宗教的國家，中國人是個不迷信宗教的民族。——這是近年來幾個學者的結論。有些人聽了很洋洋得意，因為他們覺得不迷信宗教是一件光榮的事。有些人聽了要做愁眉苦臉，因為他們覺得一個民族沒有宗教是要墮落的。

於今好了，得意的也不可太得意了，懊惱的也不必懊惱了。因為我們新發現中國不是沒有宗教的：我們中國有一個很偉大的宗教。

孔教早倒楣了，佛教早衰亡了，道教也早冷落了。然而我們卻還有我們的宗教。這個宗教是什麼教呢？提起此教，大大有名，他就叫做「名教」。

名教信仰什麼？信仰「名」。

名教崇拜什麼？崇拜「名」。

名教的信條只有一條：「信仰名的萬能。」

「名」是什麼？這一問似乎要做點考據。《論語》裡孔子說：「必也正名乎」，鄭玄註：正名，謂正書字也。古者曰名，今世曰字。

《儀禮．聘禮》註：

名，書文也。今謂之字。

《周禮．大行人》下註：

書名，書文字也。古曰名。

《周禮．外史》下註：

古曰名，今曰字。

《儀禮．聘禮》的釋文說：

名，謂文字也。

總括起來，「名」即是文字，即是寫的字。

「名教」便是崇拜寫的文字的宗教；便是信仰寫的字有神力，有魔力的宗教。

這個宗教，我們信仰了幾千年，卻不自覺我們有這樣一個偉大宗教。不自覺的緣故正是因為這個宗教太偉大了，無往不在，無所不包，就如同空氣一樣，我們日日夜夜在空氣裡生活，竟不覺得空氣的存在了。

現在科學進步了，便有好事的科學家去分析空氣是什麼，便也有好事的學者去分析這個偉大的名教。

民國十五年有位馮友蘭先生發表一篇很精闢的《名教之分析》。馮先生指出「名教」便是崇拜名詞的宗教，是崇拜名詞所代表的概念的宗教。

馮先生所分析的還只是上流社會和智識階級所奉的「名教」，它的勢力雖然也很偉大，還算不得「名教」的最重要部分。

這兩年來，有位江紹原先生在他的「禮部」職司的範圍內，發現了不少有趣味的材料，陸續在《語絲》、《貢獻》幾種雜誌上發表。他同他的朋友們收的材料是細大不捐，雅俗無別的；所以他們的材料使我們漸漸明白我們中國民族崇奉的「名教」是個什麼樣子。

究竟我們這個貴教是個什麼樣子呢？且聽我慢慢道來。

先從一個小孩生下地說起。古時小孩生下地之後，要請一位專門術家來聽小孩的哭聲，聲中某律，然後取名字。現在的民間變簡單了，只請一個算命的，排排八字，看他缺少五行之中的那一行。若缺水，便取個水旁的名字；若缺金，便取個金旁的名字。若缺火又缺土的，我們徽州人便取個「灶」字。名字可以補氣稟的缺陷。

小孩命若不好，便把他「寄名」在觀音菩薩的座前，取個和尚式的「法名」，便可以無災無難了。

小孩若愛啼啼哭哭，睡不安寧，便寫一張字帖，貼在行人小便的處所，上寫著：

天皇皇，地皇皇，我家有個夜啼郎。過路君子唸一遍，一夜睡到大天光。

文字的神力真不少。

小孩跌了一交，受了驚駭，那是駭掉了「魂」了，須得「叫魂」。魂怎麼叫呢？到那跌交的地方，撒把米，高叫小孩子的名字，一路叫回家。叫名便是叫魂了。

二　文化之聲

小孩漸漸長大了，在村學堂同人打架，打輸了，心裡恨不過，便拿一條柴炭，在牆上寫著詛咒他的仇人的標語：「王阿三熱病打死。」他寫了幾遍，心上的氣便平了。

他的母親也是這樣。她受了隔壁王七嫂的氣，便拿一把菜刀，在刀板上剁，一面剁，一面喊「王七老婆」的名字，這便等於亂剁王七嫂了。

他的父親也是「名教」的信徒。他受了王七哥的氣，打又打他不過，只好破口罵他，罵他的爹媽，罵他的妹子，罵他的祖宗十八代。罵了便算出了氣了。

據江紹原先生的考察，現在這一家人都大進步了。小孩在牆上會寫「打倒阿毛」了。他媽也會喊「打倒周小妹」了。他爸爸也會貼「打倒王慶來」了。

他家裡人口不平安，有病的，有死的。這也有好法子。請個道士來，畫幾道符，大門上貼一張，房門上貼一張，毛廁上也貼一張，病鬼便都跑掉了，再不敢進門了。畫符自然是「名教」的重要方法。

死了的人又怎麼辦呢？請一班和尚來，唸幾卷經，便可以超度死者了。唸經自然也是「名教」的重要方法。符是文字，經是文字，都有不可思議的神力。

死了人，要「點主」。把神主牌寫好，把那「主」字上頭的一點空著。請一位鄉紳來點主。把一隻雄雞頭上的雞冠切破，那位趙鄉紳把硃筆蘸飽了雞冠血，點上「主」字。從此死者的靈魂遂憑依在神主牌上了。

弔喪須用輓聯，賀婚賀壽須用賀聯；講究的送幛子，更講究的送祭文壽序。都是文字，都是

「名教」的一部分。

豆腐店的老闆夢想發大財，也有法子。請村口王老師寫副門聯：「生意興隆通四海，財源茂盛達三江。」這也可以過發財的癮了。

趙鄉紳也有他的夢想，所以他也寫副門聯：「總集福蔭，備致嘉祥。」

王老師雖是不通，雖是下流，但他也得寫一副門聯：「文章華國，忠孝傳家。」

豆腐店老闆心裡還不很滿足，又去請王老師替他寫一個大紅春帖：「對我生財」，貼在對面牆上，於是他的寶號就發財的樣子十足了。

王老師去年的家運不大好，所以他今年元旦起來，拜了天地，洗淨手，拿起筆來，寫個紅帖子：「戊辰發筆，添丁進財。」他今年一定時運大來了。

父母祖先的名字是要避諱的。古時候，父名晉，兒子不得應進士考試。現在寬的多了，但避諱的風俗還存在一般社會裡。皇帝的名字現在不避諱了。但孫中山死後，「中山」儘管可用作學校地方或貨品的名稱，「孫文」便很少人用了；忠實同志都應該稱他為「先總理」。

南京有一個大學，為了改校名，鬧了好幾次大風潮，有一次竟把校名牌子抬了送到大學院去。

北京下來之後，名教的信徒又大忙了。北京已改做「北平」了；今天又有人提議改南京做「中京」了。還有人鄭重提議「故宮博物院」應該改作「廢宮博物院」。將來這樣大改革的事業正多呢。

前不多時，南京的《京報副刊》的畫報上有一張照片，標題是「軍事委員會政治訓練部宣傳處藝術科寫標語之忙碌」。圖上是五六個中山裝的青年忙著寫標語；桌上，椅背上，地板上，滿鋪著寫好了的標語，有大字，有小字，有長句，有短句。

這不過是「寫」的一部分工作；還有擬標語的，有討論審定標語的，還有貼標語的。

五月初濟南事件發生以後，我時時往來淞滬鐵路上，每一次四十分鐘的旅行所見的標語總在一千張以上；出標語的機關至少總在七八十個以上。有寫著「槍斃田中義一」的，有寫著「活埋田中義一」的，有寫著「殺盡矮賊」而把「矮賊」兩字倒轉來寫，如報紙上尋人廣告倒寫的「人」字一樣。「人」字倒寫，人就會回來了；「矮賊」倒寫，矮賊也就算打倒了。

現在我們中國已成了口號標語的世界。有人說，這是從蘇俄學來的法子。這是很冤枉的。我前年在莫斯科住了三天，就沒有看見牆上有一張標語。標語是道地的國貨，是「名教」國家的祖傳法寶。

試問牆上貼一張「打倒帝國主義」，同牆上貼一張「對我生財」或「抬頭見喜」，有什麼分別？是不是一個師父傳授的衣鉢？

試問牆上貼一張「活埋田中義一」，同小孩子貼一張「雷打王阿毛」，有什麼分別？是不是一個師父傳授的法寶？

試問「打倒唐生智」、「打倒汪精衛」，同王阿毛貼的「阿發黃病打死」，有什麼分別？王阿毛儘夠做老師了，何須遠學莫斯科呢？

自然，在黨國領袖的心目中，口號標語是一種宣傳的方法，政治的武器。但在中小學生的心裡，在第九十九師十五連第三排的政治部人員的心裡，口號標語便不過是一種出氣洩憤的法子罷了。如果「打倒帝國主義」是標語，那麼，第十區的第七小學為什麼不可貼「殺盡矮賊」的標語呢？如果「打倒汪精衛」是正當的標語，那麼「活埋田中義一」為什麼不是正當的標語呢？

如果多貼幾張「打倒汪精衛」可以有效果，那麼，你何以見得多貼幾張「活埋田中義一」不會使田中義一打個寒噤呢？

故從歷史考據的眼光看來，口號標語正是「名教」的正傳嫡派。因為在絕大多數人的心裡，牆上貼一張「國民政府是為全民謀幸福的政府」正等於門上寫一條「姜太公在此」，有靈則兩者都應該有靈，無效則兩者同為廢紙而已。

我們試問，為什麼豆腐店的張老闆要在對門牆上貼一張「對我生財」？豈不是因為他天天對著那張紙可以過一點發財的癮嗎？為什麼他元旦開門時嘴裡要唸「元寶滾進來」？豈不是因為他念這句話時心裡感覺舒服嗎？

要不然，只有另一個說法，只可說是盲從習俗，毫無意義。張老闆的祖宗下來每年都貼一張「對我生財」，況且隔壁剃頭店門口也貼了一張，所以他不能不照辦。

現在大多數喊口號，貼標語的，也不外這兩種理由：一是心理上的過癮，一是無意義的盲從。

少年人抱著一腔熱沸的血，無處發洩，只好在牆上大書「打倒賣國賊」，或「打倒日本帝國主義」。寫完之後，那二尺見方的大字，那顏魯公的書法，個個挺出來，好生威武，他自己看著，血也不沸了，氣也稍稍平了，心裡覺得舒服的多，可以坦然回去休息了。於是他的一腔義憤，不曾收斂回去，在他的行為上與人格上發生有益的影響，卻輕輕地發洩在牆頭的標語上面了。

二　文化之聲

這樣的發洩情感，比什麼都容易，既痛快，又有面子，誰不愛做呢？一回生，二回熟，便成了慣例了，於是「五一」、「五三」、「五四」、「五七」、「五九」、「六三」……都照樣做去：放一天假，開個紀念會，貼無數標語，喊幾句口號，就算做了紀念了！

於是月月有紀念，週週做紀念週，牆上處處是標語，人人嘴上有的是口號。於是老祖宗幾千年相傳的「名教」之道遂大行於今日，而中國遂成了一個「名教」的國家。

我們試進一步，試問，為什麼貼一張「雷打王阿毛」或「槍斃田中義一」可以發洩我們的感情，可以出氣洩憤呢？

這一問便問到「名教」的哲學上去了。這裡面的奧妙無窮，我們現在只能指出幾個有趣味的要點。

第一，我們的古代老祖宗深信「名」就是魂，我們至今不知不覺地還逃不了這種古老迷信的影響。「名就是魂」的迷信是世界人類在幼稚時代同有的。埃及人的第八魂就是「名魂」。我們中國古今都有此迷信。《封神演義》上有個張桂芳能夠「呼名落馬」；他只叫一聲「黃飛虎還不下馬，更待何時！」黃飛虎就滾下五色神牛了。不幸張桂芳遇見了哪吒，喊來喊去，哪吒立在風火輪上不滾下來，因為哪吒是蓮花化身，沒有魂的。《西遊記》上有個銀角大王，他用一個紅葫蘆，叫一聲「孫行者」，孫行者答應一聲，就被裝進去了。後來孫行者逃出來，又來挑戰，改名做「行者孫」，答應了一聲，也就被裝了進去！因為有名就有魂了。民間「叫魂」，只是叫名字，因為叫名字就是叫魂了。因為如此，所以小孩在牆上寫「鬼捉王阿毛」，便相信鬼真能把阿毛的魂捉去。黨部中人制定

「打倒汪精衛」的標語，雖未必相信「千夫所指，無病自死」；但那位貼「槍斃田中」的小學生卻難保不知不覺地相信他有咒死田中的功用。

第二，我們的古代老祖宗深信「名」（文字）有不可思議的神力，我們也免不了這種迷信的影響。這也是幼稚民族的普通迷信，高等民族也往往不能免除。《西遊記》上如來佛寫了「唵嘛呢叭〔左口右迷〕吽」六個字，便把孫猴子壓住了一千年。觀音菩薩念一個「唵」字咒語，便有諸神來見。他在孫行者手心寫一個「〔左口右迷〕」字，就可以引紅孩兒去受擒。小說上的神仙妖道作法，總得「口中唸唸有詞」。一切符咒，都是有神力的文字。現在有許多人似乎真相信多貼幾張「打倒軍閥」的標語便可以打倒張作霖了。他們若不信這種神力，何以不到前線去打仗，卻到吳淞鎮的公共廁所牆上張貼「打倒張作霖」的標語呢？

第三，我們的古代聖賢也曾提倡一種「理智化」了的「名」的迷信，幾千年來深入人心，也是造成「名教」的一種大勢力。衛君要請孔子去治國，孔老先生卻先要「正名」。他恨極了當時的亂臣賊子，卻又「手無斧柯，奈龜山何！」所以他只好做一部《春秋》來褒貶他們，「一字之貶，嚴於斧鉞；一字之褒，榮於華〔上六中口下「衣的下半部」〕」。這種思想便是古代所謂「名分」的觀念。尹文子說：

> 善名命善，惡名命惡。故善有善名，惡有惡名。……今親賢而疏不肖，賞善而罰惡。賢不肖，善惡之名宜在彼；親疏賞罰之稱宜屬我。……「名」宜屬彼，「分」宜屬我。我愛白而憎黑，韻商

而舍徵，好膻而惡焦，嗜甘而逆苦。白黑商徵，膻焦甘苦，彼之「名」也；愛憎韻舍，好惡嗜逆，我之「分」也。定此名分，則萬事不亂也。

「名」是表物性的，「分」是表我的態度的。善名便引起我愛敬的態度，惡名便引起我厭恨的態度。這叫做「名分」的哲學。「名教」、「禮教」便建築在這種哲學的基礎之上。一塊石頭，變作了貞節牌坊，便可以引無數青年婦女犧牲她們的青春與生命去博禮教先生的一篇銘贊，或志書「列女」門裡的一個名字。「貞節」是「名」，羨慕而情願犧牲，便是「分」。女子的腳裹小了，男子贊為「美」，詩人說是「三寸金蓮」，於是幾萬萬的婦女便拚命裹小腳了。「美」與「金蓮」是「名」，羨慕而情願吃苦犧牲，便是「分」。

現在人說小腳「不美」，又「不人道」，名變了，分也變了，於是小腳的女子也得塞棉花，充天腳了。——現在的許多標語，大都有個褒貶的用意：宣傳便是宣傳這褒貶的用意。說某人是「忠實同志」，便是教人「擁護」他。說某人是「軍閥」、「土豪劣紳」、「反動」、「反革命」、「老朽昏庸」，便是教人「打倒」他。故「忠實同志」、「總理信徒」的名，要引起「擁護」的分。「反動分子」的名，要引起「打倒」的分。故今日牆上的無數「打倒」與「擁護」，其實都是要寓褒貶，定名分。不幸標語用的太濫了，今天要打倒的，明天卻又在擁護之列了；今天的忠實同志，明天又變為反革命了。於是打倒不足為辱，而反革命有人竟以為榮。於是「名教」失其作用，只成為牆上的符篆而已。

兩千年前，有個九十歲的老頭子對漢武帝說：「為治不在多言，顧力行何如耳。」兩千年後，我們也要對現在的治國者說：

治國不在口號標語，顧力行何如耳。

一千多年前，有個龐居士，臨死時留下兩句名言：

但願空諸所有。慎勿實諸所無。

「實諸所無」，如「鬼」本是沒有的，不幸古代的渾人造出「鬼」名，更造出「無常鬼」、「大頭鬼」、「吊死鬼」等等名，於是人的心裡便像煞真有鬼了。我們對於現在的治國者，也想說：

但願實諸所有。慎勿實諸所無。

末了，我們也學時髦，編兩句口號：

打倒名教！名教掃地，中國有望！

1928年7月2日

信心與反省

這一期《獨立》裡有壽生先生的一篇文章，題為〈我們要有信心〉。在這文裡，他提出一個大問題：中華民族真不行嗎？他自己的答案是：我們是還有生存權的。

我很高興我們的青年在這種惡劣空氣裡還能保持他們對於國家民族前途的絕大信心。這種信心是一個民族生存的基礎，我們當然是完全同情的。

可是我們要補充一點：這種信心本身要建築在穩固的基礎之上，不可站在散沙之上。如果信仰的根據不穩固，一朝根基動搖了，信仰也就完了。壽生先生不贊成那些舊人「拿什麼五千年的古國喲，精神文明喲，地大物博喲，來遮醜」。這是不錯的。然而他自己提出的民族信心的根據，依我看來，文字上雖然和他們不同，實質上還是和他們同樣的站在散沙之上，同樣的擋不住風吹雨打。例如他說：

> 我們今日之改進不如日本之速者，就是因為我們的固有文化太豐富了。富於創造性的人，個性必強，接受性就較緩。

這種思想在實質上和那五千年古國精神文明的迷夢是同樣的無稽的誇大。第一，他的原則「富於創造性的人，個性必強，接受性就較緩」，這個大前提就是完全無稽之談，就是懶惰的中國士大夫捏造出來替自己遮醜的胡說。事實上恰是相反的：凡富於創造性的人必敏於模仿，凡不善模仿的人絕不能創造。創造是一個最誤人的名詞，其實創造只是模仿到十足時的一點點新花樣。古人說的最好：「太陽之下，沒有新的東西。」一切所謂創造都從模仿出來。我們不要被新名詞騙了。新名詞的模仿就是舊名詞的「學」字；「學之為言效也」是一句不磨的老話。

例如學琴，必須先模仿琴師彈琴；學畫必須先模仿畫師作畫；就是畫自然界的景物，也是模仿。模仿熟了，就是學會了，工具用的熟了，方法練的細密了，有天才的人自然會「熟能生巧」，這一點功夫到時的奇巧新花樣就叫做創造。凡不肯模仿，就是不肯學人的長處。不肯學如何能創造？葛利略（galileo）聽說荷蘭有個磨鏡匠人做成了一座望遠鏡，他就依他聽說的造法，自己製造了一座望遠鏡。這就是模仿，也就是創造。從十七世紀初年到如今，望遠鏡和顯微鏡都年年有進步，可是這三百年的進步，步步是模仿，也步步是創造。一切進步都是如此：沒有一件創造不是先從模仿下手的。孔子說的好：

三人行，必有我師焉：擇其善者而從之，其不善者而改之。

今譯為：伽俐略。

這就是一個聖人的模仿。懶人不肯模仿，所以絕不會創造。一個民族也和個人一樣，最肯學人的時代就是那個民族最偉大的時代；等到它不肯學人的時候，它的盛世已過去了，他已走上衰老僵化的時期了，我們中國民族最偉大的時代，正是我們最肯模仿四鄰的時代：從漢到唐宋，一切建築、繪畫、雕刻、音樂、宗教、思想、算學、天文、工藝，哪一件裡沒有模仿外國的重要成分？佛教和他帶來的美術建築，不用說了。從漢朝到今日，我們的曆法改革，無一次不是採用外國的新法；最近三百年的曆法是完全學西洋的，更不用說了。到了我們不肯學人家的好處的時候，我們的文化也就不進步了。我們到了民族中衰的時代，只有懶勁學印度人的吸食鴉片，卻沒有精力學滿洲人的不纏腳，那就是我們自殺的法門了。

第二，我們不可輕視日本人的模仿。壽生先生也犯了一般人輕視日本的惡習慣，抹殺日本人善於模仿的絕大長處。日本的成功，正可以證明我在上文說的「一切創造都從模仿出來」的原則。壽生說：

> 從唐以至日本明治維新，千數百年間，日本有一件事足為中國取鏡者嗎？中國的學術思想在它手裡去發展改進過嗎？我們實無法說有。

這又是無稽的誣告了。三百年前，朱舜水到日本，他居留久了，能了解那個島國民族的優點，所以他寫信給中國的朋友說，日本的政治雖不能上比唐虞，可以說比得上三代盛世。這是一個中國大學者在長期寄居之後下的考語是值得我們注意的。日本民族的長處全在他們肯一心一意的學別人的好處。他們學了中國的無數好處，但始終不曾學我們的小腳、八股文、鴉片煙。這不夠「為中國取鏡」嗎？他們學別國的文化，無論在那一方面，凡是學到家的，都能有創造的貢獻。這是必然的道理。淺見的人都說日本的山水人物畫是模仿中國的，其實日本畫自有他的特點，在人物方面的成績遠勝過中國畫，在山水方面也沒有走上「四王」的笨路；在文學方面，他們也有很大的創造。近年已有人賞識日本的小詩了。我且舉一個大家不甚留意的例子。文學史家往往說日本的《源氏物語》等作品是模仿中國唐人的小說《游氏窟》等書的。

現今《遊仙窟》已從日本翻印回中國來了，《源氏物語》也有了英國人衛來先生（arthur waley）的五巨冊的譯本。我們若比較這兩部書，就不能不驚嘆日本人創造力的偉大。如果「源氏」真是從模仿《遊仙窟》出來的，那真是徒弟勝過師傅千萬倍了！壽生先生原文裡批評日本的工商業，也是中了成見的毒。日本今日工商業的長腳發展，雖然也受了生活程度比人低和貨幣低落的恩惠，但他的根基實在是全靠科學與工商業的進步。今日大阪與蘭肯歇的競爭，骨子裡還是新式工業與舊式工業的競爭。日本今日自造的紡織器是世界各國公認為最新最良的。今日英國紡織業也不能不購買日本的新機器了。這是從模仿到創造的最好的例子。不然，我們工人的工資比日本更低，貨幣平常也比日本錢更賤，為什麼我們不能「與他國資本家搶商場」呢？我們到了今日，若還要抹殺事實，笑人模仿，而自居於「富於創造性者」的不屑模仿，那真是盲目的誇大狂了。

第三，再看看「我們的固有文化」是不是真的「太豐富了」。壽生和其他誇大本國固有文化的人們，如果真肯平心想想，必然也會明白這句話也是無根的亂談。這個問題太大，不是這篇短文裡所能詳細討論的，我只能指出幾個比較重要之點。使人明白我們的固有文化實在是很貧乏的，談不到「太豐富」的夢話。近代的科學文化、工業文化，我們可以撇開不談，因為在那些方面，我們的貧乏未免太丟人了。我們且談談老遠的過去時代罷。我們的周秦時代當然可以和希臘、羅馬相提並論，然而我們如果平心研究希臘、羅馬的文學、雕刻、科學、政治，單是這四項就不能不使我們感覺我們的文化的貧乏了。尤其是造型美術與算學的兩方面，我們真不能不低頭愧汗。

我們試想想，《幾何原本》的作者歐幾里得（euclid）正和孟子先後同時；在那麼早的時代，在兩千多年前，我們在科學上早已大落後了！（少年愛國的人何不試拿《墨子・經上篇》裡的三五條幾何學界說來比較《幾何原本》？）從此以後，我們所有的，歐洲也都有；我們所沒有的，人家所獨有的，人家都比我們強。試舉一個例子：歐洲有三個一千年的大學，有許多個五百年以上的大學，至今繼續存在，繼續發展；我們有沒有？至於我們所獨有的寶貝，駢文、律詩、八股、小腳、太監、姨太太、五世同居的大家庭、貞節牌坊、地獄活現的監獄、廷杖、板子夾棍的法庭……雖然「豐富」，雖然「在這世界無不足以單獨成一系統」，究竟都是使我們抬不起頭來的文物制度。即如壽生先生指出的「那更光輝萬丈」的宋明理學，說起來也真正可憐！講了七八百年的理學，沒有一個理學聖賢起來指出裹小腳是不人道的野蠻行為，只見大家崇信「餓死事極小，失節事極大」的吃人禮教：請問那萬丈光輝究竟照耀到那裡去了？

也即歐幾里德（euclid of alexandria，前 330- 前 26）：希臘數學家。

以上說的，都只是略略指出壽生先生代表的民族信心是建築在散沙上面，禁不起風吹草動，就會倒塌下來的。信心是我們需要的，但無根據的信心是沒有力量的。

可靠的民族信心，必須建築在一個堅固的基礎之上，祖宗的光榮自是祖宗之光榮，不能救我們的痛苦羞辱。何況祖宗所建的基業不全是光榮呢？我們要指出：我們的民族信心必須站在「反省」的唯一基礎之上。反省就是要閉門思過，要誠心誠意的想，我們祖宗的罪孽深重，我們自己的罪孽深重，要認清了罪孽所在，然後我們可以用全副精力去消災滅罪。壽生先生引了一句「中國不亡是無天理」的悲嘆詞句，他也許不知道這句傷心的話是我十三四年前在中央公園後面柏樹下對孫伏園先生說的，第二天被他記在《晨報》上，就流傳至今。我說出那句話的目的，不是要人消極，是要人反省；不是要人灰心，是要人起信心，發下大弘誓來懺悔，來替祖宗懺悔，替我們自己懺悔；要發願造新因來替代舊日種下的惡因。

今日的大患在於全國人不知恥。所以不知恥者只是因為不曾反省。一個國家兵力不如人，被人打敗了，被人搶奪了一大塊土地去，這不算是最大的恥辱。一個國家在今日還容許整個的省分遍種鴉片煙，一個政府在今日還要依靠鴉片煙的稅收——公賣稅、吸戶稅、煙苗稅、過境稅——來做政府的收入的一部分，這是最大的恥辱。一個現代民族在今日還容許他們的最高官吏公然提倡什麼「時輪金剛法會」、「息災利民法會」，這是最大的恥辱。一個國家有五千年的歷史，而沒有一個四十年的大學，甚至於沒有一個真正完備的大學，這是最大的恥辱。一個國家能養三百萬不能捍衛國家的兵，而至今不肯計劃任何區域的國民義務教育，這是最大的恥辱。

真誠的反省自然發生真誠的愧恥。孟子說的好：「不恥不若人，何若人有？」真誠的愧恥自然引起向上的努力，要發宏願努力學人家的好處，剗除自家的罪惡。經過這種反省與忏悔之後，然後可以起新的信心：要信仰我們自己正是撥亂反正的人，這個擔子必須我們自己來挑起。三四十年的天足運動已經差不多完全剷除了小腳的風氣：從前大腳的女人要裝小腳，現在小腳的女人要裝大腳了。風氣轉移的這樣快，這不夠堅定我們的自信心嗎？

歷史的反省自然使我們明了今日的失敗都因為過去的不努力，同時也可以使我們特別明了「種瓜得瓜，種豆得豆」的因果鐵律。剗除過去的罪孽只是割斷已往種下的果。我們要收新果，必須努力造新因。祖宗生在過去的時代，他們沒有我們今日的新工具，也居然能給我們留下了不少的遺產。我們今日有了祖宗不曾夢見的種種新工具，當然應該有比祖宗高明千百倍的成績，才對得起這個新鮮的世界。日本一個小島國，那麼貧瘠的土地，那麼少的人民，只因為伊藤博文、大久保利通、西鄉隆盛等幾十個人的努力，只因為他們肯拚命的學人家，肯拚命的用這個世界的新工具，居然在半個世紀之內一躍而為世界三五大強國之一。這不夠鼓舞我們的信心嗎？

反省的結果應該使我們明白那五千年的精神文明。那「光輝萬丈」的宋明理學，那並不太豐富的固有文化都是無濟於事的銀樣鑞槍頭。我們的前途在我們自己的手裡。我們的信心應該望在我們的將來。我們的將來全靠我們下什麼種，出多少力。「播了種一定會有收穫，用了力絕不至於白費」——這是翁文灝先生要我們有的信心。

1934年5月28日

再論信心與反省

在《獨立》第一〇三期，我寫了一篇〈信心與反省〉，指出我們對國家民族的信心不能建築在歌頌過去上，只可以建築在「反省」的唯一基礎之上。在那篇討論裡，我曾指出我們的固有文化是很貧乏的，絕不能說是「太豐富了」的。我們的文化，比起歐洲一系的文化來，「我們所有的，人家也都有；我們所沒有的，人家所獨有的，人家都比我們強。至於我們所獨有的寶貝，駢文、律詩、八股、小腳，……又都是使我們抬不起頭來的文物制度」。所以我們應該反省：認清了我們的祖宗和我們自己的罪孽深重，然後肯用全力去消災滅罪；認清了自己百事不如人，然後肯死心塌地的去學人家的長處。

我知道這種論調在今日是很不合時宜的，是觸犯忌諱的，是至少要引起嚴厲的抗議的。可是我心裡要說的話，不能因為人不愛聽就不說了。正因為人不愛聽，所以我更覺得有不能不說的責任。

果然，那篇文章引起了一位讀者子團先生的悲憤，害他終夜不能睡眠，害他半夜起來寫他的抗議，直寫到天明。他的文章，〈怎樣才能建立起民族的信心〉是一篇很誠懇的，很沉痛的反省。我很尊敬他的悲憤，所以我很願意討論他提出的論點，很誠懇的指出他那「一半不同」正是全部不同。

子固先生的主要論點是：

二　文化之聲

我們民族這七八十年以來，與歐美文化接觸，許多新奇的現象炫盲了我們的眼睛，在這炫盲當中，我們一方面沒出息地丟了我們固有的維繫並且引導我們向上的文化，另一方面我們又沒有能夠抓住外來文化之中那種能夠幫助我們民族更為強盛的一部分。結果我們走入迷途，墮落下去！

忠孝仁愛信義和平是維繫並且引導我們民族向上的固有文化，科學是外來文化中能夠幫助我們民族更為強盛的一部分。

子固先生的論調，其實還是三四十年前的老輩的論調。他們認得了富強的需要，所以不反對西方的科學工業；但他們心裡很堅決的相信一切倫紀道德是我們所固有而不須外求的。老輩之中，一位最偉大的孫中山先生，在他的通俗講演裡，也不免要敷衍一般誇大狂的中國人，說：「中國先前的忠孝仁愛信義種種的舊道德」都是「駕乎外國人」之上。中山先生這種議論在今日往往被一般人利用來做復古運動的典故，所以有些人就說「中國本來是一個由美德築成的黃金世界」了（這是民國十八年葉楚傖先生的名言）！

子團先生也特別提出孫中山先生的偉大，特別頌揚他能「在當時一班知識階級盲目崇拜歐美文化的狂流中，巍然不動地指示我們救國必須恢復我們固有文化，同時學習歐美科學。」但他如果留心細讀中山先生的講演，就可以看出他當時說那話時是很費力的，很不容易自圓其說的。例如講「修身」，中山先生很明白的說：

但是從修身一方面來看，我們中國人對於這些功夫是很缺乏的。中國人一舉一動都欠撿點，只要和中國人來往過一次，便看得很清楚。（《三民主義》六）

他還對我們說：

> 所以今天講到修身，諸位新青年，便應該學外國人的新文化。（《三民主義》六）

可是他一會兒又回過去頌揚固有的舊道德了。本來有保守性的讀者只記得中山先生頌揚舊道德的話，卻不曾細想他所頌揚的舊道德都只是幾個人類共有的理想，並不是我們這個民族實行最力的道德。例如他說的「忠孝仁愛信義和平」，那一件不是東西哲人共同提倡的理想？除了割股治病，臥冰求鯉，一類不近人情的行動之外，那一件不是世界文明人類公有的理想？孫中山先生也曾說過：

> 照這樣實行一方面講起來，仁愛的好道德，中國人現在似乎遠不如外國。……但是仁愛還是中國的舊道德。我們要學外國，只要學他們那樣實行，把仁愛恢復起來，再去發揚光大，便是中國固有的精神。（同上書）

在這短短一段話裡，我們可以看出中山先生未嘗不明白在仁愛的「實行」上，我們實在遠不如人。所謂「仁愛還是中國的舊道德」者，只是那個道德的名稱罷了。中山先生很明白的教人：修身應該學外國人的新文化，仁愛也「要學外國」。但這些話中的話都是一般人不注意的。

在這些方面，吳稚暉先生比孫中山先生澈底多了。吳先生在他的《一個新信仰的宇宙觀及人生觀》裡，很大膽的說中國民族的「總和道德是低淺的」；同時他又指出西洋民族什麼仁義道德，孝弟忠信，吃飯睡覺，無一不較上三族（亞剌伯，印度，中國）的人較有作法，較有熱心。……講他們的總和道德叫做高明。

這是很公允的評判。忠孝信義仁愛和平，都是有文化的民族共有的理想；在文字理論上，猶太人、印度人、亞剌伯人、希臘人，以至近世各文明民族，都講的頭頭是道。所不同者，全在吳先生說的「有作法，有熱心」兩點。若沒有切實的辦法，沒有真摯的熱心，雖然有整千萬冊的理學書，終無救於道德的低淺。宋明的理學聖賢，談性談心，談居敬，談致良知，終因為沒有作法，只能走上「終日端坐，如泥塑人」的死路上去。

我所以要特別提出子固先生的論點，只因為他的悲憤是可敬的，而他的解決方案還是無補於他的悲憤。他的方案，一面學科學，一面恢復我們固有的文化，還只是張之洞一輩人說的「中學為體，西學為用」的方案。老實說，這條路是走不通的。如果過去的文化是值得恢復的，我們今天不至糟到這步田地了。況且沒有那科學工業的現代文化基礎，是無法發揚什麼文化的「偉大精神」的。忠孝仁愛信義和平是永遠存在書本子裡的；但是因為我們的祖宗只會把這些好聽的名詞都寫作八股文章，畫作太極圖，編作理學語錄，所以那些好聽的名詞都不能變成有作法有熱心的事實。西洋人跳出了經院時代之後，努力做征服自然的事業，征服了海洋，征服了大地，征服了空氣電氣，征服了不少的原質，征服了不少的微生物，——這都不是什麼「保存國粹」、發揚固有文化「的口號所能包括的工作，然而科學與工業發達的自然結果是提高了人民的生活，提高了人類的幸福，提高了各個參加國家的文化。結果就是吳稚暉先生說的「總和道德叫做高明」。

世間講「仁愛」的書，莫過於《華嚴經》的《淨行品》，那一篇妙文教人時時刻刻不可忘了人類的痛苦與缺陷，甚至於大便小便時都要發願不忘眾生：

> 左右便利，當願眾生，蠲除汙穢，無淫怒痴。
> 已而就水，當願眾生，向無上道，得出世法。
> 以水滌穢，當願眾生，具足淨忍，畢竟無垢。
> 以水盥掌，當願眾生，得上妙手，受持佛法。

但是一個和尚的弘願，究竟能做到多少實際的「仁愛」？回頭看看那一心想征服自然的科學救世者，他們發現了一種病菌，製成了一種血清，可以救活無量數的人類，其為「仁愛」豈不是千萬倍的偉大？

以上的討論，好像全不曾顧到「民族的信心」的一個原來問題。這是因為子固先生的來論，剝除了一些動了感情的話，實在只說了一個「中學為體，西學為用」的老方案，所以我要指出這個方案的「一半」是行不通的：忠孝仁愛信義和平等等並不是「維繫並且引導我們民族向上的固有文化」，他們不過是人類共有的幾個理想，如果沒有做法，沒有熱力，只是一些空名詞而已。這些好名詞的存在並不曾挽救或阻止「八股、小腳、太監、姨太太、貞節牌坊、地獄的監牢、夾棍板子的法庭」的存在。這些八股、小腳，……等等「固有文化」的崩潰，也全不是程顥、朱熹、顧亭林、戴東原……等等聖賢的功績，乃是「與歐美文化接觸」之後，那科學工業造成的新文化叫我們相形之下太難堪了，這些東方文明的罪孽方才逐漸崩潰的。

我要指出：我們民族這七八十年來與歐美文化接觸的結果，雖然還不曾學到那個整個的科學工業的文明，（可憐丁文江、翁文灝、顏任光諸位先生都還是四十多歲的少年，他們的工作剛開始哩！）究竟已替我們的祖宗消除了無數的罪孽，打倒了「小腳、八股、太監、五世同居的大家庭、貞節牌坊、地獄活現的監獄、夾棍板子的法庭」的一大部分或一小部分。這都是我們的「數不清的聖賢天才」從來不曾指摘譏彈的；這都是「忠孝仁愛信義和平」的固有文化從來不曾「引導向上」的。這些祖宗罪孽的崩潰，固然大部分是歐美文明的恩賜，同時也可以表示我們在這七八十年中至少也還做到了這些消極的進步。子固先生說我們在這七八十年中「走人迷途，墮落下去」，這真是無稽的誣告！中國民族在這七八十年中何嘗「墮落」？在幾十年之中，廢除了三千年的太監、一千年的小腳、六百年的八股、五千年的酷刑，這是「向上」，不是墮落！

不過我們的「向上」還不夠，努力還不夠。八股廢止至今不過三十年，八股的訓練還存在大多數老而不死的人的心靈裡，還間接直接的傳授到我們的無數的青年人的腦筋裡。今日還是一個大家做八股的中國，雖然題目換了。小腳逐漸絕跡了，夾棍板子，砍頭碎剮廢止了，但裹小腳的殘酷心理，上夾棍打屁股的野蠻心理，都還存在無數老少人們的心靈裡。今日還是一個殘忍野蠻的中國，所以始終還不曾走上法治的路，更談不到仁愛和平了。

所以我十分誠摯的對全國人說：我們今日還要反省，還要閉門思過，還要認清祖宗和我們自己的罪孽深重，絕不是這樣淺薄的「與歐美文化接觸」就可以脫胎換骨的。我們要認清那個容忍擁戴「小腳、八股、太監、姨太太、駢文、律詩、五世同居的大家庭、貞節牌坊、地獄的監牢、夾棍板子的法庭」到幾千幾百年之久的固有文化，是不足迷戀的，是不能引我們向上的。那裡面浮沉著的幾個聖賢豪傑，其中當然有值得我們崇敬的人，但那幾十顆星兒終究照不亮那滿天的黑暗。我們的光榮的文化不在過去，是在將來，是在那掃清了祖宗的罪孽之後重新改造出來的文化。替祖國消除罪孽，替子孫建立文明，這是我們人人的責任。古代哲人曾參說的最好：

士不可以不弘毅：任重而道遠。

先明白了「任重而道遠」的艱難，自然不輕易灰心失望了。凡是輕易灰心失望的人，都只是不曾認清他挑的是一個百斤的重擔，走的是一條萬里的長路。今天挑不動，努力磨練了總有挑得起的一天。今天走不完，走得一里前途就縮短了一里。「播了種一定會有收穫，用了力絕不至於白費」，這是我們最可靠的信心。

1934年6月

三論信心與反省

自從《獨立》第一〇三號發表了那篇〈信心與反省〉之後，我收到了不少的討論，其中有幾篇已在《獨立》登出了。我們讀了這些和還有一些未發表的討論，忍不住還要提出幾個值得反覆申明的論點來補充幾句話。

第一個論點是：我們對於我們的「固有文化」，究竟應該採取什麼態度？吳其玉先生怪我「把中國文化壓得太低了」，壽生先生也怪我把中國文化「抑」的太過火了。他們都怕我把中國看的太低了，會造成「民族自暴自棄的心理，造成它對於其他民族屈服卑鄙的心理」。吳其玉先生說：我們「應該優劣並提。不可只看人家的長，我們的短；更應當知道我們的長，人家的短。這樣我們才能有努力的勇氣」。

這些責備的話，含有一種共同的心理，就是不願意揭穿固有文化的短處，更不願意接受「祖宗罪孽深重」的控訴。一聽見有人指出「駢文、律詩、八股、小腳、太監、姨太太、貞節牌坊、地獄的監牢、板子夾棍的法庭」等等，一般自命為愛國的人們總覺得心裡怪不舒服，總要想出法子來證明這些「未必特別羞辱我們」，因為這些都是「不可免的現象」，「無論古今中外是一樣的」（吳其玉先生的話）。所以吳其玉先生指出日本的「下女、男女同浴、自殺、暗殺、娼妓的風行、賄賂、強盜式的國際行為」；所以壽生先生也指出歐洲中古武士的「初夜權」、「貞操鎖」。

所以子固先生也要問：「歐洲可有一個文化系統過去沒有類似小腳、太監、姨太太、駢文、律詩、八股、地獄活現的監獄、廷杖、板子夾棍的法庭一類的醜處呢？」本期《獨立》有周作人先生來信，指出這又是「西洋也有臭蟲」的老調。這種心理實在不是健全的心理，只是「遮羞」的一個老法門而已。從前笑話書上說：甲乙兩人同坐，甲摸著身上一個虱子，有點難為情，把它拋在地上，說：「我道是個虱子，原來不是的。」乙偏不識竅，彎身下去，把虱子拾起來，說：「我道不是個虱子，原來是個虱子！」甲的做法，其實不是除虱的好法子。乙的做法，雖然可惱，至少有「實事求是」的長處。虱子終是虱子，臭蟲終是臭蟲，何必諱呢？何必問別人家有沒有呢？

況且我原來舉出的「我們所獨有的寶貝」：駢文、律詩、八股、小腳、太監、姨太太、五世同居的大家庭、貞節牌坊、地獄的監牢、廷杖、板子夾棍的法庭，這十一項，除姨太太外，差不多全是「我們所獨有的」，「在這世界無不足以單獨成一系統的」。高跟鞋與木屐何足以媲美小腳？「貞操鎖」我在巴黎的克呂尼博物院看見過，並且帶有照片回來，這不過是幾個色情狂的私人的特製，萬不配上比那普及全國至一千多年之久，詩人頌為「香鉤」，文人尊為「金蓮」的小腳。我們走遍世界，研究過初民社會，沒有看見過一個文明的或野蠻的民族把他們的女人的腳裹小到三四寸，裹到骨節斷折殘廢，而一千年公認為「美」的！也沒有看見過一個文明的民族的知識階級有話不肯老實的說，必須湊成對子，做成駢文律詩律賦八股，歷一千幾百年之久，公認為「美」的！無論我們如何愛護祖宗，這十項的「國粹」是洋鬼子家裡搜不出來的。

況且西洋的「臭蟲」是裝在玻璃盒裡任人研究的，所以我們能在巴黎的克呂尼博物院縱觀高跟鞋的古今沿革，縱觀「貞操鎖」的製法，並且可以在博物院中購買精製的「貞操鎖」的照片寄回來讓國中人士用做「西洋也有臭蟲」的實例。我們呢？我們至今可有一個歷史博物館敢於收集小腳鞋樣、模型、圖畫，或鴉片煙燈、煙槍、煙膏，或廷杖、板子、閘床、夾棍等等極重要的文化史料，用歷史演變的原理排列展覽，供全國人的研究與警醒的嗎？因為大家都要以為滅跡就可以遮羞，所以青年一輩人全不明白祖宗造的罪孽如何深重，所以他們不能明白國家民族何以墮落到今日的地步，也不能明白這三四十年的解放與改革的絕大成績。

不明白過去的黑暗，所以他們不認得今日的光明；不懂得祖宗罪孽的深重，所以他們不能知道這三四十年革新運動的努力並非全無效果。我們今日所以還要鄭重指出八股、小腳、板子、夾棍等等罪孽，豈是僅僅要宣揚家醜？我們的用意只是要大家明白我們的脊梁上馱著那兩三千年的罪孽重擔，所以幾十年的不十分自覺的努力還不能夠叫我們海底翻身。同時我們也可以從這種歷史的知識上得著一種堅強的信心：三四十年的一點點努力已可以廢除三千年的太監、一千年的小腳、六百年的八股、四五百年的男娼、五千年的酷刑，這不夠使我們更決心向前努力嗎！西洋人把高跟鞋、細腰模型、貞操鎖都裝置在博物院裡，任人觀看，叫人明白那個「美德造成的黃金世界」原來不在過去，而在那遼遠的將來。這正是鼓勵人們向前努力的好方法，是我們青年人不可不知道的。

固然，博物院裡同時也應該陳列先民的優美成績，談固有文化的也應該如吳其玉先生說的「優劣並提」。這雖然不是我們現在討論的本題（本題是「我們的固有文化真是太豐富了嗎」），我們也可以在此談談。我們的固有文化究竟有什麼「優」「長」之處呢？我是研究歷史的人，也是個有血氣的中國人，當然也時常想尋出我們這個民族的固有文化的優長之處。但我尋出來的長處實在不多，說出來一定叫許多青年人失望。依我的愚見，我們的固有文化有三點是可以在世界上占數一數二的地位的：第一是我們的語言的「文法」是全世界最容易最合理的。第二是我們的社會組織，因為脫離封建時代最早，所以比較的是很平等的，很平民化的。

第三是我們的先民，在印度宗教輸人以前，他們的宗教比較的是最簡單的，最近人情的；就在印度宗教勢力盛行之後，還能勉力從中古宗教之下爬出來，勉強建立一個人世的文化；這樣的宗教迷信的比較薄弱，也可算是世界稀有的。然而這三項都夾雜著不少的有害的成分，都不是純粹的長處。文法是最合理的簡易的，可是文學的形體太繁難，太不合理了。社會組織是平民化了，同時也因為沒有中堅的主力，所以缺乏領袖，又不容易組織，弄成一個一盤散沙的國家；又因為社會沒有重心，所以一切風氣都起於最下層而不出於最優秀的分子，所以小腳起於舞女，鴉片起於游民，一切賭博皆出於民間，小說戲曲也皆起於街頭彈唱的小民。至於宗教，因為古代的宗教太簡單了，所以中間全國投降了印度宗教，造成了一個長期的黑暗迷信的時代，至今還留下了不少的非人生活的遺痕。——然而這三項究竟還是我們在這個世界上最特異的三點：最簡易合理的文法、平民化的社會構造、薄弱的宗教心。此外，我想了二十年，實在想不出什麼別的優長之點了。如有別位學者能夠指出其他的長處來，我當然很願意考慮的。（這個問題當然不是一段短文所能討論的，我在這裡不過提出一個綱要而已。）

所以，我不能不被逼上「固有文化實在太不豐富」之結論了。我以為我們對於固有的文化，應該採取歷史學者的態度，就是「實事求是」的態度。一部文化史平鋪放著，我們可以平心細看：如果真是豐富，我們又何苦自諱其豐富？如果真是貧乏，我們也不必自諱其貧乏。如果真是罪孽深重，我們也不必自諱其罪孽深重。「實事求是」，才是最可靠的反省。自認貧乏，方才肯死心塌地的學；自認罪孽深重，方才肯下決心去消除罪愆。如果因為發現了自家不如人，就自暴自棄了，那只是不肖的紈袴子弟的行徑，不是我們的有志青年應該有的態度。

話說長了，其他的論點不能詳細討論了，姑且討論第二個論點，那就是模仿與創造的問題。吳其玉先生說文化進步發展的方式有四種：1、模仿，2、改進，3、發明，4、創作。這樣分法，初看似乎有理，細看是不能成立的。吳先生承認「發明」之中「很多都由模仿來的」。「但也有許多與舊有的東西毫無關係的」。其實沒有一件發明不是由模仿來的。吳先生舉了兩個例：一是瓦特的蒸汽力，一是印字術。他若翻開任何可靠的歷史書，就可以知道這兩件也是從模仿舊東西出來的。印字術是模仿抄寫，這是最明顯的事：從抄寫到刻印章，從刻印章到刻印版畫，從刻印版畫到刻印符咒短文，逐漸進到刻印大部書，又由刻版進到活字排印，歷史具在，哪一個階段不是模仿前一個階段而添上的一點新花樣？瓦特的蒸汽力，也是從模仿來的。

瓦特生於1736年，他用的是牛可門（newcomn）的蒸汽機，不過加上第二個凝冷器及其他修改而已。牛可門生於1663年，他用了同時人薩維裡（savery）的蒸汽機，牛、薩兩人又都是根據法國人巴平（denis papin）的蒸汽唧筒。巴平又是模仿他的老師荷蘭人胡根斯（huygens）的空氣唧筒的（kaempffert：modern wonder workers）。吳先生舉的兩個「發明」的例子，其實都是我所說的「模仿到十足時的一點新花樣」。吳先生又說：「創作也須靠模仿為入手，但只模仿是不夠的。」這和我的說法有何區別？他把「創作」歸到「精神文明」方面，如美術、音樂、哲學等。這幾項都是「模仿以外，還須有極高的開闢天才和獨立的精神」。我的說法並不曾否認天才的重要。我說的是：

> 模仿熟了，就是學會了，工具用的熟了，方法練的細密了，有天才的人自然會「熟能生巧」，這一點功夫到時的奇巧新花樣就叫做創造。

吳先生說，「創造須由模仿入手」；我說，「一切所謂創造都從模仿出來」。我看不出有一絲一毫的分別。

如此看來，吳先生列舉的四個方式，其實只有一個方式：一切發明創作都從模仿出來。沒有天才的人只能死板的模仿；天才高的人，功夫到時，自然會改善一點，改變的稍多一點。新花樣添的多了，就好像是一件發明或創作了，其實還只是模仿功夫深時添上的一點新花樣。

這樣的說法，比較現時一切時髦的創造論似乎要減少一點弊竇。今日青年人的大毛病是誤信「天才」、「靈感」等等最荒謬的觀念，而不知天才沒有功力只能蹉跎自誤，一無所成。世界大發明家愛迭生說的最好：「天才（genius）是一分神來，九十九分汗下。」他所謂「神來」（inspiration），即是玄學鬼所謂「靈感」。用血汗苦功到了九十九分時，也許有一分的靈巧新花樣出來，那就是創作了。頽廢懶惰的人，痴待「靈感」之來，是終無所成的。

壽生先生引孔子的話：「吾嘗終日不食，終夜不寢，以思無益，不如學也。」這一位最富於常識的聖人的話是值得我們大家想想的。

1934年6月25日

科學發展所需要的社會改革

此文原為英文稿，由徐高阮譯出。

「科學發展所需要的社會改革」，這個題目不是我自己定的，是負責籌備的委員會出給我的題目。這個題目的意思是問：在我們遠東各國，社會上需要有些什麼變化才能夠使科學生根發芽呢？到這裡來開會的諸位是在亞洲許多地區從事推進科學教育的，我想一定都遠比我更適合就這個大而重要的題目說話。

我今天被請來說話，我很疑心，這是由於負責籌備這個會議的朋友們大概要存心作弄我，或者存心作弄諸位：他們大概要我在諸位的會議開幕的時候做一次 advocatus diaboli，「魔鬼的辯護士」，要我說幾句怪不中聽的話，好讓諸位在靜靜的審議中把我的話盡力推翻。

譯者註：「魔鬼的辯護士」是中古基督教會的一種制度。中古教會每討論一種教義，必要有一個人擔任反駁此種教義，讓大眾盡力駁他。

我居然來了，居然以一個「魔鬼的辯護士」的身分來到諸位面前，要說幾句怪不中聽的話給諸位去盡力駁倒、推翻。

我願意提出一些意見，都是屬於知識和教育上的變化的範圍的——我相信這種變化是一切社會變化中最重要的。

我相信，為了給科學的發展鋪路，為了準備接受、歡迎近代的科學和技術的文明，我們東方人也許必須經過某種知識上的變化或革命。

這種知識上的革命有兩方面。在消極方面，我們應當丟掉一個深深的生了根的偏見，那就是以為西方的物質的（material）、唯物的（materialistic）文明雖然無疑地占了先，我們東方人還可以憑我們的優越的精神文明（spiritual civilization）自傲。我們也許必須丟掉這種沒有理由的自傲，必須學習承認東方文明中所含的精神成分（spirituality）實在很少。在積極方面，我們應當學習了解、賞識科學和技術絕不是唯物的，乃是高度理想主義的（idealistic），乃是高度精神的（spiritual）；科學和技術確然代表我們東方文明中不幸不夠發達的一種真正的理想主義，真正的「精神」。

第一，我認為我們東方這些老文明中沒有多少精神成分。一個文明容忍像婦女纏足那樣慘無人道的習慣到一千多年之久，而差不多沒有一聲抗議，還有什麼精神文明可說？一個文明容忍「種姓制度」（the caste system）到好幾千年之久，還有多大精神成分可說？一個文明把人生看作苦痛而不值得過的，把貧窮和行乞看成美德，把疾病看作天禍，又有什麼精神價值可說？

試想像一個老叫化婆子死在極度的貧困裡，但臨死還唸著「南無阿彌陀佛！」——臨死還相信她的靈魂可以到阿彌佛陀所主宰的極樂世界中去，——試想像這個老叫化婆子有多大的精神價值可說。

現在正是我們東方人應當開始承認那些古老文明中很少精神價值或者完全沒有精神價值的時候了；那些老文明本來只屬於人類衰老的時代，——年老身衰了，心智也頹唐了，就覺得沒法子應付大自然的力量了。的確，充分認識那些老文明中並沒有多大精神成分，甚或已沒有一點生活氣力，似乎正是對科學和技術的近代文明要有充分了解所必需的一種智識上的準備；因為這個近代文明正是歌頌人生的文明，正是要利用人類的智慧改善種種生活條件的文明。

第二、在我們東方人是同等重要而不可缺少的，就是明白承認這個科學和技術的新文明並不是什麼強加到我們身上的東西，並不是什麼西方唯物民族的物質文明，是我們心裡輕視而又不能不勉強容受的，——我們要明白承認，這個文明乃是人類真正偉大的精神的成就，是我們必須學習去愛好，去尊敬的。因為近代科學是人身上最有精神意味而且的確最神聖的因素的累積成就；那個因素就是人的創造的智慧，是用研究實驗的嚴格方法去求知，求發現，求絞出大自然的精微祕密的那種智慧。

「真理不是容易求得的」（理未易察）；真理絕不肯自己顯示給那些憑著空空的兩手和沒有訓練的感官來摸索自然的妄人。科學史和大科學家的傳記都是最動人的資料，可以使我們充分了解那些獻身科學的人的精神生活——那種耐性，那種毅力，那種忘我的求真的努力，那些足令人心灰氣餒的失敗，以及在忽然得到發現和證實的剎那之間那種真正精神上的愉快、高興。

說來同樣有意味的是，連工藝技術也不能看作僅僅是把科學智識，應用在工具和機械的製造上。每一樣文明的工具都是人利用物質和能力來表現一個觀念或一大套觀念或概念的產物。人曾被稱作 homo faber，能製造器具的物質。文明正是由製造器具產生的。

譯者註：語出法國哲學家。

器具的製造的確早就極被人重視，所以有好些大發明，例如火的發明，都被認作某位偉大的神的功勞。據說孔子也有這種很高明的看法，認為一切文明的工具都有精神上的根源，一切工具都是從人的意象生出來的。《周易．系詞傳》裡說得最好：「見乃謂之象；形乃謂之器；利而用之謂之法；利用出入，民咸用之，謂之神。」這是古代一位聖人的說法。所以我們把科學和技術看作人的高度精神的成就，這並不算玷辱了我們東方人的身分。

總而言之：我以為我們東方的人，站在科學和技術的新文明的門口，最好有一點這樣的智識上的準備，才可以適當的接受、賞識這個文明。

總而言之，我們東方的人最好有一種科學技術的文明的哲學。

大約在三十五年前，我曾經提議對幾個常被誤用而且很容易混淆的名詞──「精神文明」(spiritual civilization)，「物質文明」(material civilization)，「唯物的文明」(materialistic civilization) ──重新考慮，重新下定義。

所謂「物質文明」應該有純中立的涵義，因為一切文明工具都是觀念在物質上的表現，一把石斧或一尊土偶和一隻近代大海洋輪船或一架噴射飛機同樣是物質的。一位東方的詩人或哲人生在一隻原始的舢板船上，沒有理由嘲笑或藐視坐著近代噴射飛機在他的頭上飛過的人們的物質文明。

我又曾說到，「唯物的文明」這個名詞雖然常被用來譏貶近代西方世界的科學和技術的文明，在我看來卻更適宜於形容老世界那些落後的文明。因為在我看來那個被物質環境限制住了，壓迫下去了而不能超出物質環境的文明，才正是「唯物的」。總而言之，我要說一個感到自己沒有力量對抗物質環境而反被物質環境征服了的文明才是「唯物」得可憐。

另一方面，我主張把科學和技術的近代文明看作高度理想主義的、精神的文明。我在大約三十多年前說過：

> 這樣充分運用人的聰明智慧來尋求真理，來控制自然，來變化物質以供人用，來使人免除不必要的辛勞痛苦，來把人的力量增加幾千倍幾十萬倍，來使人的精神從愚昧、迷信裡解放出來，來革新再造人類的種種制度以謀最大多數的最大幸福。——這樣的文明是高度理想主義的文明，是真正精神的文明。

譯者註：這段引文的原文出在適之先生的論文，the civilization of the east and the west，即俾耳德教授編的 whither mankind(1928. longmans) 的第一章。此編的大意又見於收在《文存》第三集的論文《我們對於西洋近代文明的態度》及另幾篇文字。

這是我對科學和技術的近代文明的熱誠頌讚——我在 1925 年和 1926 年首先用中文演說過並寫成文字發表過，後來在 1926 年和 1927 年又在英美兩國演說過好幾次，後來在 1928 年又用英文發表，作為俾耳德（charles a. beard）教授編的一部論文集《人類何處去》(*whither mankind*) 裡的一章。

這並不是對東方那些老文明的盲目責難，也絕不是對西方近代文明的盲目崇拜。這乃是當年一個研究思想史和文明史的青年學人經過仔細考慮的意見。

我現在回過頭去看，我還相信我在大約三十五年前說的話是不錯的。我還以為這是對東方和西方文明很公正的估量。我還相信必需有這樣的對東方那些老文明。對科學和技術的近代的文明的重新估量，我們東方人才能夠真誠而熱烈的接受近代科學。

沒有一點這樣透澈的重新估量、重新評價，沒有一點這樣的智識上的信念，我們只能夠勉強接受科學和技術，當作一種免不了的障礙，一種少不了的壞東西，至多也不過是一種只有功利用處而沒有內在價值的東西。

得不到一點這樣的科學技術的文明的哲學，我怕科學在我們中間不會深深的生根，我怕我們東方的人在這個新世界裡也不會心安理得。

1961年11月16日

「寧鳴而死，不默而生」——九百年前范仲淹爭自由的名言

幾年前，有人問我，美國開國前期爭自由的名言「不自由，毋寧死」（原文是 patrick henry 在1755年的「給我自由，否則給我死」「give me liberty，or give me death」），在中國有沒有相似的話。我說，我記得是有的，但一時記不清是誰說的了。

派翠克．亨利（patrick henry, 1736-1799）：蘇格蘭裔美國人，獨立戰爭時期的自由主義者，

美國革命時期傑出的演說家和政治家。

我記得是在王應麟的《困學紀聞》裡見過有這樣一句話，但這幾年我總沒有機會去翻查《困學紀聞》。今年偶然買得一部影印原本的《困學紀聞》，昨天檢得卷十七有這一條：

范文正《靈烏賦》曰：「寧鳴而死，不默而生。」其言可以立儒。

「寧鳴而死，不默而生」，當時往往專指諫諍的自由，我們現在叫做言論自由。

范仲淹生在西曆九八九年死在一〇五二年，他死了九百〇三年了。他做《靈烏賦》答梅聖俞的《靈烏賦》，大概是在景祐三年（1036）他同歐陽修、余靖、尹洙諸人因言事被貶謫的時期。這比亨利柏得烈的「不自由，毋寧死」的話要早七百四十年。這也可以特別記出，作為中國爭自由史上的一段佳話。

梅聖俞名堯臣，生在西曆一〇〇三年，死在一〇六一年。他的集中有《靈烏賦》。原是寄給范仲淹的，大意是勸他的朋友們不要多說話。賦中有這句子：

鳳不時而鳴，烏啞啞兮招唾罵於裡閭。

烏兮，事將乖而獻忠，人反謂爾多凶。……

胡不若鳳之時鳴，人不怪兮不驚！……

烏兮，爾可，吾今語汝，庶或我（原作汝，似誤）聽。

結爾舌兮鈐爾喙，爾飲啄兮爾自遂，同翱翔兮八九子，勿噪啼兮勿睥睨，往來城頭無爾累。

這篇賦的見解、文辭都不高明。(聖俞後來不知因何事很怨恨范文正，又有「靈烏後賦」，說他「憎鴻鵠之不親，愛燕雀之來附。既不我德，又反我怒。……遠己不稱，昵己則譽。」集中又有《諭烏詩》，說，「烏時來佐鳳，署置且非良，咸用所附己，欲同助翱翔。」此下有一長段醜詆的話，好像也是罵范文正的。這似是聖俞傳記裡一件疑案；前人似沒有注意到。)

范仲淹作《靈烏賦》，有自序說：

梅君聖俞作是賦，曾不我鄙，而寄以為好。因勉而和之，庶幾感物之意同歸而殊途矣。

因為這篇賦是中國古代哲人爭自由的重要文獻，所以我多摘抄幾句：

靈烏，靈烏，爾之為禽兮何不高飛而遠翥？
何為號呼於人兮告吉凶而逢怒！
方將折爾翅而烹爾軀，徒悔焉而亡路。
彼啞啞兮如訴，請臆對而忍諭，我有生兮累陰陽之含育，我有質兮慮天地之覆露。
長慈母之危巢，托主人之佳樹。……
母之鞠兮孔艱，主之仁兮則安。
度春風兮既成我以羽翰，眷高柯兮欲去君而盤桓。
思報之意，厥聲或異：
憂於未形，恐於未熾。

二　文化之聲

知我者謂吉之先，不知我者謂凶之類。
故告之則反災於身，不告之則稔禍於人。
主恩或忘，我懷靡臧。
雖死而告，為凶之防。
亦由桑妖於庭，懼而脩德，俾王之興；
雉怪於鼎，懼而侍德，俾王之盛。
天聽甚邇，人言曷病！
被希聲之鳳皇，亦見譏於楚狂。
彼不世之麒麟，亦見傷於魯人。
鳳豈以譏而不靈？
麟豈以傷而不仁？
故割而可卷，孰為神兵？
焚而可變，孰為英瓊？
寧鳴而死，不默而生！
胡不學太倉之鼠兮，何必仁為，豐食而肥？
倉苟竭兮，吾將安歸！
又不學荒城之狐兮，何必義為，深穴而威？

城苟圯兮，吾將疇依！

……

我烏也勤於母兮白天，愛於主兮自天。

人有言兮是然。

人無言兮是然。

這是九百多年前一個中國政治家爭取言論自由的宣言。

賦中「憂於未形，恐於未熾」兩句，範公在十年後（1046），在他最後被貶謫之後一年，作〈岳陽樓記〉，充分發揮成他最有名的一段文字：

嗟夫，予嘗求古仁人之心，…… 不以物喜，不以已悲，居廟堂之高則憂其民，處江湖之遠則憂其君，是進亦憂，退亦憂。然則何時而樂耶？其必曰：「先天下之憂而憂，後天下之樂而樂」乎？噫，微斯人，吾誰與歸？

當前此三年（1043）他同韓琦、富弼同在政府的時期，宋仁宗有手詔，要他們「盡心為國家諸事建明，不得顧忌」。范仲淹有《答手詔條陳十事》，引論裡說：

我國家革五代之亂，富有四海，垂八十年。綱紀制度，日削月侵，官壅於下，民困於外，夷狄驕盛，寇盜橫熾，不可不更張以救之。……

這是他在那所謂「慶歷盛世」的警告。那十事之中，有「精貢舉」一事，他說：

……國家乃專以辭賦取進士，以墨義取諸科。士皆舍大方而趨小道。雖濟濟盈庭，求有才有識者，十無一二。況天下危困，乏人如此，將何以救？在乎教以經濟之才，庶可以救其不逮。或謂救弊之術無乃後時？臣謂四海尚完，朝謀而夕行，庶乎可濟。安得晏然不救，坐俟其亂哉？……

這是在中原淪陷之前八十三年提出的警告。這就是范仲淹說的「憂於未形，恐於未熾」，這就是他說的「先天下之憂而憂」。

從中國向來知識分子的最開明的傳統看，言論的自由，諫諍的自由，是一種「自天」的責任，所以說，「寧鳴而死，不默而生」。

從國家與政府的立場看，言論的自由可以鼓勵人人肯說「憂於未形，恐於未熾」的正論危言，來替代小人們天天歌功頌德、鼓吹昇平的濫調。

1954年9月3日

大眾語在那兒

自從一些作家提出了「大眾語」的問題，常有朋友問我對這問題有什麼意見。我對於這個問題只有一個小意見：請大家先做點大眾語的作品出來，給我們看看。

在民國八年的八月裡，我的朋友李辛白先生來對我說：「你們辦的報是為大學中學的學生看的，你們說的話是老百姓看不懂的。我現在要辦個報給老百姓看，名字就叫做『新生活』。今天來找你，是要你給我的報做一篇短文章。老實說，這一篇是借你的名字來做廣告的。以後我就不再請你做文章了：你們做的文章，老百姓看不懂。」

李辛白從前辦過《安徽白話報》，他一生最喜歡辦通俗小報；最近幾年中，他在南京辦了一個《老百姓》，現在不知道怎樣了。

且說那一天，我答應了李辛白的要求，就動手寫一篇要給老百姓看的短文章。題目也是辛白出的：「新生活是什麼？」我拿起筆來，才知道這個題目不好作，才知道這篇文章不容易寫。（十五年後，我才得讀國內賢豪的無數講新生活的大文章，可惜都不能救濟我十五年前的枯窘！）我勉強寫成了一篇短文，刪了又刪，改了又改，足足費了我一個整天的工大，才寫定了一千多字，登在《新生活》的創刊號上。

這篇短文後來跑進了各種小學國語教科書裡，初中國語教科書第一冊也有選它的，要算是我的文章傳播最廣的一篇了。

我寫了那篇文章之後，《新生活》雜誌上就沒有我的文字了。過了一年多，有一天我見著李辛白，我對他說：「我看了這一年的《新生活》，只覺得你們的文章越寫越深了。你們當初嫌我不能做老百姓看的文章；所以我很想看看你們的文章，我好學學老百姓看得懂的文章應該怎麼做。可是我等了一年，還沒有看到一篇老百姓看得懂的文章。」辛白回答道：「糟極了！這一年之中，恐怕還只有你那篇文章是老百姓看得懂的！」

李辛白是提倡大眾語文學的老祖宗。可是他辦的報，儘管叫做《老百姓》，看的仍舊是中學堂裡的學生，始終不會跑到老百姓的手裡去。

那一次的一點經驗，給了我不少的教訓。後來又有一次經驗，也是我忘記不了的。民國二十二年的冬天，我在武漢大學講演，同時在那邊的客人有唐擘黃、楊金甫，還有幾位，我記不清了。有一天，武漢大學的朋友說，山上的小學和幼稚園的小孩子要招待我們喝茶。我們很高興的走到了那邊，才知道那班小主人還要每個客人「說幾句話」。這大概是武漢大學的朋友們布置下的促狹計策，要考考我們能不能向小孩子說話，能不能說幼稚園裡的「大眾語」！

提到演說，我可以算是久經大敵的老將了。我曾在加拿大和美國的聯合廣播臺上向整個北美洲的人演說過，毫不覺得心慌。可是這一天我考落第了！那天我們都想用全副力量來說幾句小孩子聽得懂的話：想他們懂得我們的話和話裡的意思。我說了一個故事，話是可以懂的，話裡的意思（因為故事太深了）是他們不能完全了解的。我失敗了，那一天只有楊金甫說的一個故事是全體小主人都聽得懂，又都喜歡聽的。別的客人都考了個不及格。

我說了這兩次的經驗，為的是要說明一個小小的意思。大眾語不是在白話之外的一種特別語言文字。大眾語只是一種技術，一種本領，只是那能夠把白話做到最大多數人懂得的本領。

這種技術不光靠挑用簡單明顯的字眼語句，也不光靠能剽竊一兩句方言土語。同是蘇州人說蘇州話，一樣有個好懂和不好懂的分別。這種技術的高低，全看我們對於所謂「大眾」的同情心的厚薄。凡是說話作文能叫人了解的人，都是富於同情心，能細心體貼他的聽眾（或讀者）的。「體貼」就是鬍詞裡說的「換我心為你心」；就是時時刻刻想到對面聽話的人哪一個字聽不懂，哪一句話不容易明白。能這樣體貼人，自然能說聽眾懂得的話，自然能做讀者懂得的文。

英國科學大家赫胥黎最會做通俗的科學講演，他能對一大群工人做科學講演。他自己說他最得力於科學前輩法拉第的一句話。有人問法拉第：「你講演科學的時候，你能假定聽眾對於你講的題目先有了多少知識？」法拉第回答：「我假定他們全不知道。」這就是體貼的態度。我們必須先想像這班聽眾全不知道我要對他們說的題目，方才能夠細心體會用什麼法子，選什麼字句，才可以叫那些最沒有根柢的人也能明白我要說的話。能夠體貼到聽眾裡面程度最低的一個人，然後能說大眾全聽得懂的話。

現在許多空談大眾語的人，自己就不會說大眾的話，不會做大眾的文，偏要怪白話不大眾化，這真是不會寫字怪筆禿了。白話本來是大眾的話，決沒有不可以回到大眾去的道理。時下文人做的文字所以不能大眾化，只是因為他們從來就沒有想到大眾的存在。因為他們心裡眼裡全沒有大眾，所以他們亂用文言的陳語套語，濫用許多不曾分析過的新名詞；文法是不中不西的，語氣是不文不白的；翻譯是硬譯，做文章是懶做。他們本來就沒有學會說白話，做白話，怪不得白話到了他們的手裡就不肯聽他們的指揮了。這樣嘴裡有大眾而心裡從來不肯體貼大眾的人，就是真肯「到民間去」，他們也學不會說大眾話的。

所以我說：大眾語不是一個語言文字的問題，只是一個技術的問題。提倡大眾語的人，都應該先訓練自己做一種最大多數人看得懂，聽得懂的文章。「看得懂」是為識字的大眾著想的；「聽得懂」是為不識字的大眾著想的。我們如果真有心做大眾語的文章，最好的訓練是時時想像自己站在無線電發音機面前，向那絕大多數的農村老百姓說話，要字字句句他們都聽得懂。用一個字，不要忘了大眾；造一句句子，不要忘了大眾；說一個比喻，不要忘了大眾。這樣訓練的結果，自然是大眾語了。

1934年9月4日

歸國雜感

我在美國動身的時候，有許多朋友對我道：「密司忒胡，你和中國別了七個足年了，這七年之中，中國已經革了三次的命，朝代也換了幾個了。真個是一日千里的進步。你回去時，恐怕要不認得那七年前的老大帝國了。」我笑著對他們說道：「列位不用替我擔憂。我們中國正恐怕進步太快，我們留學生回去要不認得他了，所以他走上幾步，又退回幾步。他在那裡回頭等我們回去認舊相識呢。」

這活並不是戲言，乃是真話。我每每勸人回國時莫存大希望；希望越大，失望越大。所以我自己回國時，並不曾懷什麼大希望。果然船到了橫濱，便聽得張勛復辟的消息。如今在中國已住了四個月了，所見所聞，果然不出我所料。七年沒見面的中國還是七年前的老相識！到上海的時候，有一天，一位朋友拉我到大舞臺去看戲。我走進去坐了兩點鐘，出來的時候，對我的朋友說道：「這個大舞臺真正是中國的一個絕妙的縮本模型。

你看這大舞臺三個字豈不很新？外面的房屋豈不是洋房？這裡面的座位和戲臺上的布景裝潢豈不是西洋新式？但是作戲的人都不過是趙如泉、沈韻秋、萬盞燈、何家聲、何金壽這些人。沒有一個不是二十年前的舊古董！我十二歲到上海的時候，他們已成了老角色了。如今又隔了十三年了，卻還是他們在臺上撐場面。這十三年造出來的新角色都到那裡去了呢？你再看那臺上做的《舉鼎觀畫》。那祖先堂上的布景，豈不很完備？只是那小薛蛟拿了那老頭兒的書信，就此跨馬加鞭，卻忘記了臺上布的景是一座祖先堂！又看那出《四進士》。臺上布景，明明有了門了，那宋士傑卻還要做手勢去關那沒有的門；上公堂時，還要跨那沒有的門檻！你看這二十年前的舊古董在二十世紀的大舞臺上作戲；裝上了二十世紀的新布景，卻偏要在那二十年前的舊手腳！這不是一副絕妙的中國現勢圖嗎？」

我在上海住了十二天，在內地住了一個月，在北京住了兩個月，在路上走了二十天，看了兩件大進步的事：第一件是「三炮臺」的紙煙，居然行到我們徽州去了；第二件是「撲克」牌居然比麻雀牌還要時髦了。「三炮頭」紙煙還不算稀奇，只有那「撲克」牌何以會這樣風行呢？有許多老先生向來學a、b、c、d，是很不行的，如今打起「撲克」來，也會說「恩德」、「累死」、「接客倭彭」了！這些怪不好記的名詞，何以會這樣容易上口呢？他們學這些名詞這樣容易，何以學正經的ａ、ｂ、ｃ、ｄ，又那樣蠢呢？我想這裡面很有可以研究的道理。新理想行不到徽州，恐怕是因為新思想沒有「三炮臺」那樣中吃吧？ａ、ｂ、ｃ、ｄ，容易教，恐怕是因為教的人不得其法吧？

我第一次走過四馬路，就看見了三部教「撲克」的書。我心想「撲克」的書已有這許多了，那別種有用的書，自然更不少了，所以我就花了一天的工夫，專去調查上海的出版界。我是學哲學的，自然先尋哲學的書。不料這幾年來，中國竟可以算得沒有出過一部哲學書。找來找去，找到一部《中國哲學史》，內中王陽明占了四大頁，《洪範》倒占了八頁！還說了些「孔子既受天之命」，「與天地合德」的話。又看見一部《韓非子精華》，刪去了《五蠹》和《顯學》兩篇，竟成了一部《韓非子糟粕》了。文學書內，只有一部王國維的《宋元戲曲史》是很好的。

又看見一家書目上有翻譯的蕭士比亞劇本，找來一看，原來把會話體的戲劇，都改作了《聊齋志異》體的敘事古文！又看見一部《婦女文學史》，內中蘇蕙的迴文詩足足占了六十頁！又看見《飲冰室叢著》內有《墨學微》一書，我是喜歡看看墨家的書的人，自然心中很高興。不料抽出來一看，原來是任公先生十四年前的舊作，不曾改了一個字！此外只有一部《中國外交史》，可算是一部好書，如今居然到了三版了。這件事還可以使人樂觀。此外那些新出版的小說，看來看去，實在找不出一部可看的小說。有人對我說，如今最風行的是一部《新華春夢記》，這也可以想見中國小說界的程度了。

王陽明（1472-1529）：明朝時期的哲學家。

梁啟超（1873-1929）：字卓如，號任公，我國近代著名的哲學家、思想家，著有《飲冰室叢著》等。

總而言之，上海的出版界——中國的出版界——這七年來簡直沒有兩三部以上可看的書！不但高等學問的書一部都沒有，就是要找一部輪船上火車上消遣的書，也找不出！（後來我尋來尋去，只尋得一部吳稚暉先生的《上下古今談》，帶到蕪湖路上去看。）我看了這個怪現狀，真可以放聲大哭。如今的中國人，肚子餓了，還有些施粥的廠把粥給他們吃。只是那些腦子叫餓的人可真沒有東西吃了。難道可以拿《九尾龜》、「十尾龜」來充飢嗎？

吳稚暉（1865-1953）：中國近代思想家。

中文書籍既是如此，我又去調查現在市上最通行的英文書籍。看來看去，都是些什麼莎士比亞的《威匿思商》，《麥克白傳》，阿狄生的《文報選錄》，戈司密的《威克斐牧師》，歐文的《見聞雜記》，……大概都是些十七世紀十八世紀的書。內中有幾部十九世紀的書，也不過是歐文、迭更司、司各脫、麥考來幾個人的書，都是和現在歐美的新思潮毫無關係的。怪不得我後來問起一位有名的英文教習，竟連 bernard shaw 的名字也不曾聽見過，不要說 chekhov 和 andreyev 了。我想這都是現在一班教會學堂出身的英文教習的罪過。這些英文教習，只會用他們先生教過的課本。他們的先生又只會用他們先生的先生教過的課本。所以現在中國學堂所用的英文書籍，大概都是教會先生的太老師或太太老師們教過的課本！怪不得和現在的思想潮流絕無關係了。

今譯為：《威尼斯商人》。

今譯為：《麥克白》。

阿狄生（addision.j., 1672-1719）：美國著名散文家、詩人和政治家。

也即哥爾德斯密斯（o.goldsmith, 1730-1774）：美國著名作家。

歐文（w.jrving, 1783-1859）：美國著名作家。

也即狄更斯（charles dickens, 1812-1870）：英國十九世紀偉大的批判現實主義作家。

也即司各特（w.scott, 1771-1832）：英國著名的歷史小說家，歐洲歷史小說的創始者。

麥考來（t.b.macavlay, 1800-1859）：英國歷史學家，政治家。

也即蕭伯納（1856-1950）：愛爾蘭現代傑出的現實主義劇作家。

契訶夫：俄國批判現實主義作家、短篇小說藝術大師。

安德烈耶夫：俄國著名作家。

有人說，思想是一件事，文字又是一件事，學英文的人何必要讀與現代新思潮有關係的書呢？這話似乎有理，其實不然。我們中國學英文，和英國美國的小孩子學英文，是兩樣的。我們學西洋文字，不單是要認得幾個洋字，會說幾句洋話，我們的目的在於輸入西洋的學術思想，所以我以為中國學校教授西洋文字，應該用一種「一箭射雙雕」的方法，把「思想」和「文字」同時並教。例如教散文，與其用歐文的《見聞雜記》，或阿狄生的《文報選錄》，不如用赫胥黎的《進化雜論》。又如教戲曲，與其教莎士比亞的《威匿思商》，不如用 bernard shaw 的 androcles and the lion

或是galsworthy的strife或justice。又如教長篇的文字，與其教麥考來的《約翰生行述》不如教彌爾的《群己權界論》。……我寫到這裡，忽然想起日本東京丸善書店的英文書目。那書目上，凡是英美兩國一年前出版的新書，大概都有。我把這書目和商務書館與伊文思書館的書目一比較，我幾乎要羞死了。

赫胥黎（t.h.huxley, 1825-1895）：英國生物學家，達爾文主義的維護者與宣傳者。

蕭伯納劇作：《安德羅克勒斯和獅子》。

高爾斯化綏（1867-1933）：英國小說家、劇作家。曾著有strife與justice兩部劇作，今可分別譯為：《鬥爭》、《正義》。

即穆勒的《論自由》。

我回中國所見的怪現狀，最普通的是「時間不值錢」。中國人吃了飯沒有事做，不是打麻雀（將），便是打「撲克」。有的人走上茶館，泡了一碗茶，便是一天了。有的人拿一隻鳥兒到處逛逛，也是一天了。更可笑的是朋友去看朋友，一坐下便生了根了，再也不肯走。有事商議，或是有話談論，倒也罷了。其實並沒有可議的事，可說的話。我有一天在一位朋友處有事，忽然來了兩位客，是xx館的人員。我的朋友走出去會客，我因為事沒有完，便在他房裡等他。我以為這兩位客一定是來商議這xx館中什麼要事的。不料我聽得他們開口道：「xx先生，今回是打津浦火車來的，還是坐輪船來的?」我的朋友說是坐輪船來的。這兩位客接著便說輪船怎樣不便，怎樣遲緩。又從輪船上談到鐵路上，從鐵路上又談到現在中交兩銀行的鈔洋跌價。因此又談到梁任公的財政本領，又談到梁士詒的行蹤去跡……談了一點多鐘，沒有談上一句要緊的話。後來我等的沒法了，只好叫聽差去請我的朋友。那兩位客還不知趣，不肯就走。我不得已，只好跑了，讓我的朋友去領教他們的「二梁優劣論」吧！

美國有一位大賢名弗蘭克令（benjamin franklin）的，曾說道：「時間乃是造成生命的東西。」時間不值錢，生命仍然也不值錢了。上海那些揀茶葉的女工，一天揀到黑，至多不過得二百個錢，少的不過得五六十錢。茶葉店的夥計，一天做十六七點鐘的工，一個月平均只拿得兩三塊錢！還有那些工廠的工人，更不用說了。還有那些更下等，更苦痛的工作，更不用說了。人力那樣不值錢，所以衛生也不講究，醫藥也不講究。我在北京上海看那些小店鋪裡和窮人家裡的種種不衛生，真是一個黑暗世界。至於道路的不潔淨，瘟疫的流行，更不消說了。最可怪的是無論阿貓阿狗都可掛牌醫病，醫死了人，也沒有人怨恨，也沒有人干涉。人命的不值錢，真可算得到了極端了。

今譯為：弗蘭克林。

現今的人都說教育可以救種種的弊病。但是依我看來，中國的教育，不但不能救亡，簡直可以亡國。我有十幾年沒到內地去了，這回回去，自然去看看那些學堂。學堂的課程表，看來何嘗不完備？體操也有，圖畫也有，英文也有，那些國文、修身之類，更不用說了。但是學堂的弊病，卻正在這課程完備上。例如我們家鄉的小學堂，經費自然不充足了，卻也要每年花六十塊錢去請一個中學堂學生兼教英文唱歌。又花二十塊錢買一架風琴。我心想，這六十塊一年的英文教習，能教什麼英文？教的英文，在我們山裡的小地方，又有什麼用處？至於那音樂一科，更無道理了。請問那種學堂的音樂，還是可以增進「美感」呢？還是可以增進音樂知識呢？若果然要教音樂，為什麼不去村鄉里找一個會吹笛子唱崑腔的人來教。

為什麼一定要用那實在不中聽的二十塊錢的風琴呢？那些窮人的子弟學了音樂回家，能買得起一架風琴來練習他所學的音樂知識嗎？我真是莫名其妙了。所以我在內地常說：「列位辦學堂，盡不必問教育部規程是什麼，須先問這塊地方上最需要的是什麼。譬如我們這裡最需要的是農家常識、蠶桑常識、商業常識、衛生常識，列位卻把修身教科書去教他們作聖賢！又把二十塊錢的風琴去教他們學音樂！又請一位六十塊錢一年的教習教他們的英文！列位自己想想看，這樣的教育，造得出怎麼樣的人才？所以我奉勸列位辦學堂，切莫注重課程的完備，須要注意課程的實用。盡不必去巴結視學員，且去巴結那些小百姓。視學員說這個學堂好，是沒有用的。須要小百姓都肯把他們的子弟送來上學，那才是教育有成效了。」

以上說的是小學堂。至於那些中學校的成績，更可怕了。我遇見一位省立法政學堂的本科學生，談了一會，他忽然問道：「聽說東文是和英文差不多的，這話可真嗎？」我已經大詫異了。後來他聽我說日本人總有些島國習氣，忽然問道：「原來日本也在海島上嗎？」……這個固然是一個極端的例。但是如今中學堂畢業的人才，高又高不得，低又低不得，竟成了一種無能的游民。這都由於學校裡所教的功課，和社會上的需要毫無關涉。所以學校只管多，教育只管興，社會上的工人、夥計、帳房、警察、兵士、農夫……還只是用沒有受過教育的人。社會所需要的是做事的人才，學堂所造成的是不會做事又不肯做事的人才，這種教育不是亡國的教育嗎？

我說我的「歸國雜感」，提起筆來，便寫三四千字。說的都是些很可以悲觀的話。但是我卻並不是悲觀的人。我以為這二十年來中國並不是完全沒有進步，不過惰性太大，向前三步又退回兩步，所以到如今還是這個樣子。我這回回家尋出了一部葉德輝的《翼教叢編》，讀了一遍，才知道這二十年的中國實在已經有了許多大進步。不到二十年前，那些老先生們，如葉德輝、王益吾之流，出了死力去駁康有為，所以這書叫做《翼教叢編》。我們今日也痛罵康有為。但二十年前的中國，罵康有為太新；二十年後的中國卻罵康有為太舊。如今康有為沒有皇帝可保了，很可以做一部《翼教續編》來罵陳獨秀了。這兩部「翼教」的書的不同之處便是中國二十年來的進步了。

1918 年 1 月

「老章又反叛了！」

章士釗君在民國十二年八月間發表了他的〈評新文化運動〉。那時我在煙霞洞養病。有一天，潘大道君上山來玩，對我說：「行嚴說你許久沒有作文章了，這回他給你出了題目，你總不能不作文章答他了。」我問他出了什麼題目，潘君說是〈評新文化運動〉一文。當時我對潘君說：「請你轉告行嚴，這個題目我只好交白卷了，因為行嚴那篇文章不值得一駁。」潘君問：「『不值一駁』這四個字可以老實告訴他嗎？」我說：「請務必達到。」

但潘君終不曾把這四個字達到。後來我回到上海，有一個老朋友請章君和陳獨秀君和我吃飯，我才把這句話當面告訴章君。

那一晚客散後，主人汪君說：「行嚴真有點雅量；你那樣說，他居然沒有生氣。」我對主人說：「你只知其一，不知其二。行嚴只有小雅量，其實沒有大雅量；他能裝作不生氣，而其實他的文章處處是悻悻然和我們生氣。」汪君不明白我這句話，我解釋道：「行嚴是一個時代的落伍者；而卻又雖落伍而不甘落魄，總想在落伍之後謀一個首領做做。所以他就變成了一個反動派，立志要做落伍者的首領了。梁任公也是不甘心落伍的；但任公這幾年來，頗能努力跟一班少年人向前跑。他的腳力也許有時蹉跌，但他的興致是可愛的。行嚴卻沒有向前跑的興致了。他已甘心落伍，只希望在一般落伍者之中出點頭地，所以不能不向我們宣戰。他在〈評新文化運動〉一文裡，曾罵一般少年人『以適之為天帝，以績溪為上京，一味於《胡氏文存》中求文章義法，於《嘗試集》中求詩歌律令』。其實行嚴自己，卻真是夢想人人『以秋桐為上帝，以長沙為上京，一味於《甲寅》雜誌中求文章義法』！我們試翻開那篇文章看看。他罵我們作白話的人『如飲狂泉』，『智出倫敦小兒女之下』，『以鄙俗妄為之筆，竊高文美藝之名，以就下走壙之狂，隳載道行遠之業……』這不都是悻悻然和我們生氣嗎？這豈是『雅量』的表現嗎？」

汪君和章君是幾十年的老朋友，他也說我這個判斷不錯。

我們觀察章士釗君，不可不明白他的心理。他的心理就是，一個時代落伍者對於行伍中人的悻悻然不甘心的心理。他受過英國社會的一點影響，學得一點吳稚暉先生說的「gentleman 的臭架子」，所以我當面說他不值一駁，他能全不生氣。但他學的不徹底，他不知道一個真正 gentleman 必須有 sportsmanship，可譯作豪爽、豪爽的一種表現，就是肯服輸。一個人不肯服輸，就使能隱忍於一時，終不免有悻悻然詬罵的一天的。

我再述一件事，更可以形容章君的心理。今年二月裡，我有一天在擷英飯館席上遇著章君，他說他那一天約了一家照相館飯後給他照相，他邀我和他同拍一照。飯後我們同去照了一張相。相片印成之後，他題了一首白話詩給我，全詩如下：

你姓胡我姓章，你講什麼新文學，我開口還是我的老腔。
你不攻來我不駁，雙雙併座，各有各的心腸。
將來三五十年後，這個相片好做文學紀念看
哈，哈，我寫白話歪詞送把你，總算是老章投了降。

這樣豪爽的投降，幾乎使我要信汪君說的「行嚴的雅量」了！他要我題一首文言詩答他，我就寫了這樣的四句：

「但開風氣不為師」，龔生此言吾最喜。
同是曾開風氣人，願長相親不相鄙。

然而「行嚴的雅量」終是很有限的，他終不免露出他那悻悻然生氣的本色來。他的投降原來只是詐降，他現在又反叛了！

我手下這員降將雖然還不曾對我直下攻擊，然而他在《甲寅》週刊裡，早已屢次對於白話文學下攻擊了。他的廣告裡就說：

文字需求雅馴，白話恕不刊布。

這真是悻悻然小丈夫的氣度。再看看他攻擊白話文學的話：

白話文字之不通。

陳源……喜作流行惡濫之白話文。文以載道，先哲名言。漱冥之所著錄，不為不精，斷非白話蕪詞所能抒發。近年士氣日非，文詞鄙俚。國家未滅，文字先亡。梁任公獻媚小生，從風而靡，天下病之。不謂漱冥亦復不自檢制，同然一辭。

計自白話文體怪行而後，髦士為俚語為自足，小生求不學而名家，文事之鄙陋乾枯，迥出尋常擬議之外。黃茅白葦，一往無餘；誨盜誨淫，無所不至。此誠國命之大創，而學術之深憂！

他這些話無一句不是悻悻的怒罵，無一句是平心靜氣研究的結果。有時候，他似乎氣急了，連自己文字裡的矛盾都顧不得了。例如他說陳源君「屢有佳文，愚擯弗讀，讀亦弗卒，即嘻嘻嗎呢為之障也」。既「擯弗讀，讀亦弗卒」。章君又何以知是「佳文」呢？有「嘻嘻嗎呢為之障」，而仍可得「佳文」的美稱，章君又何以罵他作「惡濫之白話文」呢？這種地方都可以看出章君全失「雅量」，只鬧意氣，全不講邏輯了。

林紓先生在十年前曾說：「古文之不當廢，吾知其理，而不能言其所以然。」當時我讀了這話，忍不住大笑。現在我們讀章士釗君反對白話的文字，似乎字裡行間都告訴我們道：「白話文之不當作，吾知其理，而不能言其所以然！」苦哉！苦！他只好罵幾句出出氣罷！

我們要正告章士釗君：白話文學的運動，是一個很嚴重的運動，有歷史的根據，有時代的要求。有他本身文學的美，可以使天下人睜開眼睛的共見共賞。這個運動不是用意氣打得倒的。今日一部分人的漫罵也許趕得跑章士釗君；而章士釗君的漫罵，絕不能使陳源、胡適不做白話文，更不能打倒白話文學的大運動。

我們要正告他：「愚擯弗讀，讀亦弗卒。」這八個字代表的態度完全是小丈夫悻悻然鬧意氣的態度。這種態度可以對付一些造謠誣衊的報章，而不能對付今日的白話運動。我雖不希望章君「於《胡氏文存》中求文章義法」，我卻希望章君至少能於《胡適文存》中求一點白話運動所以能成立的理由。我們提倡白話的人很誠懇地歡迎反對派的批評，但自誇「擯白話弗讀，讀亦弗卒」的人，是萬萬不配反對白話的！

章君自己不曾說過嗎？「愚所引為學界之大恥者，乃讀書人不言理而言勢。」我們請問章君：「愚擯弗讀，讀亦弗卒」，這是講理的讀書人的態度嗎？

我的「受降城」是永遠四門大開的。但我現在改定我的受降條件了：凡自誇「擯白話弗讀，讀亦弗卒」的人，即使他牽羊擔酒，銜璧輿櫬，捧著「白話歪詞」來投降，我絕不收受了！

1923年8月27日

《嘗試集》四版自序

《嘗試集》是民國九年三月出版的。當那新舊文學爭論最激烈的時候，當那初次試作新詩的時候，我對於我自己的詩，選擇自然不很嚴；大家對於我的詩，判斷自然也不很嚴。我自己對於社會，只要求他們許我嘗試的自由。社會對於我，也很大度的承認我的詩是一種開風氣的嘗試。這點大度的承認遂使我的《嘗試集》在兩年之中銷售到一萬部。這是我很感謝的。

現在新詩的討論時期，漸漸的過去了。——現在還有人引了阿狄生、強生、格雷、辜勒律己的話來攻擊新詩的運動，但這種「詩云子曰」的邏輯，便是反對論破產的鐵證。——新詩的作者也漸漸的加多了。有幾位少年詩人的創作，大膽的解放，充滿著新鮮的意味，使我一頭高興，一頭又很慚愧。我現在回頭看我這五年來的詩，很像一個纏過腳後來放大了的婦人回頭看她一年一年的放腳鞋樣，雖然一年放大一年，年年的鞋樣上總還帶著纏腳時代的血腥氣。我現在看這些少年詩人的新詩，也很像那纏過腳的婦人，眼裡看著一班天足的女孩子們跳上跳下，心裡好不妒羨！

格雷（gray, 1716-1771），英國著名的詩人。

也即柯爾律治（coleridge, 1772-1834），英國詩人和評論家。

但是纏過腳的婦人永遠不能恢復她的天然腳了。我現在把我這五六年的放腳鞋樣，重新挑選了一遍，刪去了許多太不成樣子的或可以害人的。內中雖然還有許多小腳鞋樣，但他們的保存也許可以使人知道纏腳的人放腳的痛苦，也許還有一點歷史的用處，所以我也不避諱了。

刪詩的事，起於民國九年的年底。當時我自己刪了一遍，把刪剩的本子，送給任叔永陳莎菲，請他們再刪一遍。後來又送給魯迅先生刪一遍。那時周作人先生病在醫院裡，他也替我刪一遍。後來俞平伯來北京，我又請他刪一遍。他們刪過之後，我自己又仔細看了好幾遍，又刪去了幾首，同時卻也保留了一兩首他們主張刪去的。例如《江上》，魯迅與平伯都主張刪，我因為當時的印象太深了，捨不得刪去。又如《禮》一首（初版再版皆無）魯迅主張刪去，我因為這詩雖是發議論，卻不是抽象的發議論，所以把他保留了。有時候，我們也有很不同的見解。例如《看花》一首，康白情寫信來，說此詩很好，平伯也說它可存；但我對於此詩，始終不滿意，故再版時，刪去了兩句，四版時竟全刪了。

再版時添的六首詩，此次被我刪去了三首，又被魯迅叔永莎菲刪去了一首。此次添入《嘗試集》十五首、《去國集》一首。共計：

《嘗試集》第一編，刪了八首，又《嘗試篇》提出代序，共存十四首。

《嘗試集》第二編，刪了十六首，又《許怡蓀》與《一笑》移人第三編，共存十七首。

《嘗試集》第三編，舊存的兩首，新添的十五首，共十七首。

《去國集》刪去了八首，添入一首，共存十五首。

共存詩詞六十四首。

有些詩略有刪改的。如《嘗試篇》刪去了四句；《鴿子》改了四個字；《你莫忘記》添了三個「了」

字；《一笑》改了兩處；《例外》前在《新青年》上發表時有四章，現在刪去了一章。這種地方，雖然細微的很，但也有很可研究之點。例如《一笑》第二章原文：

那個人不知後來怎樣了。

蔣百里先生有一天對我說，這樣排列，便不好讀，不如改做：

那個人後來不知怎樣了。

我依他改了，果然遠勝原文。又如《你莫忘記》第九行原文是：

噯喲……火就要燒到這裡。

康白情從三萬里外來信，替我加上了一個「了」字，方才合白話的文法。作白話的人，若不講究這種似微細而實重要的地方，便不配作白話，更不配作白話詩。

《嘗試集》初版有錢玄同先生的序和我的序。這兩篇序都有了一兩萬份流傳在外；現在為減輕書價起見，我把他們都刪去了。（我的「自序」現收入《胡適文存》裡。）

我借這個四版的機會，謝謝那一班幫我刪詩的朋友。至於我在再版自序裡說的那種「戲臺裡喝彩」的壞脾氣，我近來也很想矯正它，所以我恭恭敬敬的引東南大學教授胡先驌先生「評」《嘗試集》的話來做結。胡先驌教授說：

胡君之《嘗試集》，死文學也。以其必死必朽也。不以其用活文字之故，而遂得不死不朽也。物之將死，必精神失其常度，言動出於常軌。胡君輩之詩之鹵莽滅裂趨於極端，正其必死之征耳。

這幾句話，我初讀了覺得很像是罵我的話；但這幾句話是登在一種自矢「平心而言，不事謾罵，以培俗」的雜誌上的，大概不會是罵罷？無論如何，我自己正在愁我的解放不徹底，胡先驌教授卻說我「鹵莽滅裂趨於極端」，這句話實在未免過譽了。至於「必死必朽」的一層，倒也不在我的心上，況且胡先驌教授又說：

陀司妥夫士忌、戈爾基之小說，死文學也。不以其轟動一時遂得不死不朽也。

胡先驌教授居然很大度的請陀司妥夫士忌和戈爾忌來陪我同死同朽，這更是過譽了，我更不敢當了。

1922年3月10日

三　教育論話

少年中國之精神

上次太炎先生話裡面說現在青年的四種弱點，都是很可使我們反省的。他的意思是要我們少年人：（一）不要把事情看得太容易了；（二）不要妄想憑藉已成的勢力；（三）不要虛慕文明；（四）不要好高騖遠。這四條都是消極的忠告。我現在且從積極一方面提出幾個觀念，和各位同志商酌商酌。

一、少年中國的邏輯

邏輯即是思想、辯論、辦事的方法。一般中國人現在最缺乏的就是一種正當的方法。因為方法缺乏，所以有下列的幾種現象：（一）靈異鬼怪的迷信，如上海的盛德壇及各地的各種迷信；（二）謾罵無理的議論；（三）用「詩云子曰」作根據的議論；（四）把西洋古人當作無上真理的議論。還有一種平常人不很注意的怪狀，我且稱他為「目的熱」「目的熱」就是迷信一些空虛的大話，認為高尚的目的，全不問這種觀念的意義究竟如何。今天有人說：「我主張統一和平」，大家齊聲喝彩，就請他做內閣總理；明天又有人說：「我主張和平統一」，大家又齊聲叫好，就舉他做大總統；此外還有什麼「愛國」哪，「護法」哪，「孔教」哪，「衛道」哪……許多空虛的名詞；意義不曾確定，也都有許多人隨聲附和，認為天經地義，這便是我所說的「目的熱」。以上所說各種現象都是缺乏方法的表示。我們既然自認為「少年中國」，不可不有一種新方法，這種新方法，應該是科學的方法。科學方法，不是我在這短促時間裡所能詳細討論的，我且略說科學方法的要點：

第一，注重事實。科學方法是用事實作起點的，不要問孔子怎麼說，柏拉圖怎麼說，康德怎麼說；我們須要先從研究事實下手，凡遊歷調查統計等事都屬於此項。

柏拉圖（plato，西元前 427- 前 347）：古希臘著名哲學家。

康德（immanuel kant, 1724-1804）：德國著名哲學家，德國古典哲學的代表人物之一。

第二，注重假設。單研究事實，算不得科學方法。王陽明對著庭前的竹子做了七天的「格物」工夫，格不出什麼道理來，反病倒了，這是笨伯的「格物」方法。科學家最重「假設」（hypothesis）。觀察事物之後，自然有幾個假定的意思，我們應該把每一個假設所涵的意義徹底想出，看那意義是否可以解釋所觀察的事實？是否可以解決所遇的疑難？所以要博學，正是因為博學方才可以有許多假設，學問只是供給我們種種假設的來源。

第三，注重證實。許多假設之中，我們挑出一個，認為最合用的假設，但是這個假設是否真正合用？必須實地證明。有時候，證實是很容易的；有時候，必須用「試驗」方才可以證實。證實了的假設，方可說是「真」的，方才可用。一切古人今人的主張、東哲西哲的學說，若不曾經過這一層證實的工夫，只可作為待證的假設，不配認作真理。

少年的中國，中國的少年，不可不時時刻刻保存這種科學的方法，實驗的態度。

二、少年中國的人生觀

現在中國有幾種人生觀是「少年中國」的仇敵：第一種是醉生夢死的無意識生活，固然不消說了；第二種是退縮的人生觀，如靜坐會的人，如坐禪學佛的人，都只是消極的縮頭主義。這些人沒有生活的膽子，不敢冒險，只求平安，所以變成一班退縮懦夫；第三種是野心的投機主義，這種人雖不退縮，但為完全自己的私利起見，所以他們不惜利用他人，作他們自己的器具，不惜犧牲別人的人格和自己的人格，來滿足自己的野心；到了緊要關頭，不惜作偽，不惜作惡，不顧社會的公共幸福，以求達他們自己的目的。這三種人生觀都是我們該反對的。少年中國的人生觀，依我個人看來，該有下列的幾種要素：

第一，須有批評的精神。一切習慣、風俗、制度的改良，都起於一點批評的眼光。個人的行為和社會的習俗，都最容易陷入機械的習慣，到了「機械的習慣」的時代，樣樣事都不知不覺的做去，全不理會何以要這樣做，只曉得人家都這樣做故我也這樣做。這樣的個人便成了無意識的兩腳機器，這樣的社會便成了無生氣的守舊社會，我們如果發願要造成少年的中國，第一步便須有一種批評的精神；批評的精神不是別的，就是隨時隨地都要問我為什麼要這樣做？為什麼不那樣做？

第二，須有冒險進取的精神。我們須要認定這個世界是很多危險的，是不太平的，是需要冒險的。世界的缺點很多，是要我們來補救的；世界的痛苦很多，是要我們來減少的；世界的危險很多，是要我們來冒險進取的。俗話說得好：「成人不自在，自在不成人。」我們要做一個人，豈可貪圖自在；我們要想造一個「少年的中國」，豈可不冒險。這個世界是給我們活動的大舞臺，我們既上了臺，便應該老著面皮，拚著頭皮，大著膽子，干將起來；那些縮進後臺去靜坐的人都是懦夫，那些袖著雙手只會看戲的人，也都是懦夫。這個世界豈是給我們靜坐旁觀的嗎？那些厭惡這個世界，夢想超生別的世界的人，更是懦夫，不用說了。

第三，須要有社會協進的觀念。上條所說的冒險進取，並不是野心的，自私自利的。我們既認定這個世界是給我們活動的，又須認定人類的生活全是社會的生活，社會是有機的組織，全體影響個人，個人影響全體。社會的活動是互助的，你靠他幫忙，他靠你幫忙，我又靠你同他幫忙，你同他又靠我幫忙；你少說了一句話，我或者不是我現在的樣子，我多盡了一分力，你或者也不是你現在的這個樣子，我和你多盡了一分力，或少做了一點事，社會的全體也許不是現在這個樣子，這便是社會協進的觀念。有這個觀念，我們自然把人人都看作同力合作的伴侶，自然會尊重人人的人格了。有這個觀念，我們自然覺得我們的一舉一動都和社會有關，自然不肯為社會造惡因，自然要努力為社會種善果，自然不致變成自私自利的野心投機家了。

少年的中國，中國的少年，不可不時時刻刻保存這種批評的、冒險進取的、社會的人生觀。

三、少年中國的精神

少年中國的精神並不是別的，就是上文所說的邏輯和人生觀。我且說一件故事做我這番談話的結論：諸君讀過英國史的，一定知道英國前世紀有一種宗教革新的運動，歷史上稱為「牛津運動」(the oxford movement)，這種運動的幾個領袖如客白爾（keble）、紐曼（newman）、福魯德 (froude) 諸人，痛恨英國國教的腐敗，想大大的改革一番．這個運動未起事之先，這幾位領袖作了一些宗教性的詩歌，寫在一個冊子上，紐曼摘了一句荷馬的詩題在冊子上，那句詩是「you shall see the difference, now that we are back again！」翻譯出來即是「如今我們回來了，你們看便不同了！」

牛津運動是由篤信宗教的牛津學人團體約翰．亨利．紐曼（john henry newman）、約翰．基布爾（john keble）、理查．赫瑞爾．夫羅德（richard hurrell froude）等領導的英國國教復活運動。

少年的中國，中國的少年，我們也該時時刻刻記著這句話：「如今我們回來了，你們看便不同了！」

這便是少年中國的精神。

1919年3月22日

領袖人才的來源

北京大學教授孟森先生前天寄了一篇文字來，題目是《論士大夫》。他下的定義是：

「士大夫」者，以自然人為國負責，行事有權，敗事有罪，無神聖之保障，為誅殛所可加者也。

雖然孟先生說的「士大夫」，從狹義上說，好像是限於政治上負大責任的領袖；然而他又包括孟子說的「天民」一級不得位而有絕大影響的人物，所以我們可以說，若用現在的名詞，孟先生文中所謂「士大夫」應該可以叫做「領袖人物」，省稱為「領袖」。孟先生的文章是由他和我的一席談話引出來的，我讀了忍不住想引申他的意思，討論這個領袖人才的問題。

孟先生此文的言外之意是嘆息近世居領袖地位的人缺乏真領袖的人格風度，既拋棄了古代「士大夫」的風範，又不知道外國的「士大夫」的流風遺韻，所以成了一種不足表率人群的領袖。他發願要蒐集中國古來的士大夫人格可以做後人模範的，做一部「士大夫集傳」；他又希望有人蒐集外國士大夫的精華，做一部「外國模範人物集傳」。這都是很應該做的工作，也許是很有效用的教育材料。我們知道《新約》裡的幾種耶穌傳記影響了無數人的人格；我們知道布魯達克（plutarch）的英雄傳影響了後世許多的人物。歐洲的傳記文學發達的最完備，歷史上重要人物都有很詳細的傳記，往往有一篇傳記長至幾十萬言的，也往往有一個人的傳記多至幾十種的。這種傳記的翻譯，倘使有審慎的選擇和忠實明暢的譯筆，應該可以使我們多知道一點西洋的領袖人物的嘉言懿行，間接的可以使我們對於西方民族的生活方式得一點具體的了解。

普魯塔克（plutarch，約西元46-120）：羅馬傳記文學家、散文家。曾著有《希臘羅馬名人傳》等。

中國的傳記文學太不發達了，所以中國的歷史人物往往只靠一些乾燥枯窘的碑版文字或吏家列傳流傳下來；很少的傳記材料是可信的，可讀的已很少了；至於可歌可泣的傳記，可說是絕對沒有。我們對於古代大人物的認識，往往只全靠一些很零碎的軼事瑣聞。然而我至今還記得我做小孩子時代讀的朱子《小學》裡面記載的幾個可愛的人物，如汲黯、陶淵明之流。朱子記陶淵明，只記他做縣令時送一個長工給他兒子，附去一封家信，說：「此亦人子也，可善遇之。」這寥寥九個字的家書，印在腦子裡，也頗有很深刻的效力，使我三十年來不敢輕用一句暴戾的辭氣對待那幫我做事的人。這一個小小例子可以使我承認模範人物的傳記，無論如何不詳細，只須剪裁的得當，描寫的生動，也未嘗不可以做少年人的良好教育材料，也未嘗不可介紹一點做人的風範。

但是傳記文學的貧乏與忽略，都不夠解釋為什麼近世中國的領袖人物這樣稀少而又不高明。領袖的人才絕不是光靠幾本「士大夫集傳」就能鑄造成功的。「士大夫」的稀少，只是因為「士大夫」在古代社會裡自成一個階級，而這個階級久已不存在了。

在南北朝的晚期，顏之推說：

吾觀《禮經》，聖從之教，箕帚匕箸，咳唾唯諾，執燭沃盥，皆有節文，亦為至矣。但（《禮經》）既殘缺非復全書，其有所不載，及世事變改者，學達君子自為節度，相承行之。故世號「士大夫風操」。而家門頗有不同，所見互稱長短。然其阡陌亦自可知。

在那個時代，雖然經過了魏晉曠達風氣的解放，雖然經過了多少戰禍的摧毀，「士大夫」的階級還沒有完全毀滅，一些名門望族都竭力維持他們的門閥。帝王的威權，外族的壓迫，終不能完全消滅這門閥自衛的階級觀念。門閥的爭存不全靠聲勢的煊赫，子孫的貴盛。他們所依靠的是那「士大夫風操」，即是那個士大夫階級所用來律己律人的生活典型。即如顏氏一家，遭遇亡國之禍，流徙異地，然而顏之推所最關心的還是「整齊門內，提撕子孫」，所以他著作家訓，留作他家子孫的典則。隋唐以後，門閥的自尊還能維持這「士大夫風操」至幾百年之久。我們看唐朝柳氏和宋朝呂氏、司馬氏的家訓，還可以想見當日士大夫的風範的保存是全靠那種整齊嚴肅的士大夫階級的教育的。

然而這士大夫階級終於被科舉制度和別種政治及經濟的勢力打破了。元明以後，三家村的小兒只消讀幾部刻板書，唸幾百篇科舉時文，就可以有登科做官的機會；一朝得了科第，像《紅鸞禧》戲文裡的丐頭女婿，自然有送錢投靠的人來擁戴他去走馬上任。他從小學的是科舉時文，從來沒有夢見過什麼古來門閥裡的「士大夫風操」的教育與訓練，我們如何能期望他居士大夫之位要維持「士大夫」的人品呢？

以上我說的話，並不是追悼那個士大夫階級的崩壞，更不是希冀那種門閥訓練的復活。我要指出的是一種歷史事實。凡成為領袖人物的，固然必須有過人的天資做底於，可是他們的知識見地，做人的風度，總得靠他們的教育訓練。一個時代有一個時代的「士大夫」，一個國家有一個國家的範型式的領袖人物。他們的高下優劣，總都逃不出他們所受的教育訓練的勢力。某種範型的訓育自然產生某種範型的領袖。

這種領袖人物的訓育的來源，在古代差不多全靠特殊階級（如中國古代的士大夫門閥，如日本的貴族門閥，如歐洲的貴族階級及教會）的特殊訓練。在近代的歐洲則差不多全靠那些訓練領袖人才的大學。歐洲之有今日的燦爛文化差不多全是中古時代留下的幾十個大學的功勞。近代文明有四個基本源頭：一是文藝復興，二是十六七世紀的新科學，三是宗教革新，四是工業革命。這四個大運動的領袖人物，沒有一個不是大學的產兒。中古時代的大學誠然是幼稚的可憐，然而義大利有幾個大學都有一千年的歷史；巴黎、牛津、康橋都有八九百年的歷史；歐洲的有名大學，多數是有幾百年的歷史的；最新的大學，如莫斯科大學也有一百八十多年了，柏林大學是一百二十歲了。有了這樣長期的存在，才有積聚的圖書設備，才有集中的人才，才有繼長增高的學問，才有那使人依戀崇敬的「學風」。至於今日，西方國家的領袖人物，哪一個不是從大學出來的？即使偶有三五個例外，也沒有一個不是直接間接受大學教育的深刻影響的。

在我們這個不幸的國家，一千年來，差不多沒有一個訓練領袖人才的機關。貴族門閥是崩壞了，又沒有一個高等教育的書院是有持久性的，也沒有一種教育是訓練「有為有守」的人才的。五千年的古國，沒有一個三十年的大學！八股試帖是不能造領袖人才的，做書院課卷是不能造領袖人才的，當日最高的教育——理學與經學考據——也是不能造領袖人才的。現在這些東西都快成了歷史陳跡了，然而這些新起的「大學」，東抄西襲的課程，朝三暮四的學制，七零八落的設備，四成五成的經費，朝秦暮楚的校長，東家宿而西家餐的教員，十日一雨五月一風的學潮——也都還沒有造就領袖人才的資格。

丁文江先生在《中國政治的出路》裡曾指出「中國的軍事教育比任何其他的教育都要落後」，所以多數的軍人都「因為缺乏最低的近代知識和訓練，不足以擔任國家的艱巨」。其實他太恭維「任何其他的教育」了！茫茫的中國，何處是訓練大政治家的所在？何處是養成執法不阿的偉大法官的所在？何處是訓練財政經濟專家學者的所在？何處是訓練我們的思想大師或教育大師的所在？

領袖人物的資格在今日已不比古代的容易了。在古代還可以有劉邦、劉裕一流的梟雄出來平定天下，還可以像趙普那樣的人妄想用「半部《論語》治天下」。在今日的中國，領袖人物必須具備充分的現代見識，必須有充分的現代訓練，必須有足以引起多數人信仰的人格。這種資格的養成，在今日的社會，除了學校，別無他途。

我們到今日才感覺整頓教育的需要，真有點像「臨渴掘井」了。然而治七年之病，終須努力求三年之艾。國家與民族的生命是千萬年的。我們在今日如果真感覺到全國無領袖的苦痛，如果真感覺到「盲人騎瞎馬」的危機，我們應當深刻的認清只有咬定牙根來徹底整頓教育，穩定教育，提高教育的一條狹路可走。如果這條路上的荊棘不掃除，虎狼不驅逐，奠基不穩固；如果我們還想讓這條路去長久埋沒在淤泥水潦之中——那麼，我們這個國家也只好長久被一班無知識無操守的渾人領導到沉淪的無底地獄裡去了。

智識的準備

本文係胡適1941年6月在美國普渡大學畢業典禮上的演講，題為「intellectual preparedness」，由郭博信譯出。

在這個值得紀念的儀式完畢之後，你們就被列入少數特權分子之列——大學畢業生。今天並不是標示著人生一段時期的結束或完畢，而是一個新生活的開始，一個真正生活和真正充滿責任的開端。

人家對你們作為大學畢業生的，總期望會與平常人有所不同，和大多數沒有唸過大學的人有所不同。他們預料你們言行會有怪異之處。

你們有些人或許不喜歡人家把你們目為與眾不同、言行怪異的人。你們或許想要和群眾混在一起，不分彼此。

讓我們向你們保證，要回到群眾中間，使人不分彼此，是一件容易做到的事。假如你們有這個願望，你們隨時都可以做到，你們隨時都可以成為一個「好同伴」，一個「易於相處的人」，——而人們，包括你們自己，馬上就會忘記你們曾經唸過大學這回事。

雖然大學教育當然不該把我們造成為「勢利之徒」和「古怪的人」，可是我們大學畢業生一直保留一點兒與眾不同的標誌，卻也不是一件壞事。這一點兒與眾不同的標誌，我相信，是任何學術機構的教育家所最希望造成的。

大學男女學生與眾不同的這個標誌是什麼呢?多數教育家都很可能會同意的說，那是一個多少受過訓練的腦筋，——一個多少有規律的思想方式——這會使得，也應當使得，受大學教育的人顯出有些與眾不同的地方。

一個頭腦受過訓練的人在看一件事是用批判和客觀的態度，而且也用適當的智識學問為憑依。他不容許偏見和個人的利益來影響他的判斷，和左右他的觀點。他一直都是好奇的，但是他絕對不會輕易相信人。他並不倉卒的下結論，也不輕易的附和他人的意見，他寧願耽擱一段時間，一直等到他有充分的時間來查考事實和證據後，才下結論。

總而言之，一個受過訓練的頭腦，就是對於易陷入於偏見、武斷和盲目接受傳統與權威的陷阱，存在戒心和疑懼。同時，一個受過訓練的腦筋絕不是消極或是毀滅性的。他懷疑人並不是喜歡懷疑的緣故；也並不是認為「所有的話都有可疑之處，所有的判斷都有虛假之處」。他之所以懷疑是為了想確切相信一件事。為了要根據更堅固的證據和更健全的推理為基礎，來建立或重新建立信仰。

你們四年的研究和實驗工作一定教過你們獨立思考、客觀判斷、有系統的推理，和根據證據來相信某一件事的習慣。這些就是，也應當是，標示一個人是大學生的標誌。就是這些特徵才使你們顯得「與眾不同」和「怪異」，而這些特徵可能會使你們不孚眾望和不受歡迎，甚至為你們社會裡大多數人所畏避和摒棄。

可是，這些有點令人煩惱的特點卻是你們母校於你們居留在此時間中，所教導你們而為此最感覺自豪的事。這些求知習慣的訓練，如果我沒有判斷錯誤的話，也就是你們在大學裡有責任予以培養起來的，回家時從這個校園裡所帶走的，並且在你們整個一生和在你們一切各種活動中，所繼續不斷的實行和發展的。

偉大的英國科學家，同時也是哲學家的赫胥黎（thomas h.huxley）曾說過：「一個人一生中最神聖的行為就是口裡講，內心深感覺到這句話：『我相信某件事是實在的』。緊附在那個行為上的是人生存在世上一切最大的報酬和一切最嚴重的責罰。」要成功的完成這一個「最神聖的行為」，那應用在判斷、思考，和信仰上的思想訓練和規律是必要的。

所以在這一個值得紀念的日子，你們必須問自己的第一個問題就是：我是否獲得所期望於為一個受大學教育的我所該有的充分智識訓練嗎？我的頭腦是否有充分的裝備和準備來做赫胥黎所說的「一個人一生中最神聖的行為」？

我們必須要體會到「一個人一生中最神聖的行為」也同時是我們日常所需做的行為。另一個英國哲學家彌爾（john stuart mill）曾說過：「各個人每天每時每刻都需要確切證實他所沒有直接觀察過的事情……法官、軍事指揮官、航海人員、醫師、農場經營者（我們還可以加上一般的公民和選民）的事，也不過是將證據加以判斷，並按照判斷採取行動……就根據他們做法（思考和推論）的優劣，就可決定他們是否盡其分內的職責。這是頭腦所不停從事的職責。」

由於人人每日每時都需要思考，所以人在思考時，極容易流於疏忽，漠不關心，和習慣性的態度。大學教育畢竟難以教給我們一整套精通與永久適用的求知習慣，原因是其所需的時間遠超過大學的四年。大學畢業生離開了他的實驗室和圖書館，往往感覺到他已經工作得太勞累，思考得太辛苦，畢業後應當享受到一種可以不必求知識的假期。他可能太忙或者太懶，而無法把他在大學裡剛學到而還沒有精通的知識訓練繼續下去。他可能不喜歡標榜自己為受過大學教育「好炫耀博學的人」。他可能發現講幼稚的話與隨和大眾的反應是一種調劑，甚至是一種愉快的事。無論如何，大學畢業生離開大學之後，最普遍的危險就是溜回到怠惰和懶散方式的思考和信仰。

所以大學生離開學校後，最困難的問題就是如何繼續培養精稔實驗室研究的思考態度和技術，以便將這種思考的態度和技術擴展到他日常思想、生活，和各種活動上去。

天下沒有一個普遍適用以提防這種懶病復發的公式。但是我們仍然想獻給列位一個簡單的妙計，這個妙計對我自己和對我的學生和朋友都很實用。

我所想要建議的是各個大學畢業生都應當有一個或兩個或更多足以引起興趣和好奇心的疑難問題，藉以激起他的注意、研究、探討，或實驗的心思。你們大家都知道的，一切科學的成就都是由於一個疑難的問題碰巧激起某一個觀察者的好奇心和想像力所促成的。有人說沒裝備良好的圖書館和實驗室是無法延續求知的興趣。這句話是不確實的。請問亞基米德、伽俐略、牛頓、法拉第，或者甚至達爾文或巴斯德究竟有什麼實驗室或圖書館的裝備呢？一個大學畢業生所需要的僅是一些會激起他的好奇心，引起他的求知慾和挑激他的想法求解決的有趣的難題。那種挑激引發的性質就足夠引致他蒐集資料、觸類旁通、設計工具，和建立簡單而適用的試驗和實驗室。一個人對於一些引人好奇的難題不發生興趣的話，就是處在設備良好的實驗室和博物館中，智識上也不會有任何發展。

四年的大學教育所給於我們的，畢業只不過是已經研究出來和尚未研究出來的學問浩瀚範圍的一瞥而已。不管我們主修的是那一個科目，我們都不應當有自滿的感覺，以為在我們專門科目範圍內，已經沒有不解決的問題存在。凡是離開母校大門而沒有帶一兩個智識上的難題回家去，和一兩個在他清醒時一直纏繞著他的問題，這個人的智識生活可以說是已經壽終正寢了。

這是我給你們的勸告：在這一個值得紀念的日子裡，你們該花費幾分鐘，為你們自己列了一個智識的清單，假如沒有一兩個值得你們下決心解決的智識難題，就不輕易步入這個大世界。你們不能帶走你們的教授，也不能帶走學校的圖書館和實驗室。可是你們帶走幾個難題。這些難題時刻都會使你們智識上的自滿和怠惰下來的心受到困擾。除非你們向這些難題進攻，並加以解決，否則你們就一直不得安寧。那時候，你們看吧，在處理和解決這些小難題的時候，你們不但使你們思考和研究的技術逐漸純熟和精稔，而且同時開拓出智識的新地平線並達到科學的新高峰。

這種一直有一些激起好奇心和興趣疑難問題來刺激你們的小妙計有許多功用。這個妙計可使你們一生中對研究學問的興趣永存不滅，可開展你們新嗜好的興趣，把你們日常生活提高到超過慣性和苦悶的水準之上。常常在沉靜的夜裡，你們突然成功的解決了一個討厭的難題而很希望叫醒你們的家人，對他們叫喊著說：「我找到了，我找到了！」那時候給你們的是智識上的狂喜和很大的樂趣。

但是這種自找問題和解決問題方式最重要的用處，是在於用宋訓練我們的能力，磨練我們的智慧，而因此使我們能精稔實驗與研究的方法和技術。對思考技術的精稔可能引使你們達到創造性的智識高峰；但是也同時會漸漸的普遍應用在你們整個生活上，並且使你們在處理日常活動時，成為比較懂得判斷的人，會使你們成為更好的公民，更聰明的選民，更有智識的報紙讀者，成為對於目前國家大事或國際大事一個更為勝任的評論者。

這個訓練對於為一個民主國家裡公民和選民的你們是特別重要的。你們所生活的時代是一片充滿了驚心動魄事件的時代，一個勢要毀滅你們政府和文化根基的戰爭時代。而從各方面擁集到你們身上的是強有力不讓人批駁的思想形態，巧妙的宣傳，以及隨意歪曲的歷史。希望你們在這個要把人弄得團團轉的旋風世界中，要建立起你們的判斷力，要下自己的決定，投你們的票，和盡你們的本分。

有人會警告你們要特別提高警覺，以提防邪惡宣傳的侵襲。可是你們要怎樣做才能防禦宣傳的侵入呢？因為那些警告你們的人本身往往就是職業的宣傳員，只不過他們罐頭上所用的是不同的商標；但這些罐頭裡照樣是陳舊的和不准批駁的東西！

例如，有人告訴你們，上次世界大戰所有一切唯心論的標語，像「為世界民主政治的安全而戰」和「以戰爭來消弭戰爭」，這些話，都是想討人歡喜的空談和煙幕而已。但是揭露這件事的人也就是宣傳者，他要我們全體都相信美國之參加上次世界大戰是那些「擔心美元英鎊貶值」放高利貸者和發戰爭財者所促成的。

再看另一個例子。你們是在一個信仰所培養之下長大起來的。這些信仰就是相信你們的政府形式，屬於人民的政府，尊敬個人的自由，特別是相信那保護思想、信仰、表達，和出版等自由的政府形式是人類最偉大的成就之一；但是我們這一代的新先知們卻告訴你們說，民主的代議政府僅是資本主義制度下的一個必然的副產品，這個制度並沒有實質的優點，也沒有永恆的價值；他們又說個人的自由並不一定是人們所希求的；為了集體的福利和權力的利益起見，個人的自由應當視為次要的，甚至應當加以抑壓下去的。

這些和許多其他相反的論調到處都可以看到聽到，都想要迷惑你們的思想，麻木你們的行動。你們需要怎麼樣準備自己來對付一切所有這些相反的論調呢？當然不會是緊閉著眼睛不看，掩蓋著耳朵不聽吧。當然也不會躲在良好的古老傳統信仰的後面求庇護吧，因為受攻擊和挑釁的就是古老的傳統本身。當然也不會是誠心誠意的接受這種陳腔爛調和不准批駁的思想和信仰的體系，因為這樣一個教條式的思想體系可能使你們丟失了很多的獨立思想，會束縛和奴役你們的思想，以致從此之後，你們在智識上說，僅是機械一個而已。

你們可能希望能保持精神上的平衡和寧靜，能夠運用你們自己的判斷，唯一的方法就是訓練你們的思想，精稔自由沉靜思考的技術。使我們更充分了解智識訓練的價值和功效的就是在這智識困惑和混亂的時代。這個訓練會使我們能夠找到真理——使我們獲得自由的真理。

關於這種訓練與技術，並沒有什麼神祕的地方。那就是你們在實驗室裡所學到的，也就是你們最優秀的教師終生所從事，而在你們研究論文上所教你們的方法，那就是研究和實驗的科學方法。也就是你們要學習應用於解決我所勸你們時刻要找一兩個疑難問題所用的同樣方法。這個方法，如果訓練得純熟精通，會使我們能在思考我們每天必須面對有關社會、經濟，和政治各項問題時，會更清楚、會更勝任的。

以其要素言，這個科學技術包括非常專心注意於各種建議、思想和理論，以及後果的控制和試驗。一切思考是以考慮一個困惑的問題或情況開始的。所有一切能夠解決這個困惑問題的假設都是受歡迎的。但是各個假設的論點卻必須以在採用後可能產生的後果來作為適用與否的試驗，凡是其後果最能滿意克服原先困惑所在的假設，就可接受為最好和最真實的解決方法。這是一切自然、歷史，和社會科學的思考要素。

人類最大的謬誤，就是以為社會和政治問題簡單得很，所以根本不需要科學方法的嚴格訓練，而只要根據實際經驗就可以判斷，就可以解決。

但是事實卻是剛剛相反的。社會與政治問題是關連著千千萬萬人命和福利的問題。就是由於這些極具複雜性和重要性的問題是十分困難的，所以使得這些問題到今日還沒有辦法以準確的定量衡量方法和試驗與實驗的精確方法來計量。甚至以最審慎的態度和用嚴格的方法無法保證絕無錯誤。但是這些困難卻省免不了我們用盡一切審慎和批判的洞察力來處理這些龐大的社會和政治問題的必要。

兩千五百年前某諸侯問孔子說：「一言而可以興邦，……一言而喪邦有諸？」

譯者註：此處某諸侯乃指魯定公。

想到社會與政治的問題，總會提醒我們關於向孔子請教的這兩個問題，因為對社會與政治的思考必然會連帶想起和計劃整個國家、整個社會，或者整個世界的事。所以一切社會與政治理論在用以處理一個情況時，如果粗心大意或固守教條，嚴重的說來，可能有時候會促成預料不到的混亂、退步、戰爭，和毀滅，有時就真的是一言興邦，一言喪邦。

剛就在前天，希特勒對他的軍隊發出一個命令，其中說到一句話：他要決定他的國家和人民未來一千年的命運！

但希特勒先生一個人是無法以個人的思想來決定千千萬萬人的生死問題。你們在這裡所有的人需要考慮你們即將來臨的本地與全國選舉中有所選擇，所有的人需要對和戰問題表達意見，並不決定。是的，你們也會考慮到一個情況，你們在這個情況中的思考是正確，是錯誤，就會影響千千萬萬人的福利，也可能直接或間接的決定未來一千年世界與其文化的命運！

所以為少數特權階級的我們大學男女，嚴肅的和勝任的把自己準備好，以便像在今日的這個時代，這個世界，每日從事思考和判斷，把我們自己訓練好，以便做有責任心的思考，乃是我們神聖的任務。

有責任心的思考至少含著三個主要的要求：第一，把我們的事實加以證明，把證據加以考查；第二，如有差錯，謙虛的承認錯誤，慎防偏見和武斷；第三，願意盡量徹底獲致一切會隨著我們觀點和理論而來的可能後果，並且道德上對這些後果負責任。

怠惰的思考，容許個人和黨團的因素不知不覺的影響我們的思考，接受陳腐和不加分析的思想為思考之前提，或者未能努力以獲致可能後果，來試驗一個人的思想是否正確等等就是智識上不負責任的表現。

你們是否充分準備來做這件在你們一生中最神聖的行動——有責任心的思考？

1941 年 6 月

我們對於學生的希望

本文由胡適起草，發表時，與蔣夢麟聯合署名。

今天是五月四日。我們回想去年今日，我們兩人都在上海歡迎杜威博士，直到五月六日方才知道北京五月四日的事。日子過得真快，匆匆又是一年了。

當去年的今日，我們心裡只想留住杜威先生在中國講演教育哲學；在思想一方面提倡實驗的態度和科學的精神；在教育一方面輸入新鮮的教育學說，引起國人的覺悟，大家來做根本的教育改革。這是我們去年今日的希望。不料事勢的變化大出我們意料之外。這一年以來，教育界的風潮幾乎沒有一個月平靜的，整整的一年光陰就在這風潮擾攘裡過去了。

這一年的學生運動，從遠大的觀點看起來，自然是幾十年來的一件大事。從這裡面發生出來的好效果，自然也不少。引起學生的自動精神，是一件；引起學生對於社會國家的興趣，是二件；引出學生的作文演說的能力、組織的能力、辦事的能力，是三件；使學生增加團體生活的經驗，是四件；引起許多學生求知識的慾望，是五件。這都是舊日的課堂生活所不能產生的，我們不能不認為學生運動的重要貢獻。

社會若能保持一種水平線以上的清明，一切政治上的鼓吹和設施，制度上的評判和革新，都應該有成年的人去料理；未成年的一班人（學生時代的男女），應該有安心求學的權利，社會也用不著他們來做學校生活之外的活動。但是我們現在不幸生在這個變態的社會裡，沒有這種常態社會中人應該有的福氣；社會上許多事，被一班成年的或老年的人弄壞了。別的階級又都不肯出來干涉糾正，於是這種干涉糾正的責任，遂落在一般未成年的男女學生的肩膀上。這是變態的社會裡一種不可免的現象。現在有許多人說學生不應該干預政治，其實並不是學生自己要這樣幹，這都是社會和政府硬逼出來的。如果社會國家的行為沒有受學生干涉糾正的必要，如果學生能享安心求學的幸福而不受外界的強烈刺激和良心上的督責，他們又何必甘心拋了寶貴的光陰，冒著生命的危險，來做這種學生運動呢？

簡單一句話：在變態的社會國家裡面，政府太卑劣腐敗了，國民又沒有正式的糾正機關（如代表民意的國會之類），那時候干預政治的運動，一定是從青年的學生界發生的。漢末的太學生，宋代的太學生，明末的結社，戊戌政變前的公車上書，辛亥以前的留學生革命黨，俄國從前的革命黨，德國革命前的學生運動，印度和朝鮮現在的獨立運動，中國去年的「五四」運動與「六三」運動，都是同一個道理，都是有發生的理由的。

但是我們不要忘記：這種運動是非常的事，是變態的社會裡不得已的事。但是它又是很不經濟的不幸事，因為是不得已，故它的發生是可以原諒的。因為是很不經濟的不幸事，故這種運動是暫時不得已的救急辦法，卻不可長期存在的。

荒唐的中年老年人鬧下了亂子，卻要未成年的學生拋棄學業，荒廢光陰，來干涉糾正，這是天下最不經濟的事。況且中國眼前的學生運動更是不經濟。何以故呢？試看自漢末以來的學生運動，試看俄國、德國、印度、朝鮮的學生運動，那有一次用罷課作武器的？即如去年的「五四」與「六三」，這兩次的成績，可是單靠罷課作武器的嗎？單靠用罷課作武器，是最不經濟的方法，是下下策，屢用不已，是學生運動破產的表現！

罷課於敵人無損，於自己卻有大損失。這是人人共知的。但我們看來，用罷課作武器，還有精神上的很大損失：

（一）養成倚賴群眾的噁心理。現在的學生很像忘了個人自己有許多事可做，他們很像以為不全體罷課便無事可做。個人自己不肯犧牲，不敢做事，卻要全體罷了課來吶喊助威。自己卻躲在大眾群裡跟著吶喊。這種倚賴群眾的心理是懦夫的心理！

（二）養成逃學的惡習慣。現在罷課的學生，究竟有幾個人出來認真做事，其餘無數的學生，既不辦事，又不自修，究竟為了什麼事罷課？從前還可說是「激於義憤」的表示，大家都認作一種最重大的武器，不得已而用之。久而久之，學生竟把罷課的事看作很平常的事。我們要知道，多數學生把罷課看作很平常的事，這便是逃學習慣已養成的證據。

（三）養成無意識的行為的惡習慣。無意識的行為就是自己說不出為什麼要做的行為。現在不但學生把罷課看作很平常的事，社會也把學生罷課看作很平常的事。一件很重大的事，變成了很平常的事，還有什麼功效靈驗？既然明知沒有靈驗功效，卻偏要去做；一處無意識的做了，別處也無意識的盲從。這種心理的養成，實在是眼前和將來最可悲觀的現象。

以上說的是我們對於現在學生運動的觀察。

三　教育論話

我們對於學生的希望，簡單說來，只有一句話：「我們希望學生從今以後要注重課堂裡、自修室裡、操場上、課餘時間裡的學生活動。只有這種學生活動是能持久又最有功效的學生運動。」

這種學生活動有三個重要部分：

（1）學問的生活。

（2）團體的生活。

（3）社會服務的生活。

第一、學問的生活。這一年以來，最可使人樂觀的一種好現象，就是許多學生對於知識學問的興趣漸漸增加了。新出的出版物的銷數增加，可以估量學生求知識的興趣增加。我們希望現在的學生充分發展這點新發生的興趣，注重學問的生活。要知道社會國家的大問題，絕不是沒有學問的人能解決的。我們說的「學問的生活」，並不限於從前的背書抄講義的生活。我們希望學生（無論中學大學）都能注重下列的幾項細目：

（1）注重外國文　現在中文的出版物，實在不夠滿足我們求知識的慾望。求新知識的門徑在於外國文，每個學生至少須要能用一種外國語看書。學外國語須要經過查生字，記生字的第一難關。千萬不要怕難，若是學堂裡的外國文教員確是不好，千萬不要讓他敷衍你們，不妨趕跑他。

（2）注重觀察事實與調查事實　這是科學訓練的第一步。要求學校裡用實驗來教授科學，自己去採集標本，自己去觀察調查。觀察調查須要有個目的（例如本地的人口、風俗、出產、植物、鴉片煙館等項的調查）。還要注重團體的互助，分功合作，做成有系統的報告。現在的學生天天談

「二十一條」，究竟二十一條是什麼東西，有幾個人說得出嗎？天天談「高徐濟順」，究竟有幾個指得出這條路在什麼地方嗎？這種不注重事實的習慣，是不可不打破的。打破這種習慣的唯一法子，就是養成觀察調查的習慣。

（3）建設的促進學校的改良　現在的學校課程和教員，一定有許多不能滿足學生求學的慾望的。我們希望學生不要專做破壞的攻擊，須要用建設的精神，促進學校的改良。與其提倡考試的廢止，不如提倡考試的改良；與其攻擊校長不多買博物標本，不如提倡學生自去採集標本。這種建設的促進，比教育部和教育廳的命令的功效大得多咧！

（4）注重自修　灌進去的知識學問，沒有多大用處的。真正可靠的學問都是從自修得來，自修的能力，是求學問的唯一條件。不養成自修的能力，絕不能求學問。自修注重的事是：（一）看書的能力。（二）要求學校購備參考書報，如大字典、詞典、重要的大部書之類。（三）結合約學多買書報，交換閱看。（四）要求教員指導自修的門徑和自修的方法。

第二、團體的生活。「五四」運動以來，總算增多了許多學生的團體生活的經驗。但是現在的學生團體有兩大缺點：（一）是內容太偏枯了。（二）是組織太不完備了。內容偏枯的補救，應注意各方面的「俱分並進」。

（1）學術的團體生活，如學術研究會或講演會之類。應該注重自動的調查、報告、試驗、講演。

（2）體育的團體生活，如足球、運動會、童子軍、野外幕居、假期旅遊等等。

（3）遊藝的團體生活，如音樂、圖畫、戲劇等等。

（4）社交的團體生活，如同學茶會、家人懇親會、師生懇親會、同鄉會等等。

（5）組織的團體生活，如本校學生會、自治會、各校聯合會、學生聯合總會之類。

要補救組織的不完備，應注重議會法規（parliamentary law）的重要條件。簡單說來，至少須有下列的幾個條件：

（1）法定開會人數。這是防弊的要件。

（2）動議的手續與修正議案的手續。這是議會法規裡最繁難又最重要的一項。

（3）發言的順序。這是維持秩序的要件。

（4）表決的方法。（一）須規定某種議案必須全體幾分之幾的可決，某種必須到會人數幾分之幾的可決，某種僅須過半數的可決。（二）須規定某種重要議案必須用無記名投票，某種必須用有記名投票。某種可用舉手的表決。

（5）凡是代表制的聯合會（無論校內校外）皆須有復決制（referendum）。遇重大的案件，代表會議的議決案，必須再經過會員的總投票。總會的議決案，必須再經過各分會的復決。

（6）議案提出後，應有規定的討論時間，並須限制每人發言的時間與次數。

現在許多學生會的章程，只注重職員的分配，卻不注重這些最要緊的條件。這是學生團體失敗的一個大原因。

此外還須注意團體生活最不可少的兩種精神：

（1）容納反對黨的意見。現在學生會議的會場上，對於不肯迎合群眾心理的言論，往往有許多威壓的表示。這是暴民專制，不是民治精神。民治主義的第一個條件，就是要使各方面的意見都可自由發表。

（2）人人要負責任。天下有許多事，都是不肯負責任的「好人」弄壞的。好人坐在家裡嘆氣，壞人在議場上作戲，天下事所以敗壞了。不肯出頭負責任的人，便是團體的罪人，便不配做民治國家的國民。民治主義的第二個條件，是人人要負責任，要尊重自己的主張，要用正當的方法來傳播自己的主張。

第三、社會服務的生活。學生運動是學生對於社會國家的利害發生興趣的表示，所以各處都有平民夜校、平民講演的發起。我們希望今後的學生繼續推廣這種社會服務的事業。這種事業，一來是救國的根本辦法；二來是學生的能力做得到的；三來可以發展學生自己的學問與才幹；四來可以訓練學生待人接物的經驗。我們希望學生注意以下各點：

（1）平民夜校 注重本地的需要，介紹衛生的常識、職業的常識和公民的常識。

（2）通俗講演 現在那些「同胞快醒，國要亡了」、「殺賣國賊」、「愛國是人生的義務」等等空話的講演，是不能持久的，說了兩三遍就沒有了。我們希望學生注重科學常識的講演，改良風俗的講演，破除迷信的講演。譬如你今天演說「下雨」，你不能不先研究雨是怎樣來的，何以從天上下來。聽的人也可以因此知道雨不是龍王菩薩灑下來的，也可以知道雨不是道士和尚求得下來的。又如你明天演說「種田何以須用石灰作肥料」，你就不能不研究石灰的化學，聽的人也可以因此知道肥料的道理。這種講演，不但於人有益，於自己也極有益。

（3）破除迷信的事業 我們希望學生不但用科學的道理來解釋本地的種種迷信，並且還要實行破除迷信的事業。如求神合婚、求仙方、放焰口、風水等等迷信，都該破除。學生不來破除迷信，迷信是永遠不會破除的。

（4）改良風俗的事業 我們希望學生用力去做改良風俗的事業。如女子纏足的，現在各處多有，學生應該組織天足會，相戒不娶小腳的女子。不能解放你的姊妹們的小腳，你就不配談「女子解放」。又如鴉片煙與嗎啡，現在各處仍舊很銷行。學生應該組織調查隊，偵緝隊，或報告官府，或自動的搗毀煙間與嗎啡店。你不能干涉你村上的鴉片嗎啡，你也不配干預國家的大事。

以上說的是我們對於學生的希望。

學生運動已發生了，是青年一種活動力的表現，是一種好現象，絕不能壓下去的，也絕不可把他壓下去的。我們對於辦教育的人的忠告是：「不要夢想壓制學生運動。學潮的救濟只有一個法子，就是引導學生向有益有用的路上去活動。」

學生運動現在四面都受攻擊，「五四」的後援也沒有了，「六三」的後援也沒有了。我們對於學生的忠告是：「單靠用罷課作武器是下下策。可一而再再而三的麼?學生運動如果要想保存『五四』和『六三』的榮譽，只有一個法子，就是改變活動的方向，把『五四』和『六三』的精神用到學校內外有益有用的學生活動上去。」

我們講的話，是很直率。但這都是我們的老實話。

1920年1月

青年人的苦悶

今年六月二日早晨，一個北京大學一年級學生，在悲觀與煩悶之中，寫了一封很沉痛的信給我。這封信使我很感動，所以我在那個六月二日的半夜後寫了一封一千多字的信回答他。

我覺得這個青年學生訴說他的苦悶不僅是他一個人感受的苦悶，他要解答的問題也不僅是他一個人要問的問題。今日無數青年都感覺大同小異的苦痛與煩悶，我們必須充分了解這件絕不容諱飾的事實，我們必須幫助青年人解答他們渴望解答的問題。

這個北大一年級學生來信裡有這一段話：

> 生自小學畢業到中學，過了八年淪陷生活，苦悶萬分，夜中偷聽後方消息，日夜企盼祖國勝利，在深夜時暗自流淚，自恨不能為祖國做事。對蔣主席之崇拜，無法形容。但勝利後，我們接收大員及政府所表現的，實在大不像話。……生從淪陷起對政府所懷各種希望完全變成失望，且曾一度悲觀到萌自殺的念頭。……自四月下旬物價暴漲，同時內戰更打的起勁。生親眼見到同胞受飢餓而自殺，以及內戰的慘酷，聯想到祖國的今後前途，不禁悲從中來，原因是生受過敵人壓迫，實再怕做第二次亡國奴！……我傷心，我悲哀，同時絕望——
>
> 在絕望的最後幾分鐘，問您幾個問題。

他問了我七個問題，我現在挑出這三個：

一、國家是否有救？救的方法為何？

二、國家前途是否絕望；若有，希望在那裡？請具體示知。

三、青年人將苦悶死了，如何發洩？

以上我摘抄這個青年朋友的話，以下是我答覆他的話的大致，加上後來我自己修改引伸的話。這都是我心裡要對一切苦悶青年說的老實話。

我們今日所受的苦痛，都是我們這個民族努力不夠的當然結果。我們事事不如人：科學不如人，工業生產不如人，教育不如人，知識水準不如人，社會政治組織不如人；所以我們經過了八年的苦戰，大破壞之後，恢復很不容易。人家送兵船給我們，我們沒有技術人才去駕駛。人家送工廠給我們，——如勝利之後敵人留下了多少大工廠，——而我們沒有技術人才去接收使用，繼續生產，所以許多煙囪不冒煙了，機器上了鏽，無數老百姓失業了！

青年人的苦悶失望——其實豈但青年人苦悶失望嗎？——最大原因都是因為我們前幾年太樂觀了，大家都夢想「天亮」，都夢想一旦天亮之後就會「天朗氣清，惠風和暢」，有好日子過了！

這種過度的樂觀是今日一切苦悶悲觀的主要心理因素。大家在那「夜中偷聽後方消息，日夜企盼祖國勝利」的心境裡，當然不會想到戰爭是比較容易的事，而和平善後是最困難的事。在勝利的初期，國家的地位忽然抬高了，從一個垂亡的國家一跳就成了世界上第四強國了！大家在那狂喜的心境裡，更不肯去想想坐穩那世界第四把交椅是多大困難的事業。天下哪有科學落後，工業生產落後，政治經濟社會組織事事落後的國家可以坐享世界第四強國的福分！

試看世界的幾個先進國家，戰勝之後，至今都還不能享受和平的清福，都還免不了飢餓的恐慌。美國是唯一的例外。前年十一月我到英國，住在倫敦第一等旅館裡，整整三個星期，沒有看見一個雞蛋！我到英國公教人員家去，很少人家有一盒火柴，卻只用小木片向爐上點火供客。大多數人的衣服都是舊的補綻的。試想英國在三十年前多麼威風！在第一次大戰之中，英國人一面咬牙苦戰，一面都明白戰勝之後英國的殖民地必須丟去一大半，英國必須降為二等大國，英國人民必須吃大苦痛。但英國人的知識水準高，大家絕不悲觀，都能明白戰後恢復工作的巨大與艱難，必須靠大家束緊褲帶，挺起脊梁，埋頭苦幹。

我們中國今日無數人的苦悶悲觀，都由於當年期望太奢而努力不夠。我們在今日必須深刻的了解：和平善後要比八年抗戰困難的多多。大戰時須要吃苦努力，勝利之後更要吃苦努力，才可以希望在十年二十年之中做到一點復興的成績。

國家當然有救，國家的前途當然不絕望。這一次日本的全面侵略，中國確有亡國的危險。我們居然得救了。現存的幾個強國，除了一個國家還不能使我們完全放心之外，都絕對沒有侵略我們的企圖。我們的將來全靠我們自己今後如何努力。

正因為我們今日的種種苦痛都是從前努力不夠的結果，所以我們將來的恢復與興盛決沒有捷徑，只有努力工作一條窄路，一點一滴的努力，一寸一尺的改善。

悲觀是不能救國的，吶喊是不能救國的，口號標語是不能救國的，責人而自己不努力是不能救國的。

我在二十多年前最愛引易卜生對他的青年朋友說的一句話：「你要想有益於社會，最好的法子莫如把自己這塊材料鑄造成器。」我現在還要把這句話贈送給一切悲觀苦悶的青年朋友。社會國家需要你們做最大的努力，所以你們必須先把自己這塊材料鑄造成有用的東西，方才有資格為社會國家努力。

今年四月十六，美國南加羅林那州的州議會舉行了一個很隆重的典禮，懸掛本州最有名的公民巴魯克（bernard m．baruch）的畫像在州議會的壁上，請巴魯克先生自己來演說。巴魯克先生今年七十七歲了，是個猶太種的美國大名人。當第一次世界大戰時，威爾遜總統的國防顧問，是原料委員會的主任，後來專管戰時工業原料。巴黎和會時，他是威爾遜的經濟顧問。當第二次世界大戰時，他是戰時動員總署的專家顧問，是羅斯福總統特派的人造橡皮研究委員會的主任。戰爭結束後，他是總統特任的原子能管理委員會的主席。他是兩次世界大戰都曾出大力有大功的一個公民。

這一天，這位七十七歲的巴魯克先生起來答謝他的故鄉同胞對他的好意，他的演說辭是廣播全國對全國人民說的。他的演說，從頭至尾，只有一句話：美國人民必須努力工作，必須為和平努力工作，必須比戰時更努力工作。

巴魯克先生說：「現在許多人說借款給人可以拯救世界，這是一個最大的錯覺。只有人們大家努力做工可以使世界復興，如果我們美國願意擔負起保存文化的使命，我們必須做更大的努力，比我們四年苦戰還更大的努力。我們必須準備出大汗，努力撙節，努力製造世界人類需要的東西，使人們有麵包吃，有衣服穿，有房子住，有教育，有精神上的享受，有娛樂。」

他說：「工作是把苦悶變成快樂的煉丹仙人。」他又說：美國工人現在的工作時間太短了，不夠應付世界的需要。他主張：如果不能回到每週六天，每天八小時的工作時間，至少要大家同心做到每週四十四小時的工作；不罷工，不停頓，才可以做出震驚全世界的工作成績來。

巴魯克先生最後說：「我們必須認清：今天我們正在四面包圍攏來的通貨膨脹的危崖上，只有一條生路，那就是工作。我們生產越多，生活費用就越減低；我們能購買的貨物也就越加多，我們的剩餘力量（物質的、經濟的、精神的）也就越容易積聚。」

我引巴魯克先生的演說，要我們知道，美國在這極強盛極光榮的時候，他們遠見的領袖還這樣力勸全國人民努力工作。「工作是把苦悶變成快樂的煉丹仙人」。我們中國青年不應該想想這句話嗎？

學生與社會

今天我同諸君所談的題目是「學生與社會」。這個題目可以分兩層講：（一）個人與社會，（二）學生與社會。現在先說第一層。

三　教育論話

個人與社會

(一) 個人與社會有密切的關係，個人就是社會的出產品。我們雖然常說「人有個性」，並且提倡發展個性，其實個性於人，不過是千分之一，而千分之九百九十九全是社會的。我們的說話，是照社會的習慣發音；我們的衣服，是按社會的風尚為式樣；就是我們的一舉一動，無一不受社會的影響。

六年前我作過一首《朋友篇》，在這篇詩裡我說：「清夜每自思，此身非吾有：一半屬父母，一半屬朋友。」如今想來，這百分之五十的比例算法是錯了。此身至少有千分之九百九十九是屬於廣義的朋友的。我們現在雖在此地，而幾千里外的人，不少的跟我們發生關係。我們不能不穿衣，不能不點燈，這衣服與燈，不知經過多少人的手才造成功的。這許多為我們製衣造燈的人，都是我們不認識的朋友，這衣與燈就是這許多人不認識的朋友給與我們的。

再進一步說，我們的思想、習慣、信仰……等等都是社會的出產品，社會上都說「吃飯」，我們不能改轉來說「飯吃」。我們所以為我們，就是這些思想、信仰、習慣……，這些既都是社會的，那末除開社會，還能有我嗎？

這第一點的要義：我之所以為我，在物質方面，是無數認識與不認識的朋友的，在精神方面，是社會的，所謂「個人」差不多完全是社會的出產品。

(二) 個人——我——雖僅是千分之一，但是這千分之一的「我」是很可寶貴的。普通一班的人，差不多千分之千都是社會的，思想、舉動、言語、服食都是跟著社會跑。有一二特出者，有千分之一的我——個性，於跟著社會跑的時候，要另外創作，說人家未說的話，做人家不做的事。社會一班人就給他一個渾號，叫他「怪物」。

怪物原有兩種：一種是發瘋，一種是個性的表現。這種個性表現的怪物，是社會進化的種子，因為人類若是一代一代的互相仿照，不有變更，那就沒有進化可言了。唯其有些怪物出世，特立獨行，做人不做的事，說人未說的話，雖有人罵他打他，甚而逼他至死，他仍是不改他的怪言、怪行。久而久之，漸漸地就有人模仿他了，由少數的怪，變為多數，更變而為大多數，社會的風尚從此改變，把先前所怪的反視為常了。

宗教中的人物，大都是些怪物，耶穌就是一個大怪物。當時的人都以為有人打我一掌，我就應該還他一掌。耶穌偏要說：「有人打我左臉一掌，我應該把右邊的臉轉送給他。」他的言語、行為，處處與當時的習尚相反，所以當時的人就以為他是一個怪物，把他釘死在十字架上。但是他雖死不改其言行，所以他死後就有人尊敬他，愛慕、模仿他的言行，成為一個大宗教。

怪事往往可以轟動一時，凡轟動一時的事，起先無不是可怪異的。比如纏足，當初一定是很可怪異的，而後來風行了幾百年。近來把纏小的足放為天足，起先社會上同樣以為可怪，而現在也漸風行了。可見不是可怪，就不能轟動一時。社會的進化，純是千分之一的怪物，可以犧牲名譽、性命，而做可怪的事，說可怪的話以演成的。

社會的習尚，本來是革不盡，也不能夠革盡的，但是改革一次，雖不能達完全目的，至少也可改革一部分的弊習。譬如辛亥革命，本是一個大改革，以現在的政治社會情況看，固不能說是完全成功，而社會的弊習——如北京的男風、官家廳的公門，……等等——附帶革除的，實在不少。所以在實際上說，總算是進化的多了。

這第二點的要義：個人的成分，雖僅占千分之一，而這千分之一的個人，就是社會進化的原因。人類的一切發明，都是由個人一點一點改良而成功的。唯有個人可以改良社會，社會的進化全靠個人。

學生與社會

由上一層推到這一層，其關係已很明白。不過在文明的國家，學生與社會的特殊關係，當不大顯明，而學生所負的責任，也不大很重。唯有在文明程度很低的國家，如像現在的中國，學生與社會的關係特深，所負的改良的責任也特重。這是因為學生是受過教育的人，中國現在受過完全教育的學生，真不足千分之一，這千分之一受過完全教育的學生，在社會上所負的改良責任，豈不是比全數受過教育的國家的學生，特別重大嗎？

教育是給人戴一副有光的眼鏡，能明白觀察；不是給人穿一件錦繡的衣服，在人前誇耀。未受教育的人，是近視眼，沒有明白的認識，遠大的視力；受了教育，就是近視眼戴了一副近視鏡，眼光變了，可以看明清楚遠大。學生讀了書，造下學問，不是為要到他的爸爸面前，要吃肉菜，穿綢緞；是要認他爸爸認不得的，替他爸爸說明，來幫他爸爸的忙。他爸爸不知道肥料的用法，土壤的選擇，他能知道，告訴他爸爸，給他爸爸制肥料，選土壤，那他家中的收穫，就可以比別人家多出許多了。

從前的學生都喜歡戴平光的眼鏡，那種平光的眼鏡戴如不戴，不是教育的結果。教育是要人戴能看從前看不見，並能看人家看不見的眼鏡。我說社會的改良，全靠個人，其實就是靠這些戴近視鏡，能看人所看不見的個人。

從前眼鏡鋪不發達，配眼鏡的機會少，所以近視眼，老是近視看不遠。現在不然了，戴眼鏡的機會容易的多了，差不多是送上門來，讓你去戴。若是我們不配一副眼鏡戴，那不是自棄嗎？若是僅戴一副看不清、看不遠的平光鏡，那也是可恥的事呀。

這是一個比喻，眼鏡就是知識，學生應當求知部優，並應當求其所要的知識。

戴上眼鏡，往往容易招人家厭惡。從前是近視眼，看不見人家臉上的麻子，戴上眼鏡，看見人家臉上有麻子，就要說：「你是個麻子臉。」有麻子的人，多不願意別人說他的麻子。要聽見你說他是麻子，他一定要罵你，甚而或許打你。這一改意思，就是說受過教育，就認識清社會的惡習，而發不滿意的批評。這種不滿意社會的批評，最容易引起社會的反感。但是人受教育，求知識，原是為發現社會的弊端，若是受了教育，而對於社會仍是處處覺得滿意，那就是你的眼鏡配錯了光了，應該返回去審查一審查，重配一副光度合適的才好。

從前伽俐略因人家造的望遠鏡不適用，他自己造了一個擴大幾百倍的望遠鏡，能看木星現象。

他請人來看，而社會上的人反以為他是魔術迷人，罵他為怪物、革命黨，幾乎把他弄死。他唯其不屈不撓，不可拋棄他的學說，停止他的研究，而望遠鏡竟成為今日學問上、社會上重要的東西了。

總之，第一要有知識，第二要有圖書。若是沒骨子便在社會上站不住。有骨子就是有奮鬥精神，認為是真理，雖死不畏，都要去說去做。不以我看見我知道而已，還要使一班人都認識，都知道。由少數變為多數，由多數變成大多數，使一班人都承認這個真理。譬如現在有人反對修鐵路，鐵路是便利交通，有益社會的，你們應該站在房上喊叫宣傳，使人人都知道修鐵路的好處。若是有人厭惡你們，阻擋你們，你們就要拿出奮鬥的精神，與他抵抗，非把你們的目的達到。不止你們的喊叫宣傳，這種奮鬥的精神，是改造社會絕不可少的。

二十年前的革命家，現在哪裡去了？他們的消滅不外兩個原因：（1）眼鏡不適用了。二十年前的康有為是一個出風頭的革命家，不怕死的好漢子。現在人都笑他為守舊、老古董，都是由他不去把不適用的眼鏡換一換的緣故。（2）無骨子。有一班革命家，骨子軟了，人家給他些錢，或給他一個差事，教他不要幹，他就不敢幹了。沒有一種奮鬥精神，不能拿出「你不要我幹，我偏要幹」的決心，所以都消滅了。

我們學生應當注意的就是這兩點：眼鏡的光若是不對了，就去換一副對的來戴；摸著脊骨軟了，要吃一點硬骨藥。

我的話講完了，現在講一個故事來做結束。易卜生所做的《國家公敵》一劇，寫一個醫生司鐸門發現了本地浴場的水裡有傳染病菌，他還不敢自信，請一位大學教授代為化驗，果然不錯。他就想要去改良它。不料浴場董事和一班股東因為改造浴池要耗費資本，拚死反對，他的老大哥與他的老丈人也都多方的以情感利誘，但他總是不可軟化。他於萬分困難之下設法開了一個公民會議，報告他的發明。會場中的人不但不聽他的老實話，還把他趕出場去，褲子撕破，宣告他為國民公敵。他氣憤不過，說：「出去爭真理，不要穿好褲子。」他是真有奮鬥精神，能夠特立獨行的人，於這種逼迫之下還是不少退縮。他說：「世界最有強力的人就是那最孤立的人。」我們要改良社會，就要學這「爭真理不穿好褲子」的態度，相信這「最孤立的人是最有強力的人」的名言。

1922 年 2 月 19 日

讀書

「讀書」這個題，似乎很平常，也很容易。然而我卻覺得這個題目很不好講。據我所知，「讀書」可以有三種說法：

（一）要讀何書。關於這個問題，《京報副刊》上已經登了許多時候的「青年必讀書」；但是這個問題，殊不易解決，因為個人的見解不同，個性不同。各人所選只能代表各人的嗜好，沒有多大的標準作用。所以我不講這一類的問題。

（二）讀書的功用。從前有人做「讀書樂」，說什麼「書中自有千鐘粟。書中自有黃金屋，書中自有顏如玉」，現在我們不說這些話了，要說，讀書是求智識，智識就是權力。這些話都是大家會說的，所以我也不必講。

（三）讀書的方法。我今天是要想根據個人所經驗，同諸位談談讀書的方法。我的第一句話是很平常的，就是說，讀書有兩個要素：

第一要精，第二要博。

現在先說什麼叫「精」。

我們小的時候讀書，差不多每個小孩都有一條書籤，上面寫十個字。這十個字最普遍的就是「讀書三到：眼到，口到，心到。」現在這種書籤雖不用，三到的讀書法卻依然存在。不過我以為讀書三到是不夠的，須有四到，是「眼到。口到，心到，手到」。我就拿它來說一說。

眼到是要個個字認得，不可隨便放過。這句話起初看去似乎很容易，其實很不容易。讀中國書時，每個字的一筆一畫都不放過。近人費許多功夫在校勘學上，都因古人忽略一筆一畫而已。讀外國書要把a、b、c、d，……等字母弄得清清楚楚。所以說這是很難的。如有人翻譯英文，把port看作pork，把oats看作oaks，於是葡萄酒一變而為豬肉，小草變成了大樹。說起來這種例子很多，這都是眼睛不精細的結果。書是文字做成的，不肯仔細認字，就不必讀書。眼到對於讀書的關係很大，一時眼不到，貽害很大，並且眼到能養成好習慣，養成不苟且的人格。

口到是一句一句要唸出來。前人說口到是要唸到爛熟背得出來。我們現在雖不提倡背書，但有幾類的書，仍舊有熟讀的必要；如心愛的詩歌，如精彩的文章，熟讀多些，於自己的作品上也有良好的影響。讀此外的書，雖不須念熟，也要一句一句唸出來，中國書如此，外國書更要如此。唸書的功用能使我們特別明了每一句的構造，句中各部分的關係。往往一遍念不通，要念兩遍以上，方才能明白的。讀好的小說尚且要如此，何況讀關於思想學問的書呢？

心到是每章每句每字意義如何？何以如是？這樣用心考究。但是用心不是叫人枯坐冥想，是要靠外面的設備及思想的方法的幫助。要做到這一點，須要有幾個條件：

（一）字典，辭典，參考書等等工具要完備。這幾樣工具雖不能辦到，也當到圖書館去看。我個人的意見是奉勸大家，當衣服，賣田地，至少要置備一點好的工具。比如買一本韋氏大字典，勝於請幾個先生。這種先生終身跟著你，終身享受不盡。

（二）要作文法上的分析。用文法的知識，作文法上的分析，要懂得文法構造，方才懂得它的意義。

（三）有時要比較參考，有時要融會貫通，方能了解。不可但看字面。一個字往往有許多意義，讀者容易上當。例如 turn 這字：

作外動字解有十五解，作內動字解有十三解，作名詞解有二十六解，共五十四解，而成語不算。

又如 strike：

作外動字解有三十一解，作內動字解有十六解，作名詞解有十八解，共六十五解。

又如 go 字最容易了，然而這個字：

作內動字解有二十二解，作外動字解有三解，作名詞解有九解，共三十四解。

以上是英文字須要加以考究的例。英文字典是完備的；但是某一字在某一句究竟用第幾個意義呢？這就非比較上下文，或貫串全篇，不能懂了。

中文較英文更難，現在舉幾個例：

祭文中第一句「維某年月日」之「維」字，究作何解？字典上說它是虛字。《詩經》裡「維」字有二百多，必需細細比較研究，然後知道這個字有種種意義。

又《詩經》之「於」字，「之子於歸」「鳳凰於飛」等句，「於」字究作何解？非仔細考究是不懂的。又「言」字人人知道，但在《詩經》中就發生問題，必須比較，然後知「言」字為聯接字。諸如此例甚多。中國古書很難讀，古字典又不適用，非是用比較歸納的研究方法，我們如何懂得呢？

總之，讀書要會疑，忽略過去，不會有問題，便沒有進益。

宋儒張載說：「讀書先要會疑。於不疑處有疑，方是進矣」。他又說：「在可疑而不疑者，不曾學。學則須疑。」又說：「學貴心悟，守舊無功。」

宋儒程頤說：「學原於思。」

這樣看起來，讀書要求心到；不要怕疑難，只怕沒有疑難。工具要完備，思想要精密，就不怕疑難了。

現在要說手到。手到就是要勞動勞動你的貴手。讀書單靠眼到，口到，心到，還不夠的；必須還得自己動動手，才有所得。例如：

(1)標點分段，是要動手的。

(2)翻查字典及參考書，是要動手的。

(3)做讀書札記，是要動手的。札記又可分四類：

(a)抄錄備忘。

(b)做提要，節要。

(c)自己記錄心得。張載說：「心中苟有所開，即便札記。不則還塞之矣。」

(d)參考諸書，融會貫通，做有系統的著作。

手到的功用。我常說：發表是吸收智識和思想的絕妙方法。吸收進來的知識思想，無論是看書來的，或是聽講來的，都只是模糊零碎，都算不得我們自己的東西。自己必須做一番手腳，或做提要，或做說明，或做討論自己重新組織過，申敘過，用自己的語言記述過，——那種智識思想方才可算是你自己的了。

我可以舉一個例。你也會說「進化」，他也會談「進化」，但你對於「進化」這個觀念的見解未必是很正確的，未必是很清楚的；也許只是一種「道聽途說」，也許只是一種時髦的口號。這種知識算不得知識，更算不得是「你的」知識。假使你聽了我句話，不服氣，今晚回去就去遍翻各種書籍，仔細研究進化論的科學上的根據；假使你翻了幾天書之後，發憤動手，把你研究所得寫成一篇讀書札記；假使你真動手寫了這麼一篇「我為什麼相信進化論？」的札記，列舉了：

(一)生物學上的證據，(二)比較解剖學上的證據，(三)比較胚胎學上的證據，(四)地質學和古生物學上的證據，（五）考古學上的證據，（六）社會學和人類學上的證據。

到這個時候，你所有關於「進化論」的知識，經過了一番組織安排，經過了自己的去取敘述，這時候這些知識方才可算是你自己的了。所以我說，發表是吸收的利器；又可以說，手到是心到的法門。

至於動手標點，動手翻字典，動手查書，都是極要緊的讀書祕訣，諸位千萬不要輕輕放過。內中自己動手翻書一項尤為要緊。我記得前幾年我曾勸顧頡剛先生標點姚際恆的《古今偽書考》。當初我知道他的生活困難，希望他標點一部書付印，賣幾個錢。那部書是很薄的一本，我以為他一兩個星期就可以標點完了。那知顧先生一去半年，還不曾交卷。原來他於每條引的書，都去翻查原書，仔細校對，註明出處，註明原書卷第，註明刪節之處。他動手半年之後，來對我說，《古今偽書考》不必付印了，他現在要編輯一部疑古的叢書，叫做「辨偽叢刊」。我很贊成他這個計畫，讓他去動手。他動手了一兩年之後，更進步了，又超過那「辨偽叢刊」的計畫了，他要自己創作了。他前年以來，對於中國古史，做了許多辨偽的文字；他眼前的成績早已超過崔述了，更不要說姚際恆了。顧先生將來在中國史學界的貢獻一定不可限量，但我們要知道他成功的最大原因是他的手到的工夫勤而且精。我們可以說，沒有動手不勤快而能讀書的，沒有手不到而能成學者的。

第二要講什麼叫「博」。

什麼書都要讀，就是博。古人說：「開卷有益」，我也主張這個意思，所以說讀書第一要精，第二要博。我們主張「博」有兩個意思：

第一，為預備參考資料計，不可不博。

第二，為做一個有用的人計，不可不博。

在座的人，大多數是戴眼鏡的。諸位為什麼要戴眼鏡？豈不是因為戴了眼鏡，從前看不見的，現在看得見了；從前很小的，現在看得很大了；從前看不分明的，現在看得清楚分明了？王荊公說得最好：

世之不見全經久矣。讀經而已，則不足以知經。故某自百家諸子之書，至於《難經》《素問》《本單》諸小說，無所不讀；農夫女工，無所不問；然後於經為能知其大體而無疑。蓋後世學者與先王之時異矣；不如是，不足以盡聖人故也。……致其知而後讀，以有所去取，故異學不能亂也。唯其不能亂，故能有所去取者，所以明吾道而已。（答曾子固）

他說：「致其知而後讀。」又說：「讀經而已，則不足以知經。」即如《墨子》一書在一百年前，清朝的學者懂得此書還不多。到了近來，有人知道光學，幾何學，力學，工程學……等，一看《墨子》，才知道其中有許多部分是必須用這些科學的知識方才能懂的。後來有人知道了論理學，心理學……等，懂得《墨子》更多了。讀別種書愈多，《墨子》愈懂得多。

所以我們也說，讀一書而已則不足以知一書。多讀書，然後可以專讀一書。譬如讀《詩經》，你若先讀了北大出版的《歌謠週刊》，便覺得《詩經》好懂的多了；你若先讀過社會學，人類學，你懂得更多了；你若先讀過文字學，古音韻學，你懂得更多了；你若讀過考古學，比較宗教學等，你懂得的更多了。

你要想讀佛家唯識宗的書嗎？最好多讀點論理學，心理學，比較宗教學，變態心理學。無論讀什麼書總要多配幾副好眼鏡。

你們記的達爾文研究生物進化的故事嗎？達爾文研究生物演變的現狀，前後凡三十多年，積了無數材料，想不出一個單簡貫串的說明。有一天他無意中讀馬爾圖斯的人口論，忽然大悟生存競爭的原則，於是得著物競天擇的道理，遂成一部破天荒的名著，給後世思想界打開一個新紀元。

也即馬爾薩斯（thomas robert malthus, 1766-1834）：英國人口學家和政治經濟學家，著有《人口原理》。

所以要博學者，只是要加添參考的材料，要使我們讀書時容易得「暗示」；遇著疑難時，東一個暗示，西一個暗示，就不至於呆讀死書了。這叫做「致其知而後讀」。

第二，為做人計。

專工一技一藝的人，只知一樣，除此之外，一無所知。這一類的人，影響於社會很少。好有一比，比一根旗竿，只是一根孤拐，孤單可憐。

又有些人廣泛博覽，而一無所專長，雖可以到處受一班賤人的歡迎，其實也是一種廢物。這一類人，也好有一比，比一張很大的薄紙，禁不起風吹雨打。

在社會上，這兩種人都是沒有什麼大影響，為個人計，也很少樂趣。

理想中的學者，既能博大，又能精深。精深的方面，是他的專門學問。博大的方面，是他的旁搜博覽。博大要幾乎無所不知，精深要幾乎唯他獨尊，無人能及。他用他的專門學問作中心，次及於直接相關的各種學問，次及於間接相關的各種學問，次及於不很相關的各種學問，以次及毫不相關的各種泛覽。這樣的學者，也有一比，比埃及的金字三角塔。那金字塔（據最近《東方雜誌》，第二十二卷第六號，頁一四七）高四百八十英呎，底邊各邊長七百六十四英呎。塔的最高度代表最精深的專門學問；從此點以次遞減，代表那旁收博覽的各種相關或不相關的學問。塔底的面積代表博大的範圍，精深的造詣，博大的同情心。這樣的人，對社會是極有用的人才，對自己也能充分享受人生的趣味。宋儒程顥說的好：

> 須是大其心使開闊：譬如為九層之臺，須大做腳始得。

博學正所以「大其心使開闊」。我曾把這番意思編成兩句粗淺的口號，現在拿出來貢獻給諸位朋友，作為讀書的目標：

為學要如金字塔，要能廣大要能高。

1925年4月18日

為什麼讀書

青年會叫我在未離南方赴北方之前在這裡談談，我很高興，題目是為什麼讀書。現在讀書運動大會開始，青年會揀定了三個演講題目。我看第二題目怎樣讀書很有興味，第三題目讀什麼書更有興味，第一題目無法講，為什麼讀書，連小孩子都知道，講起來很難為情，而且也講不好。所以我今天講這個題目，不免要侵犯其餘兩個題目的範圍，不過我仍舊要為其餘兩位演講的人留一些餘地。現在我就把這個題目來試一下看。我從前也有過一次關於讀書的演講，後來我把那篇演講錄略事修改，編入三集《文存》裡面，那篇文章題目叫做《讀書》，其內容性質較近於第二題目，諸位可以拿來參考。今天我就來試試為什麼讀書這個題目。

從前有一位大哲學家做了一篇《讀書樂》，說到讀書的好處，他說：「書中自有千鐘粟，書中自有黃金屋，書中自有顏如玉。」這意思就是說，讀了書可以做大官，獲厚祿，可以不至於住茅草房子，可以娶得年輕的漂亮太太（臺下哄笑）。諸位聽了笑起來，足見諸位對於這位哲學家所說的話不十分滿意。現在我就講所以要讀書的別的原因。

為什麼要讀書？有三點可以講：第一，因為書是過去已經知道的智識學問和經驗的一種紀錄，我們讀書便是要接受這人類的遺產；第二，為要讀書而讀書，讀了書便可以多讀書；第三，讀書可以幫助我們解決困難，應付環境，並可獲得思想材料的來源。我一踏進青年會的大門，就看見許多關於讀書的標語。為什麼讀書？大概諸位看了這些標語就都已知道了，現在我就把以上三點更詳細的說一說。

第一，因為書是代表人類老祖宗傳給我們的智識的遺產，我們接受了這遺產，以此為基礎，可以繼續發揚光大，更在這基礎之上，建立更高深更偉大的智識。人類之所以與別的動物不同，就是因為人有語言文字，可以把智識傳給別人，又傳至後人，再加以印刷術的發明，許多書報便印了出來。人的腦很大，與猴不同，人能造出語言，後來更進一步而有文字，又能刻木刻字；所以人最大的貢獻就是過去的智識和經驗，使後人可以節省許多腦力。非洲野蠻人在山野中遇見鹿，他們就畫了一個人和一隻鹿以代信，給後面的人叫他們勿追。但是把智識和經驗遺給兒孫有什麼用處呢？這是有用處的，因為這是前人很好的教訓。

現在學校裡各種教科，如物理、化學、歷史，等等，都是根據幾千年來進步的智識編纂成書的，一年、兩年，或者三年，教完一科。自小學、中學，而至大學畢業，這十六年中所受的教育，都是代表我們老祖宗幾千年來得來的智識學問和經驗。所謂進化，就是叫人節省勞力，蜜蜂雖能築巢，能發明，但傳下來就只有這一點智識，沒有繼續去改革改良，以應付環境，沒有做特別進一步的工作。人呢，達不到目的，就再去求進步，而以前人的智識學問和經驗作參考。如果每樣東西，要個個人從頭學起，而不去利用過去的智識，那不是太麻煩嗎？所以人有了這智識的遺產，就可以自己去成家立業，就可以縮短工作，使有餘力做別的事。

第二點稍複雜，就是為讀書而讀書。讀書不是那麼容易的一件事情，不讀書不能讀書，要能讀書才能多讀書。好比戴了眼鏡，小的可以放大，糊塗的可以看得清楚，遠的可以變為近。讀書也要戴眼鏡。眼鏡越好，讀書的了解力也越大。王安石對曾子固說：「讀經而已，則不足以知經。」所以他對於本草、內經、小說，無所不讀，這樣對於經才可以明白一些。王安石說：「致其知而後讀。」

請你們注意，他不說讀書以致知，卻說，先致知而後讀書。讀書固然可以擴充知識，但知識越擴充了，讀書的能力也越大。這便是「為讀書而讀書」的意義。

試舉《詩經》作一個例子。從前的學者把《詩經》看作「美」「刺」的聖書，越講越不通。現在的人應該多預備幾副好眼鏡，人類學的眼鏡、考古學的眼鏡、文法學的眼鏡、文學的眼鏡。眼鏡越多越好，越精越好。例如「野有死麇，白茅包之。有女懷春，吉士誘之」；我們若知道比較民俗學，便可以知道打了野獸送到女子家去求婚，是平常的事。又如「鐘鼓樂之，琴瑟友之」，也不必說什麼文王太姒，只可看作少年男子在女子的門口或窗下奏樂唱和，這也是很平常的事。

再從文法方面來觀察，像《詩經》裡「之子於歸」、「黃鳥於飛」、「鳳凰於飛」的「於」字；此外，《詩經》裡又有幾百個的「維」字，還有許多「助詞」、「語詞」，這些都是有作用而無意義的虛字，但以前的人卻從未注意及此。這些字若不明白，《詩經》便不能懂。再說在《墨子》一書裡，有點光學、力學；又有點經濟學。但你要懂得光學，才能懂得墨子所說的光；你要懂得各種智識，才能懂得《墨子》裡一些最難懂的文句。總之，讀書是為了要讀書，多讀書更可以讀書。最大的毛病就在怕讀書，怕讀難書。越難讀的書我們越要征服它們，把它們作為我們的奴隸或嚮導，我們才能夠打倒難書，這才是我們的「讀書樂」。若是我們有了基本的科學知識，那末，我們在讀書時便能左右逢源。我再說一遍，讀書的目的在於讀書，要讀書越多才可以讀書越多。

第三點，讀書可以幫助解決困難，應付環境，供給思想材料。知識是思想材料的來源。思想可分作五步。思想的起源是大的疑問。吃飯拉屎不用想，但逢著三叉路口，十字街頭那樣的環境，就發生困難了。走東或走西，這樣做或是那樣做，有了困難，才有思想。第二步要把問題弄清，究竟困難在那一點上。第三步才想到如何解決，這一步，俗話叫做出主意。但主意太多，都採用也不行，必須要挑選。但主意太少，或者竟全無主意，那就更沒有辦法了。第四步就是要選擇一個假定的解決方法。要想到這一個方法能不能解決。若不能，那末，就換一個；若能，就行了。這好比開鎖，這一個鑰匙開不開，就換一個；假定是可以開的，那末，問題就解決了。第五步就是證實。凡是有條理的思想都要經過這步，或是逃不了這五個階段。科學家要解決問題，偵探要偵探案件，多經過這五步。

這五步之中，第三步是最重要的關鍵。問題當前，全靠有主意（ideas）。主意從哪兒來呢？從學問經驗中來。沒有智識的人，見了問題，兩眼白瞪瞪，抓耳撓腮，一個主意都不來。學問豐富的人，見著困難問題，東一個主意，西一個主意，擠上來，湧上來，請求你錄用。讀書是過去智識學問經驗的紀錄，而智識學問經驗就是要用在這時候，所謂養軍千日，用在一朝。否則，學問一些都沒有，遇到困難就要糊塗起來。例如達爾文把生物變遷現象研究了幾十年，卻想不出一個原則去整統他的材料。後來無意中看到馬爾薩斯的人口論，說人口是按照幾何學級數一倍一倍的增加，糧食是按照數學級數增加，達爾文研究了這原則，忽然觸機，就把這原則應用到生物學上去，創了物競天擇的學說。讀了經濟學的書，可以得著一個解決生物學上的困難問題，這便是讀書的功用。古人說：「開卷有益」，正是此意。讀書不是單為文憑功名，只因為書中可以供給學問知識，可以幫助我們解決困難，可以幫助我們思想。又譬如從前的人以為地球是世界的中心，後來天文學家科白尼卻主張太陽是世界的中心，繞著地球而行。

據羅素說，科白尼所以這樣的解說，是因為希臘人已經講過這句話；假使希臘沒有這句話，恐怕更不容易有人敢說這句話吧。這也是讀書的好處。有一家書店印了一部舊小說叫做《醒世姻緣》，要我作序。這部書是西周生所著的，印好後在我家藏了六年，我還不曾考出西周生是誰。這部小說講到婚煙問題，其內容是這樣：有個好老婆，不知何故，後來忽然變壞，作者沒有提及解決方法，也沒有想到可以離婚，只說是前世作孽，因為在前世男虐待女，女就投生換樣子，壓迫者變為被壓迫者。這種前世作孽，起先相愛，後來忽變的故事，我彷彿什麼地方看見過。後來忽然想起《聊齋》一書中有一篇和這相類似的筆記，也是說到一個女子，起先怎樣愛著她的丈夫，後來怎樣變為凶太太，便想到這部小說大約是蒲留仙或是蒲留仙的朋友做的。去年我看到一本雜記，也說是蒲留仙做的，不過沒有多大證據。今年我在北京，才找到了證據。這一件事可以解釋剛才我所說的第二點，就是讀書可以幫助讀書，同時也可以解釋第三點，就是讀書可以供給出主意的來源。當初若是沒有主意，到了逢著困難時便要手足無措，所以讀書可以解決問題，就是軍事、政治、財政、思想等問題，也都可以解決，這就是讀書的用處。

也即哥白尼。

我有一位朋友，有一次傍著燈看小說，洋燈裝有油，但是不亮，因為燈芯短了。於是他想到《伊索寓言》裡有一篇故事，說是一隻老鴉要喝瓶中的水，因為瓶太小，得不到水，牠就銜石投瓶中，水乃上來。這位朋友是懂得化學的，於是加水於燈中，油乃碰到燈芯。這是看《伊索寓言》給他看小說的幫助。讀書好像用兵，養兵求其能用，否則即使坐擁十萬二十萬的大兵也沒有用處，難道只好等他們「兵變」嗎？

至於「讀什麼書」，下次陳鐘凡先生要講演，今天我也附帶的講一講。我從五歲造成了四十歲，讀了三十五年的書。我可以很減懇的說，中國舊籍是經不起讀的。中國有五千年文化，「四部」的書已是汗牛充棟。究竟有幾部書應該讀，我也曾經想過。其中有條理有系統的精心結構之作，二千五百年以來恐怕只有半打。「集」是雜貨店，「史」和「子」還是雜貨店。至於「經」，也只是雜貨店，講到內容，可以說沒有一些東西可以給我們改進道德增進智識的幫助的。中國書不夠讀，我們要另開生路，辟殖民地，這條生路，就是每一個少年人必須至少要精通一種外國文字。讀外國語要讀到有樂而無苦，能做到這地步，書中便有無窮樂趣。希望大家不要怕讀書，起初的確要查閱字典，但假使能下一年苦功，繼續不斷做去，那末，在一二年中定可開闢一個樂園，還只怕求知的慾望太大，來不及讀呢。我總算是老大哥，今天我就根據我過去三十五年讀書的經驗，給你們這一個臨別的忠告。

1930 年 11 月

讀書的習慣重於方法

讀書會進行的步驟，也可以說是採取的方式大概不外三種：

第一種是大家共同選定一本書本讀，然後互相交換自己的心得及感想。

第二種是由下往上的自動方式，就是先由會員共同選定某一個專題，限定範圍，再由指導者按此範圍擬定詳細節目，指定參考書籍。每人須於一定期限內做成報告。

第三種是先由導師擬定許多題目，再由務會員任意選定。研究完畢後寫成報告。

至於讀書的方法我已經講了十多年，不過在目前我覺到讀書全憑先養成好讀書的習慣。讀書無捷徑，是沒有什麼簡便省力的方法可言的。讀書的習慣可分為三點：一是勤，二是慎，三是謙。

勤苦耐勞是成功的基礎，做學問更不能欺己欺人，所以非勤不可。其次謹慎小心也是很需要的，清代的漢學家著名的如高郵王氏父子，段茂堂等的成功，都是遇事不肯輕易放過，旁人看不見的自己便可看見了。如今的放大幾千萬倍的顯微鏡，也不過想把從前看不見的東西現在都看見罷了。謙就是態度的謙虛，自己萬不可先存一點成見，總要不分地域門戶，一概虛心的加以考察後，再決定取捨。這三點都是很要緊的。

其次還有個買書的習慣也是必要的，閒時可多往書攤上逛逛，無論什麼書都要去摸一摸，你的興趣就是憑你伸手亂摸後才知道的。圖書館裡雖有許多的書供你參考，然而這是不夠的。因為你想往上圈畫一下都不能。更不能隨便的批寫。所以至少像對於自己所學的有關的幾本必備書籍，無論如何，就是少買一雙皮鞋，這些書是非買不可的。

青年人要讀書，不必先談方法，要緊的是先養成好讀書，好買書的習慣。

1935年5月

治學方法

在這樣的熱天，承諸位特別跑到這裡來聽我講話，我是覺得非常感激。青年會的幾位先生，特地組織這一個青年讀書互助會，並且發起一個演講周，亦非常值得讚賞。在我個人，以為能夠幾個青年，互助的團結起來，組織讀書會，或者一人讀一本書，拿心得貢獻給其他的會員，或者幾個人讀一本書，將大家所得到的結果提出來互相討論，都是非常之好，非常之好的。可是請幾個人來講演，以為這樣就達到了讀書會的目的，做到了讀書的目的，卻是未必的。就是讀書會的目的，而且這題目也空泛得無人可講。我們知道，各種學問，都有他治學的方法，比如天文、地理、醫學、社會科學，各有各的治學方法，而我居然說「治學方法」，包括得如此其廣，要講起來那就是發瘋，誇大狂。但是學問的種類雖是如此其多，貫於其中的一個「基本方法」，卻是普遍的，這個「基本方法」，也可以說是，或者毋寧說是方法的習慣，是共同的是普遍的。歷史上無數在天文學上、在哲學上、在社會科學上，凡是有大成就的，都是因為有方法的習慣。

三百年以前，培根說了句很聰明的話，他說，世上治學的人可分為三種：那就是，第一蜘蛛式的，是靠自己肚子裡分泌出絲來，把網做得很美很漂亮，也很有經緯，下點雨的時候，網上掛著雨絲，從側面看過去，那種斜光也是很美。但是雖然好，那點學問卻只是從他自己的肚子造出來的。第二種是螞蟻式的，只知道集聚，這裡有一顆米，把三三兩兩的抬了去，死了一個蒼蠅，也把牠抬了去，在地洞裡堆起很多東西，能消化不消化卻不管，有用沒有用也是不管，這是勤力而理解不足。第三種是蜜蜂式的，這種最高。蜜蜂采了花去，更加上一度製造，取其精華而去其糟粕，是經過改造製造出新的成績的。孔子說過，學而不思則罔，思而不學則殆。蜜蜂的方法，是又學又思，是理想的治學方法。

一個人有天才，自然能夠使他的事業得到成功，然而有天才的人，卻很少很少。天才不夠的人，如果能用功，有方法的訓練，雖然不敢說能夠趕得上天才一樣的成就大，而代替天才一部分，卻是可以說的。至於那些各種科學的大偉人，那差不多天才與功力相併相輔，是千萬人中之一人。

現在說到本題治學，第一步，我們所需要的是工具，種田要種田的工具，做工要做工的工具，打仗要有武器，也是工具。先要把工具弄好，才能開步走。治學最重要的工具就是自己的能力。基本能力，本國的語言文字，我們可以得到本國所有的東西，外國的語言文字，我們可以從中得到外國的智識，得到過去所集聚下來的東西，完全要靠這一方面。其他就是基本智識，從中學到大學，給了我們的都是這東西，這是一把總的鑰匙，儘管我們不熟練於證一個幾何三角，儘管我們不能知道物理、化學各個細則，但是我們要在必需應用到的時候能夠拿來用，能夠對這些有理解。再其次就是設備。無論是賣田、賣地、賣首飾，我們總要把最基本的設備弄齊全，一些應用的辭典、表冊、目錄，是必需的。同時，治學的人差不多是窮士居多，很多的書不能都買全，所以就要知道我們周圍的，代替我們設備的有些什麼。比如北平的圖書館，那裡邊有些什麼書能夠被我們所應用，比方說·協和醫校製備些什麼專門的書籍，以及某家藏有某種不易得到的祕典，某處有著某種我所需要的設備，這些這些，我們都要看清楚。

第二步就是習慣的養成。這可以分四點來講：第一是不要懶。無論是工作也好，種田也好，都不要懶，懶是最要不得的，學問更其如此。多用眼，不要拿人家的眼當自己的眼，多用手，耳，甚至多用自己的腳，在需要的時候，就要自己去跑一趟，必須要用自己的眼看過，自己的耳聽過，自己的手摸過，甚至自己的腳走到過，這樣才能稱是自己的東西，才真是自己得來的。如果你要懶，那就要大懶，不要小懶，那意思就是一勞永逸。說我實在懶得不得了，字典又是這樣的不好查，那我就自己去做一部字典出來，那以後就可貫徹你的懶，字典拿起來，一翻就翻著。有種種的發明的人，不是大不懶就是大懶。比方說佛教是什麼，你必須自己去翻過書，比方說我今天要跑到這裡來講講辨證法是什麼，那你一定用眼、手、腳，把問題弄清楚，做提要做札記，這樣即使你是錯誤的，然而這是你的，不是別人的。

第二是不苟且，上海人所謂不拆爛汙。我們要一個不放過，一句不放過，一點一畫不放過，在數學上一個「〇」也不放過。光是會用手，用腳，那是毛手毛腳沒有用，勤要勤得好，不要勤得沒有用。如果我有權，能夠命令諸位一定讀那本書，我就要諸位讀《巴斯德傳》，他就是不苟且，他就是注意極小極小百萬分、千萬分之一的東西。一罈酒壞了，巴斯德找出了原因，是一點點小的黴菌的侵入。一次，蠶忽然都得了病，差不多就損失到二萬萬佛郎，那原因就是在於一點點的百萬分千萬分之一的一個小黃點，那是要用顯微鏡才能看得出來的，後來找著了病，又〔費〕了幾年之力，又找著了他的治法。那就是蠶吐了絲之後，變蛹、變蛾，然後蛾再生卵，就用這個蛾釘起來，弄乾，拿顯微鏡照，如果蛾的身上發現了那種極小極小的黃點，那這個蛾所產的卵都把它燒了，就用了這個方法，省去了無數的不必要的損失，這就是一點不放過，一點不放過才能找出病源，這是正確，這是細膩。

第三點就是不要輕於相信人家。「先小人而後君子」。所謂「三個不相信出個大聖人」。我對這話非常佩服。所謂「打破砂鍋問到底」。都是告訴我們要懷疑，不要太迷信了自己的手眼，要相信比我們手眼精確到一百萬倍、一千萬倍的顯微鏡望遠鏡，不要輕於相信馬克思、列寧，不要相信蔡元培，或者相信一個胡適之，無論有怎樣大的名望的人，也許有錯。為什麼人家說六月六洗澡特別好，當鋪裡也要在六月六晒衣服，為什麼?我們不要輕於相信有許多在我們腦子裡的知識。許多小孩子時代，由母親、哥哥、姐姐，甚至老媽子、洋車伕告訴給我們的，或者是學堂裡的老師。阿毛、阿狗告訴你的不一定對，王媽、李媽也不一定對，周老師、陳老師說的話也許有錯，我們說「拿證據來」！鬼，我們自然不相信了，但是許多可信程度與鬼差不多的，我們還在相信，這不好。「三個不相信，出個大聖人」！這是謙卑，自以為滿足了，那就不需要了，也就沒有進步了。我們要有無窮盡的求知慾，要有無窮盡的虛。什麼是虛？就是有空的地方，讓新的東西進去。總上所說，習慣養成的大概就是如此。有了習慣的養成，才能去做學問。

我們普遍都知道的有什麼歸納法、演繹法，歸納是靠現成的材料把它集合起來，而演繹法則是由具體的事物推測到的新的結果。打個比方，今天，我們在團體和大禮堂講演，就拿治病來說，某病用某藥，某病用某藥，都是清清楚楚。但為什麼這就是猩紅熱，而不是虎列拉，不是瘧疾，那就是因為我們知道病理生理，那我們就可以知道某部分損害了，就可以得出某種結果，就可以從舊的智識裡得出新的結論。要做到這步，必須要有廣博的智識。古人說，開卷有益。古人留下來的一些現成東西我們為什麼不去求？不僅是自己本行內的智識要去求，即是不與本行相關的也要去求。王荊公說：「致其知而後識。」所以要博。墨子、老子的書，從前有些不能懂，到了嘉慶年間算學的傳人知道裡邊也有算學，隨後光學、力學傳人，再以後邏輯學、經濟學傳人，才知道《墨子》裡面也有光學，也有力學，以及邏輯學、經濟學。越是知道得多，了解一個事物一個問題越深。頭腦簡單的人，拿起一個問題很好解決，比方說社會不好，那乾脆來個革命，容易得很，等到知道得多一點，他解決的方法也就來得精密。

巴斯德，他是學有機化學，發明黴菌，研究得深了，那這一學問就牽涉到一切的學問上去，和生理學、地質學等等都可以發生關係。因為他博，所以蠶病了他可以治，酒酸了或醋不酸了，他也可以治，其實他並沒有研究過蠶酒學，動物學家也許不能治他能治。據說牛頓發明「萬有引力」，是因為見到蘋果掉在地上，我們也都看見過蘋果落在地上，可是我們沒有發明「萬有引力」。巴斯德說過（講學問我總喜歡說到巴斯德）：「在考查研究範圍之內，機會，幫助有準備的心。」牛頓的心是有準備的，我們則沒有準備。從前我看察爾斯的《世界史綱》，覺得內容太博，這裡一個定理，那裡一個證明，抓來就能應用，真是左右逢源，俯拾即是。其次，我們就要追求問題。一些有創造有發明的人，都是從追求問題而來。如果諸位說先生不給問題，你們要打倒先生，學校裡沒有設備供你們解決問題，你們要打倒學校。這是千對萬對，我是非常贊成，就是因為追求問題是千對萬對。我舉一個例，有一天我上廬山，領了一個小孩子，那小孩有七八歲。當時我帶了一副骨牌，三十二張的骨牌，預備過五關消遣。

那小孩就拿骨牌在那裡接龍，他告訴我把三十二張骨牌接起來，一定一頭是二，一頭是五。我問他試過幾回，他說試過幾回，我一試，居然也如此，這就是能提出問題。宇宙間的問題，多得很，只要能提出問題，終究就能得到結果。自然骨牌的問題是很好解決，就是牌裡面只有二頭與五頭是單數，其他都是雙數。問題發生，就得到新的發現，新的智識。有一次我給學生考邏輯學，我說，我只考你們一個問題，把過去你們以自己的經驗解決了問題的一件事告訴我。其中一個答得很有意思。他晚上看小說，煤油燈忽然滅了，但是燈裡面還有油，原因是燈帶短吸不起油。這怎麼辦呢，小說不能看完。如果燈底下放兩個銅子墊起來，煤油也仍是不會上來的。他後來忽然想起從前學校裡講過煤油是比水輕，所以他就在裡邊灌上水，油跑到上面，燈帶吸著油，小說看完了。這就是從實際裡提出問題得到的新學問。所以無論是學工業、學農業、學經濟，第一就是提出問題，第二就是提出許多假定的解決，第三就是提出假定解決人（甲、乙、丙），最後求得證實。如果你不能從舊的裡面得出新的東西來，以前所學即是無用。所謂「養兵千日用在一朝」，就如我說煤油燈這一個故事。

最後還要說一點，書本子的路，我現在覺得是走不通了，那只能給少數的人，做文學，做歷史用的，我們現在所缺的，是動手。報紙上宣傳著學校裡要取消文科、法科，那不過是紙上談兵，事實上辦不到，如果能夠辦到，我是非常贊成，我們寧可能夠打釘打鐵。目不識丁，不要緊，只是在書堆裡鑽，在紙堆裡鑽，就只能作作像。我胡適之這樣的考據家，一點用沒有。中國學問並不是比外國人差，其實也很精密，可是中國的顧亭林等學者在那裡考證音韻，為了考證古時這個字，讀這個音不是讀那個音，不惜舉上一百六十七個例！可是外國牛頓，他們都在注意蘋果掉地，在發明望遠鏡、顯微鏡，看天看地，看大看到無窮，看小也看到無窮，能和宇宙間的事物混作一片，那才是做學問的真方法。

到這裡差不多講完了。在上面我舉了培根所說的三個畜生，這裡我再加上一對畜生，來比方治學的方法。你們都知道龜兔賽跑的故事，兔子雖然有天才，卻不能像烏龜那樣拚命的爬，所以達到目的的是烏龜而不兔子。治學的方法也是如此，寧可我們沒有天才拚命的努力，不可自恃天才去睡一大覺，寧可我們做烏龜，卻不可去當兔子。所以我們的口號是：「兔子學不得，烏龜可學也！」自然最好是能夠龜兔合而為一。

1932 年 7 月 9 日

科學精神與科學方法

……我將這次的講演看的很重，主要的是這個題目太大，尤其是這兩個大的學術機構出這樣大的一個題目。所以我從昨天晚上十點鐘起，到今天上午六點鐘，都在想這個講演如何的講法？直到六點半鐘才睡覺，八點半鐘就起來了。……

這樣大的一個題目我從前講過好幾次，今天我本想換換方式和新的材料來講，但是，正如中國的一個古話；「老狗教不出新把戲。」所以，我講來講去，是那一些老話。「科學精神」我拿「拿證據來」四個字來講，「科學方法」我拿「大膽的假設，小心的求證」十個字來講，一共拿十四個字來講「科學精神與科學方法」。這十四個字我想了好久。現在先講科學精神。

「科學精神」的四個字就是「拿證據來」。《中庸》上有句話說：「無徵則不信。」把這句話翻成白話，就是「拿證據來」，也就是說，給我證據我就相信，沒有證據我就不相信。

英國有一位科學家赫胥黎（huxley），他曾說過一句話，就是「必須要嚴格的不信任一切沒有充分證據的東西。」赫胥黎說：「我年紀越大，越分明認得人生最神聖的舉動，就是口裡說出和心裡覺得我相信這件事是真的。人生最大的報酬和最重的懲罰，都是跟著這句話來的。」近來我的年紀越大，也越覺得赫胥黎這句話非常有意義。正因為赫胥黎說的「我相信什麼」和「我不相信什麼」是人生最神聖的舉動，所以，我們更可以知道，我們的信仰是必須建築在充分的證據上的。

有許多人說，科學的精神是尋求真理。這句話雖然對，但太廣泛，沒有「拿證據來」四個字來得簡單扼要。所謂求真理，在《約翰福音》裡曾講過，當耶穌被一批人將他抓起來送到羅馬總督彼拉多的面前時，彼拉多詢問耶穌，耶穌說他是給真理作見證。彼拉多說：「真理是什麼？」什麼是真理？這正如你說科學的精神是尋求真理。人家也會問你真理是什麼？這個問題，就很難答覆。所以還是用「拿證據來」這一句話比較適當。所謂尋求真理，如果我們把範圍縮小一點，尋求真理這個問題，就成了我們應該相信什麼？什麼是我們應該相信的，什麼是我們不應該相信的。關於這一問題的答案，我們可以分消極和積極兩方面說。消極方面的說法，就是「無徵則不信」，要嚴格的不信任一切沒有充分證據的東西。換句話說，就是沒有充分證據，我們就不信。積極方面的說法，就是要拿出證據來，要跟著證據走，不論他帶我們到什麼危險可怕的地方去，我們也要去。這是一種科學的理論，也是我們當今處世與求學的一種常識的態度。

我的老師杜威先生說過一每話：「當真理和信仰動搖的時候，形式的論理學（logic）才有用處。」在我們中國講論理學的，要算墨子。墨家的根本是一個尊天祀鬼的宗教，他相信天和鬼，用三表法來做標準。各位看看《墨子》的《非命篇》就可以知道，至於印度的論理學，它是相信咒語，但都無大用處，不如「拿證據來」四個字來得有用處。

我們家鄉有句話：「打破砂鍋紋到底」（現在大家把「紋」字改作「問」字，這是用同音的字作戲語的。英文裡的 pun 字，就是雙關的意思，崔東壁的著作中曾經提起過。）和「三個不信，跌個不倒跟」。「打破砂鍋問到底」這句話的意思，就是處處要問到底，處處要找證據，證據不夠時還要再找的意思。「三個不信，跌個不倒跟」這句話，我想把它改幾個字，成為「三個不相信，可以做學問」。我可以舉一個具體的例子：

前些時候，報上登了大陸死了一個很有名的佛教大和尚，他死的時候，一百二十多歲。一個人活了一百二十多歲，並不是絕對不可能的事，但這個和尚生前曾有一本《年譜》，詳細記載他一生的事跡。《年譜》裡他俗姓蕭，他的父親名叫玉堂，做過福建三府的知府。這位大和尚出生時，他父親正做某一府的知府，他就生在知府衙門裡。他三歲時，父親調某府知府；他五六歲時，父親又調某府知府。這些話是很容易考據的。在他所說的這三府的《府志》，我曾查了兩府。這兩《府志》對那大和尚所說的他父親在任的年代都有明白的記載，但知府的姓名中並沒有姓蕭名玉堂的。因此，我就不敢相信這大和尚真是活了一百二十多歲。

這只不過舉個例說明：要人相信，就「拿證據來」的科學精神而已。

至於科學方法，我只講十個字，那就是「大膽的假設，小心的求證」。這兩句話合起來是一個口號，一個標語，一個縮寫。我把許多很複雜的問題，給他縮寫成這十個大字。

在美國有一位很有地位的科學家，哈佛大學前任校長康納脫（dr · james b · conant）博士，他是有名的化學家。他在第二次世界大戰期內，負了很重要的科學發展責任。他在十多年來寫了兩本書：一本是《論懂得科學》（*on understanding science*），一九四七年出版；另一本是《科學與常識》（*science and common sense*），一九五一年出版。這兩本書都是用十七、十八兩世紀的科學史來說明科學的性質的。他又和哈佛的一班科學教授編纂了一套《哈佛大學的實驗科學的專案史料》，這套書現在已經出了八冊。這八冊書，第一冊是說氣體學，第二冊是說火素理論的推翻。康納脫博士不但在他所著的那兩本書中都說他不相信有某個方法可以叫做「科學方法」。同時在這一套《實驗科學的專案史料》中，他所做的《總序》裡，還特別指出：「研究這些專案史料」，就可以明白，並沒有「科學方法」這個東西。他說科學的進展，是從無數事實裡演變出來的。這些事實，一面是從實用的技術呈現出來的，一面是科學家的實驗與觀察發現的；所以沒有某一種概念系統，也沒有某一套規律可以指出下一步進展如何產生的。

但是我看了康納脫兩部書和這些之後，深深感覺奇怪。覺得康納脫所舉的科學實例，幾乎沒有一個例子不是說明所謂「科學的方法」的。康納脫在他的《科學與常識》裡有段話說：

照我解釋科學的發展史，十七世紀裡忽然產生一種大活動，當時人叫做「新哲學」或「實驗哲學」，只是思想上與行動上三個潮流的匯合的結果。這三個潮流是：（一）一些玄想的普通觀念；（二）演繹的推理；（三）老老實實的實驗。

康納脫所說的三個潮流，就是我剛才講的兩個縮短的標語，——大膽的假設，小心的求證。康納脫所講的玄想，就是假設，不管大膽的假設，小膽的假設，無膽的假設，對的假設，錯的假設，都是玄想的理論；演繹的推理，和老老實實的實驗，就是「小心的求證」。求證必須從假設裡演繹出來。譬如說，假設有三個，你就必須用演繹的想法，去推想它的結果。如果第一個假設是對的，那麼這個裡面應該有a、b、c三種結果，或者a、b兩種結果，或者a、b、c、d四種結果，把某一個假設所包含應該的結果都想出來，然後再作實驗求證。如果第二個假設是對的，那麼應該產生甲、乙、丙三種，或者甲、乙兩種，或者甲、乙、丙、丁四種的結果。如果第三種假設是對的，同樣產生一、二、三或一、二或一、二、三、四種結果，把結果想出來以後，看看能不能解決你所要解決的困難。所謂實驗科學，就是這個意思。康納脫先生所講的三步驟，也都是有方法的。他的意思是說，近代三百年科學歷史，是亂得很，有的是錯誤的。這種錯誤也是屬於假設的一種，因為假設可以錯誤，所以必須要小心的求證。我剛剛舉的十個字——「大膽的假設，小心的求證」，不一定把康納脫先生高舉起來做我的同道，我只是舉他的例子，可以說沒有一條不可以用我所講的「大膽的假設，小心的求證」來解釋的。假設不妨大膽，而求證就要特別小心。

康納脫先生講到化學革命。在十八世紀晚期，有一位了不得的科學大家，就是發現氧氣的拉瓦西埃。他首先打倒火烴老的假設，而建設了一個新的假設。在空氣裡很重要的成分，一個是氮氣，還有一個就是氧氣。沒有氧氣，我們的呼吸就要出毛病了，我們的生物、植物、動物就不能生存，火也燒不起來。當時幾個大科學家都沒有敢提出這個大膽的假設。從前我們中國道士煉金丹，是用硃砂來煉製的，因為硃砂是水銀與氧的化合物。拉瓦西埃利用放大鏡把太陽光的熱能集中在硃砂上，把硃砂燒熱，一部分變成水銀，一部分剛將氧氣還原。他用許許多多的試品，種種方法證明，來規定他的性質。

拉瓦西埃可以說是化學的大祖師，不幸得很，在法國大革命之後，恐怖時期，死在斷頭臺上。這是科學家在亂世時代的犧牲者。再舉一個例：十九世紀下半葉，即在一八九二年，我只有一歲，那時我正在臺灣，有一位英國化學家羅普萊利，從事於各種氧氣密度的實驗工作。當時已經有很精密的儀器，精密的程度可以到萬分之一。羅普萊利發現在空氣裡，把氧氣趕掉，再用各種方法提出氮氣，其中有一種方法比其他方法提制密度至少有一千分之一的差別。於是他寫信給化學學會，請他們幫忙找出答案。以後屢次實驗，又發現密度比以前還多，有二百分之一。後來英國有一位有名的化學家藍姍西，他用更精密的儀器把氮氣趕走，還剩下所謂二百分之一的第三種氣體，叫做氬氣。以上舉的例子，說明要戰戰兢兢的小心去求證。

科學大概可以分為兩大類，一類是歷史科學，一類是實驗科學。歷史科學同樣也要求證，但他的證據是一去不返的。實驗科學是先要有假設，然後根據假設來推想，再在推想之下產生結果。無論對歷史科學也好，對實驗科學也好，總之，第一步必須要提問題，第二步把問題的中心和重點指出，第三步去假設，第四步用演繹的方法把假設某種結果推想出來，第五步去找證據或從實驗中來證實它，這就是科學的方法，也就是「大膽的假設，小心的求證」。……

1959年11月29日

中學生的修養與擇業

剛才吳縣長報告了五十八年前我在此地的一段歷史——我在三歲至四歲間，隨先人在臺東州住過一年多，在臺南住過十個月——要我把臺東看作第二家鄉；昨天臺南市市長也向臺南市市民介紹我是臺南人；這番盛意，我非常感謝！吳縣長預備在這裡要做紀念我先人的舉動，實在不敢當。明天舉行縣議員選舉，我將以不是候選人也不是選舉人，冒充同鄉，到各投票所去參觀。

今天我看到了吳縣長老太太，看到了她，我非常感動，她可算臺東年齡最高的了，她與先母年齡相當，先母如在世，已經有七十九歲了。

我到這裡不久，與縣長、教育科長、校長等幾位談話，知道了臺東的教育是在異常困難的情況下來推進的，我非常敬佩他們艱苦不移、緊守崗位的堅毅意志。本來教育廳陳雪屏廳長預備與我們同來的，因臺北有事，臨時由臺南趕回去了。不過教育廳還有一位視察楊日旭先生是同來的，我已經特地要他到各校去視察，並將視察結果報告教育廳，以使省府對臺東的教育情形有所了解。

今天我應該講些什麼？事先曾請教吳縣長、師範劉校長和同來的幾位朋友，他們以今天到場的大多數是青年朋友們，也有青年朋友們的父兄，因此要我講講中等教育的東西。同時，我到過的地方，許多朋友常常問我中學生應注重什麼？中學畢業後，升學的應該怎樣選科？到社會裡去的應該怎樣擇業？我是不懂教育的，不過年紀大些，並且自己也是經過中學大學出來的，同時看到朋友們與我們自己的子弟經過中學，得到一點認識，願意將自己的認識提出來供大家參考，今天講的題目，就是：「中學生的修養與中學生的擇業」。

中學生的修養應注重兩點：

一、工具的求得。中學生大概是從十二歲的幼年到十八歲的青年，這個時期是決定他將來最重要的一個時期。求知識與做人、做事的工具，要在這個時期求得。古人說：「工欲善其事，必先利其器」，中學生要將來有成就，便應該注意到「求工具」——學業上、事業上，求知識上所需要的工具。求工具的目標有二：一是中學畢業後無力升學要到社會裡去就業；一是繼續升學。

第一種工具是語言文字。不論就業升學，以我個人的經驗和觀察所得，語言文字是最需要的工具。在中學裡不僅應該學好本國的語言文字，最好能多學一二種外國的語言文字。它是就業升學的鑰匙，能為我們打開知識的門。多學得一種語言，等於辟開一個新的花園、新的世界。語言文字，可以說是中學時期應該求得的工具當中非常重要的了。在中學時期如果沒有打好語言文字的基礎，以後作學問非常的困難。而且過了這個時期，很少能夠把語言文字弄好的。

第二種工具是科學的基本知識。許多人都說學了數學，將來沒有什麼用處，這是錯誤的。數學是自然科學重要的鑰匙，如果不能把這個重要的鑰匙——數學，與物理學、化學、生物學、礦物學、植物學等，在中學時期學好，則不能求得新的知識。所以中學時期最重要的，是把這些基本知識弄好。

青年們在學校裡對於各種基本科學，不能當它是功課，是學校課程裡面需要的功課，應該把它當成求知識、做學問、做人的工具，必不可少的工具。拿工具這個觀念來看課程，課程便活了。拿工具這個觀念來批評課程，可以得到一個標準。首先看看哪些功課夠得上作工具，並分出哪些功課是求知識做學問的工具，哪些功課是做人的工具。哪些功課是重要，哪些功課是次要。同時拿工具這個觀念來督促自己，來分別輕重緩急。先生的教法，也可以拿工具這個觀念來衡量，哪種教法是死的笨的，請先生改良，哪些應該特別注重，請先生注意。我這個話，不是叫學生對先生造反，而是請先生以工具來教，不要死板的照課本講，這樣推動先生，可以使得先生從沒有精神提起精神，不是造反而是教學相長，不把功課當作功課看，把它當作必須的工具看。拿工具的觀念看功課，功課便是活的。這一點也可以說是中學生治學的方法。

二、良好習慣的養成。良好習慣的養成，即普通所謂的人品教育，品性人格的陶冶。教育學家心理學家都告訴我們說：人品性格是習慣的養成，好的品格是好的習慣的養成。中學生是定型的階段，中學生時期與其注重治學方法，毋寧提倡良好習慣的養成。一個人的壞習慣在中學還可糾正，假使在中學裡不能養成良好的習慣，這個人的前途便算完了，在大學裡不會是個好學生，在社會裡不會是個有用的人才。我願在這裡提醒青年學生們的注意，也請學生的父兄教師們注意。

我們的國家以前專注重文字教育，讀書人的指甲蓄得很長，手臉都是白白的，行動是文縐縐的，讀書可以從「學而時習之」背誦起，寫文章搖搖擺擺地會寫出許多好聽的詞句來，可是他們是無用的，不能動手，也不能動腳，連桌凳有一點壞了，也不能拿起斧頭釘子來修理。這種只能背書寫文章的讀書人就是沒有養成良好的習慣——動手動腳的習慣。

我在臺灣大學講「治學方法」時，講到一個故事：宋時有一新進士請教老前輩做官的祕訣，老前輩告訴他四個字：「勤謹和緩」。這四個字，大家稱為做官祕訣，我把它看作做人、做事、做學問的祕訣。簡單的分別說：

勤，就是不偷懶，不走捷徑，要切切實實，辛辛苦苦的去做。要用眼睛的用眼睛，用手的用手，用腳的用腳，先生叫你找材料，你就到應該到的地方去找。叫你找標本，你就到田野，到樹林裡去找。無論在實驗室裡，自然界裡，都不要偷懶，一點一滴的去做。

謹，就是謹慎，不粗心，不苟且。以江浙的俗話來說，不拆爛汙。寫字，一點、一橫都不放過。寫外國字，i的一點，t的一橫，也一樣的不放過。做數學，一個圈，一個小數點都不可苟且。不要以為這是小事情，做事關係天下的大事，做學問關係成敗，所以細心謹慎，是必須要養成的習慣。

和，就是不要發脾氣，不要武斷。要虛心，要和和平平。什麼叫做虛心？腦筋不存成見，不以成見來觀察事，不以成見來對待人。就做學問來說：要以心平氣和的態度來學化學、數學、歷史、地理，並以心平氣和的態度來學語文。無論對事、對人、對物、對問題、對真理，完全是虛心的，這叫做和。

緩，這個字很重要。緩的意思不要忙，不輕易下一個結論。如果沒有緩的習慣，前面三個字都不容易做到。譬如找證據，這是很難的工作，如果要幾點鐘繳卷，就不能做到勤的功夫。忙於完成，證據不夠，不管它了，這樣就不能做到謹的功夫。匆匆忙忙的去做，當然不能做到和的功夫。所以證據不夠，應該懸而不斷，就是姑且掛在那裡。懸而不斷，並不是叫你擱下來不管，是要你勤，要你謹，要你和。緩，就是南方人說的「涼涼去吧」。緩的意思，是要等著找到了充分的證據，然後根據事實來下判斷。無論做學問、做事、做官、做議員，都是一樣的。大家知道治花柳病的名藥「606」吧？什麼叫「606」呢？經過六百零六次的試驗才成功的。

「九一四」則試驗了九百一十四次。達爾文的生物進化論認為，動植物的生存進化與環境有絕大的關係，也費了三十年的工夫，到四海去蒐集標本和研究，並與朋友們往復討論。朋友們都勸他發表，他仍然不肯。後來英國皇家學會收到另一位科學家華萊士的論文，其結論與達爾文的一樣，朋友們才逼著達爾文把研究的結論公布，並提出與朋友們討論的信件，來證明他早巳獲得結論，於是皇家學會才決定同華萊士的論文同時發表。達爾文這種持重的態度，不是缺點，是美德，這也是科學史上勤、謹、和、緩的實例。值得我們去想想，作為榜樣，尤其青年學生們要在中學裡便養成這種好習慣。有了這種好習慣，無論是做人、做事、做學問，將來不怕沒有成就。

中學生高中畢業後，面臨的問題是繼續升學或到社會去找職業。升學應如何選科？到社會去應如何擇業？簡單的說，有兩個標準：

一、社會的標準　社會上所需要的，最易發財的，最時髦的是什麼？這便是社會的標準。臺灣大學錢校長告訴我說，今年臺大招生，投考學生中外文成績好的都投考工學院，尤其是考電機工程、機械工程的特多，考文史的則很少，因為目前社會需要工程師，學成後容易得到職業而且待遇好。這種情形，在外國也是一樣的，外國最吃香的學科是原子能、物理學和航空工程，幹這一行的，最受歡迎，最受優待。

二、個人的標準 所謂個人的標準，就是個人的興趣、性情、天才近哪門學科，適於哪一行業。簡單的說，能幹什麼。社會上需要工程師，學工程的固不憂失業，但個人的性情志趣是否與工程相合？父母、兄長、愛人都希望你學工程，而你的性情忘趣，甚至天才，卻近於詩詞、小說、戲劇、文學，你如遷就父母、兄長、愛人之所好而去學工程，結果工程界裡多了一個飯桶，國家社會失去了一個第一流的詩人、小說家、文學家、戲劇學家，不是可惜了嗎？所以個人的標準比社會的標準重要。

因為社會標準所需要的太多，中國人常說社會職業有三百六十行，這是以前的說法，現在何止三百六十行，也許三千六百行，三萬六千行都有，三千六百行，三萬六千行，行行都需要。社會上需要建築工程師，需要水利工程師，需要電力工程師，也需要大詩人、大美術家、大法學家、大政治家，同時也需要做新式馬桶的工人。能做新式馬桶的，照樣可以發財。社會上三萬六千行，既是行行都需要，一個人絕不可能會做每行的事，頂多會二三行，普通都只能會一行的。在這種情形之下，試問是社會的標準重要，還是個人的標準重要？當然是個人的重要！因此選科擇業不要太注重社會上的需要，更不要遷就父母、兄長、愛人的所好。爸爸要你學賺錢的職業，媽媽要你學時髦的職業，愛人要你學社會上有地位的職業，你都不要管他，只問你自己的性情近乎什麼？自己的天才力量能做什麼？配做什麼？要根據這些來決定。

歷史上在這一方面，有很好的例子。義大利的伽俐略是科學的老祖宗，是新的天文學家，新的物理學家的老祖宗。他的父親是一個數學家，當時學數學的人很倒楣。在伽俐略進大學的時候（300

多年前），他父親因不喜歡數學，所以要他學醫，可是他讀醫科，毫無興趣。朋友們以他的繪畫還不壞，認為他有美術天才，勸他改學美術，他自己也頗以為然。有一天他偶然走過雷積教授替公爵府裡面做事的人補習幾何學的課室，便去偷聽，竟大感興趣，於是醫學不學了，畫也不學了，改學他父親不喜歡的數學。後來替全世界創立了新的天文學、新的物理學，這兩門學問都建築於數學之上。

最後說我個人到外國讀書的經過。民國前二年，考取官費留美，家兄特從東三省趕到上海為我送行，以家道中落，要我學鐵路工程，或礦冶工程。他認為學了這些回來，可以復興家業，並替國家振興實業；不要我學文學、哲學，也不要學做官的政治法律，說這是沒有用的。當時我同許多人談談這個問題。以路礦都不感興趣，為免辜負兄長的期望，決定選讀農科，想做科學的農業家，以農報國。同時美國大學農科，是不收費的，可以節省官費的一部分，寄回補助家用。進農學院以後第三個星期，接到實驗系主任的通知，要我到該系報到實習。報到以後，他問我「你有什麼農場經驗？」我說：「我不是種田的。」他又問我：「你做什麼呢？」我說：「我沒有做什麼，我要虛心來學，請先生教我。」先生答應說：「好。」接著問我洗過馬沒有，要我洗馬。我說：「我們中國種田，是用牛不是用馬。」先生說：「不行。」於是學洗馬，先生洗一半，我洗一半。隨即學駕車，也是先生套一半，我套一半。做這些實習，還覺得有興趣。

下一個星期的實習，為包穀選種，一共有百多種，實習結果，兩手起了泡，我仍能忍耐，繼續下去。一個學期結束了，各種功課的成績都在八十五分以上。到了第二年，成績仍舊維持到這個水準。依照學院的規定，各科成績在八十五分以上的，可以多選兩個學分的課程，於是增選了種果學。起初是剪樹、接種、澆水、捉蟲，這些工作，也還覺得有興趣。在上種果學的第二星期，有兩小時的實習蘋果分類，一張長桌，每個位子分置了四十個不同種類的蘋果，一把小刀，一本蘋果分類冊。學生們須根據每個蘋果的長短，開花孔的深淺、顏色、形狀、果味和脆軟等標準，查對蘋果分類冊，分別其類別（那時美國蘋果有 400 多類，現恐有 600 多類了），普通名稱和學名。美國同學都是農家子弟，對於蘋果的普通名稱一看便知，只需在蘋果分類冊裡查對學名，便可填表繳卷，費時甚短。我和一位郭姓同學則須一個一個的經過所有檢別的手續，花了兩小時半，只分類了二十個蘋果，而且大部分是錯的。

晚上我對這種實習起了一種念頭：我花了兩小時半的時間，究竟是在幹什麼？中國連蘋果種子都沒有，我學它什麼用處？自己的性情不相近，幹嘛學這個？這兩個半鐘頭的蘋果實習使我改行，於是，決定離開農科，放棄一年半的時間（這時我已上了一年半的課），犧牲了兩年的學費，不但節省官費補助家用已不可能，維持學業很困難，以後我改學文科，學哲學、政治、經濟、文學。在沒有回國時，與朋友們討論文學問題，引起了中國的文學革命運動。提倡白話，拿白話做文，做教育工具，這與農場經驗沒有關係，與蘋果學沒有關係，是我那時的興趣所在。

我的玩意幾對國家貢獻最大的便是文學的「玩意兒」，我所沒有學過的東西。最近研究《水經注》（地理學的東西）。我已經六十二歲了，還不知道我究竟學什麼？都是東摸摸、西摸摸，也許我以後還要學學水利工程亦未可知，雖則我現在頭髮都白了，還是無所專長，一無所成。可是我一生很快樂。因為我沒有依社會需要的標準去學時髦。我服從了自己的個性，根據個人的興趣所在去做，到現在雖然一無所成，但是我生活得很快樂，希望青年朋友們，接受我經驗得來的這個教訓，不要問爸爸要你學什麼，媽媽要你學什麼，愛人要你學什麼。要問自己性情所近，能力所能做的去學。這個標準很重要，社會需要的標準是次要的。

1952 年 12 月 27 日

發起《讀書雜誌》的緣起

差不多一百年前，清朝的大學者王念孫和他的兒子王引之兩個人合辦了一種不朽的雜誌，叫做《讀書雜誌》。這個雜誌前後共出了七十六卷，這一百年來，也不知翻刻翻印了多少次了！我們想像那兩位白髮的學者——一位八十多歲，一位六十多歲——用不老的精神和科學的方法，校注那許多的古書來嘉惠我們，那一副「白髮校書圖」還不夠使我們少年人慚愧感奮嗎？我是崇拜高郵王氏父子的一個人，現在發起這個新的《讀書雜誌》，希望各位愛讀書的朋友們把讀書研究的結果，借它發表出來。一來呢，各人的心得可以因此得著大家的批評。二來呢，我們也許能引起國人一點讀書的興趣，——大家少說點空話，多讀點好書！

1921 年 2 月 22 日

「舊瓶不能裝新酒」嗎？

近人愛用一句西洋古話「舊瓶不能裝新酒」。我們稍稍想一想，就可以知道這句話一定是翻譯錯了，以訛傳訛，鬧成了一句大笑話。一個不識字的老媽子也會笑你：「誰說舊瓶子裝不了新酒？您府上裝新酒的瓶子，那一個不是老啤酒瓶子呢？您打那兒聽來的奇談？」

這句話的英文是 no man putteth new wine into old bottles，譯成了「沒有人把新酒裝在舊瓶子裡」，好像一個字不錯，其實是大錯了。錯在那個「瓶子」上，因為這句話是猶太人的古話，猶太人裝酒是用山羊皮裝的。這句古話出於《馬可福音》第二章二十二節，全文是：

也沒有人把新酒裝在舊皮袋裡，恐怕酒把皮袋裂開，酒和皮袋就都壞了。只有把新酒裝在新皮袋裡。

這是用 1823 年的官話譯本。1804 年的文言譯本用「舊革囊」譯 old bottles。皮袋用久了，禁不起新酒，往往要裂開。(此項裝酒皮袋是用山羊皮做的，光的一面做裡子。耶路撒冷人至今用這法子。）若用瓦瓶子、磁瓶子、玻璃瓶子，就不怕裝新酒了。百年前翻譯《新約》的人知道這個道理，所以不用「瓶」字，而用「舊皮袋」、「舊革囊」。今人不懂得猶太人的酒囊做法，見了 bottles 就胡亂翻做「瓶子」，所以鬧出「舊瓶子不能裝新酒」的傻話來了。

這番話不僅僅是做「酒瓶子」的考據，其中頗有一點道理值得我們想想。

能不能裝新酒，要看是舊皮袋，還是舊瓷瓶。「舊瓶不能裝新酒」是錯的；可是「舊皮囊裝不得新酒」是不錯的。

昨天在《大公報》上看見我的朋友蔣廷黻先生的星期論文，題目是「新名詞，舊事情」。他的大意是說：

> 總而言之，近代的日本是拿舊名詞來幹新政治，近代的中國是拿新名詞來玩舊政治。日本託古以維新，我們則假新以復舊。其結果的優劣，早已為世人所共知共認。推其故，我們就知道這不是偶然的。第一，舊名詞如同市場上的舊貨牌，已得社會信仰。……所以善於經商者情願換貨不換牌子。第二，新名詞的來源既多且雜……正如市上的雜牌偽牌太多了，顧客就不顧牌子了，所以新名詞既無號召之力，又使社會紛亂。第三，意態是環境的產物。……環境不變而努力於新意態新名詞的製造，所得成績一定是皮毛。

他在這一篇裡也提到「舊瓶裝新酒」的西諺。他說：

> 日本人於名詞不嫌其舊，於事業則求其新。他們維新的初步是尊王廢藩。他們說這是復古。但是他們在這復古的標語之下建設了新民族國家。……日本政治家一把新酒擱在舊瓶子裡，日本人只嘆其味之莢，所以得有事半功倍之效。

我想，蔣先生大概也不曾細考酒瓶子有種種的不同，日本人用的大概是瓦瓶子，瓶底子不容易瀝乾淨，陳年老酒瀝積久了，新酒裝進去，也就占其餘香，所以倒出來令人嘆其味之美，鴉片煙鬼愛用老煙斗，吸淡巴菰的老癮也愛用多年的老煙斗，都是同一道理。可是二三十年前，咱們中國人也曾提出不少「復古」的標語。「共和」比「尊王廢藩」古的多了，據說是西曆紀元前八百多年就實行過十四年有「共和」；更推上去，還可以上溯堯舜的禪讓。「維新」、「革命」也都有古經的根據。祭天、祀天、復辟，也都是道地的老牌子。孫中山先生也曾提出「王道」和忠孝仁愛等等老牌子。陳濟棠先生和鄒魯先生在廣東還正在提倡人人讀《孝經》哩！奇怪的很，這些「老牌子」怎麼也和「新名詞」一樣「無號召之力」呢？我想，大概咱們用來裝新酒的，不是燒瓦，不是玻璃，只是古猶太人的「舊皮袋」，所以恰恰應了猶太聖人說的「舊皮囊裝不得新酒」的古話。

蔣先生說：

問題是這些新主義與我們這個舊社會合適不合適。

是的！這確是一個問題。

不過同時我們也可以對蔣先生說：

問題是那些老牌子與我們這個新社會合適不合適。

這也是一個真實的問題。因為，無論蔣先生如何抹殺新事情，眼前的中國已不是「舊社會」一個名詞能包括的了。千不該，萬不該，西洋鬼子打上門來，逼我們鑽進這新世界，強迫我們劃一個新時代。若說我們還不夠新，那是無可諱的。若說這還是一個「舊社會」，還是應該要依靠「有些舊名詞的號召力」，那就未免太抹殺事實了。

平心而論，近代的日本也並不是「拿舊名詞來幹新政治」。因為日本的皇室在那一千二百年之中全無實權，只有空名，所以「尊王」在當日不是舊名詞。因為幕府專政藩閥割據已有了七百年之久，所發「覆幕廢藩」在當日也不是舊名詞。這都是新政治，不是舊名詞。

我們今日需要的是新政治，即是合適於今日中國的需要的政治。我們要學人家「幹新政治」，不必問他們用的是新的或舊的名詞。

1934 年 1 月 28 日

一個防身藥方的三味藥

畢業班的諸位同學，現在都得離開學校去開始你們自己的事業了，今天的典禮，我們叫做「畢業」(commencement)。你們的學校生活現在有一個結束，現在你們開始進入一段新的生活，開始撐起自己的肩膀來挑自己的擔子，所以叫做「始業」。

我今天承畢業班同學的好意，承閻校長的好意，來說幾句話。我進大學是在五十年前 (1910)，我畢業是在四十六年前 (1914)，夠得上做你們的老大哥了。今天我用老大哥的資格，應該送你們一點小禮物，我要送你們的小禮物只是一個防身的藥方，給你們離開校門，進入大世界，做隨時防身救急之用的一個藥方。

這個防身藥方只有三味藥：

第一味藥叫做「問題丹」。

第二味藥叫做「興趣散」。

第三味藥叫做「信心湯」。

第一味藥，「問題丹」，就是說：每個人離開學校，總得帶一兩個麻煩而有趣味的問題在身邊做伴，這是你們入世的第一要緊的救命寶丹。

問題是一切知識學問的來源，活的學問、活的知識，都是為了解答實際上的困難，或理論上的困難而得來的。年輕入世的時候，總得有一個兩個不大容易解決的問題在腦子裡，時時向你挑戰，時時笑你不能對付他，不能奈何他，時時引誘你去想他。

只要你有問題跟著你，你就不會懶惰了，你就會繼續有知識上的長進了。

學堂裡的書，你帶不走；儀器，你帶不走；先生，他們不能跟你去，但是問題可以跟你走到天邊！有了問題，沒有書，你自會省吃省穿去買書；沒有儀器，你白會賣田賣地去買儀器！沒有好先生，你自會去找好師友；沒有資料，你自會上天下地去找資料。

各位青年朋友，你今天離開學校，夾袋裡準備了幾個問題跟著你走？

第二味藥，叫做「興趣散」，這就是說：每個人進入社會，總得多發展一點專門職業以外的興趣——「業餘」的興趣。

你們多數是學工程的，當然不愁找不到吃飯的職業，但四年前你們選擇的專門職業，真是你們自己的自由志願嗎？你們現在還感覺你們手裡的文憑真可以代表你們每個人終生的志願，終生的興趣嗎？——換句話說，你們今天不懊悔嗎？明年今天還不會懊悔嗎？

你們在這四年裡，沒有發現什麼新的、業餘的興趣嗎？在這四年裡，沒有發現自己的本行以外的才能嗎？

總而言之，一個人應該有他的職業，又應該有他的非職業的玩意兒。不是為吃飯而是心裡喜歡做的，用閒暇時間做的——這種非職業的玩意兒，可以使他的生活更有趣、更快樂、更有意思。有時候，一個人的業餘活動也許比他的職業還更重要。

英國19世紀的兩個哲學家，一個是彌爾（j.s.mill），他的職業是東印度公司的祕書，他的業餘工作使他在哲學上、經濟學上、政治思想史上，都有很大的貢獻。一個是斯賓塞（herbert spencer），他是一個測量工程師，他的業餘工作使他成為一個很有實力的思想家。

也即穆勒（john stuart mill, 1806-1873）：英國著名哲學家和經濟學家，古典自由主義思想家。

斯賓塞（herbert spencer, 1820-1903）：英國實證主義哲學家、社會學家和教育學家。

英國的大政治家丘吉爾，政治是他的終身職業，但他的業餘興趣很多，他在文學、歷史兩方面都有大成就；他用餘力作油畫，成績也很好。

美國總統艾森豪先生，他的終身職業是軍事，人都知道他最愛打高爾夫球，但我們知道他的油畫也很有功夫。

各位青年朋友，你們的專門職業是不用愁的了，你們的業餘興趣是什麼？你們能做的，愛做的業餘活動是什麼？

第三味藥，我叫他做「信心湯」。這就是說：你總得有一點信心。

我們生存的這個年頭，看見的、聽見的，往往都是可以叫我們悲觀、失望的——有時候竟可以叫我們傷心，叫我們發瘋。

這個時代，正是我們要培養我們的信心的時候，沒有信心，我們真要發狂自殺了。

我們的信心只有一句話「努力不會白費」，沒有一點兒努力是沒有結果的。

對你們學工程的青年人，我還用多舉例來說明這種信心嗎？工程師的人生哲學當然建築在「努力不白費」的定律的基石之上。

我只舉這短短幾十年裡大家都知道的兩個例子：

一個是亨利．福特（henry ford），這個人沒有受過大學教育，他小時半工半讀，只讀了幾年書，16歲就在一小機器店裡做工，每週工錢兩塊半美金，晚上還得去幫別家做夜工。

五十七年前（1903）他三十九歲，他創立ford motor co.（福特汽車公司），原定資本十萬美元，只招得兩萬八千元。

五年之後（1908），他造成了他的最出名的model t汽車，用全力製造這一種車子。

1913年——我已在大學三年級了，福特先生創立他的第一副「裝配線」（assembly line）。

1914年——四十六年前——他就能夠完全用「裝配線」的原理來製造他的汽車了。同時

(1914)他宣布他的汽車工人每天只工作八點鐘，比別處工人少一點鐘——而每天最低工錢五元美金，比別人多一倍。

他的汽車開始是九百五十元一部，他逐年減低賣價，從九百五十元直減到三百六十元——第一次世界大戰之後，減到二百九十元一部。

他的公司，在創辦時(1903)只有兩萬八千元的資本——到二十三年之後(1926)已值得十億美金了！已成了全世界最大的汽車公司了。1915年，他造了一百萬部汽車，1928年，他造了一千五百萬部車。

他的「裝配線」的原則在二十年裡造成了全世界的「工業新革命」。

福特的汽車在五十年中征服全世界的歷史還不能叫我們發生「努力不白費」的信心嗎？

第二個例子是航空工程與航空工業的歷史。

也是五十七年前——1903年12月17日，正是我12整歲的生日——那一天，在北卡羅來納州的海邊kitty hawk(基帝霍克)沙灘上，兩個修理腳踏車的匠人，兄弟兩人，用他們自己製造的一隻飛機，在沙灘上試起飛。弟弟叫owille wright，他飛起了十二秒鐘。哥哥叫wilbur wright，他飛起了五十九秒鐘。

那是人類製造飛機飛在空中的第一次成功——現在那一天(12月17日)是全美國慶祝的「航空日」——但當時並沒有人注意到那兩個弟兄的試驗，但這兩個沒有受過大學教育的腳踏車修理匠人，他們並不失望，他們繼續試飛，繼續改良他們的飛機，一直到四年半之後(1908年5月)，才有重要的報紙來報導那兩個人的試飛，那時候，他們已能在空中飛38分鐘了！

這四十年中，航空工程的大發展，航空工業的大發展，這是你們學工程的人都知道的。航空工業在最近三十年裡已成了世界最大工業的一種。

我第一次看見飛機是在1912年。我第一次坐飛機是在1930年（三十年前）。我第一次飛過太平洋是在二十三年前（1937）；第一次飛過大西洋是在十五年前，當我第一次飛渡太平洋的時候，從香港到舊金山總共費了七天！去年我第一次坐jet機，從舊金山到紐約，五個半鐘點飛了三千英里！下月初，我又得飛過太平洋，中午起飛，當天晚上就到美國西岸了！

五十七年前，kitty hawk沙灘上兩個腳踏車修理匠人自造的一個飛機居然在空中飛起了十二秒鐘，那十二秒鐘的飛行就給人類打開了一個新的時代——打開了人類的航空時代。

這不夠叫我們深信「努力不會白費」的人生觀嗎？

古人說：「信心可以移山」（faith moves mountains），又說「功不唐捐」（唐是空的意思），還說：「只要功夫深，生鐵磨成繡花針。」

年輕的朋友，你們有這種信心沒有？

1960年

四　生命記憶

中國第一偉人楊斯盛傳

兄弟現在又要說一位大豪傑了。這一位豪傑，空了雙手，辛辛苦苦做了幾十年，積了幾十萬傢俬，到了老來，一一的把傢俬散了大半。來得艱難，去得慷慨，這種人，兄弟要是不來表揚表揚，兄弟這隻筆可不是不值錢了麼？

這人姓楊，名斯盛，字錦春，是江蘇川沙廳人氏。從小父母雙亡，無力讀書；不但無力讀書，差不多連飯都沒得吃了。後來只好做一個泥水匠，賺兩文錢度度日。看官！我中國的人，有一種怪習氣，越是做下等勞動的人，越流落得快。因為生來不大吃得苦，稍吃些苦，便腰駝背脹的了。只好吃兩分鴉片煙，喝兩口酒，或是買點好小菜，一天辛苦錢，還不夠一餐吃喝，哪裡還會成家立業呢？看官要曉得，這「窮苦」二字，真是一塊試金石，隨你什麼人，須要經過這個關頭，才有後來的指望。唉！這些膿包男子，哪裡經得這塊試金石的摩擦。只有我如今所說的「楊斯盛」先生，不震不驚，從容不迫的跳過了這個關頭，睜開了眼睛料事，立定了腳跟吃苦，駝起了肩頭做工。如此者十幾年，才有了立腳之地。回想起初到上海的時候，年紀才得十三歲，那一種孤苦伶仃的景況，真個如同夢境了！

楊斯盛先生有幾種本事：第一樣天資極高，他原是沒有讀過書的，後來不但能讀中國書，並且能說英國話了。第二樣見識甚好，辦事極有決斷。有了這兩種本事，辦事自然容易，再加以一種堅忍的氣概，獨立的精神，自然天下無難事了。於是乎不上三十年中，楊斯盛已成了大富翁了。

列位！你不看見中國的富翁麼？一生奸刁詐偽的賺了個把傢俬，便說道老夫的傢俬是血汗心力去換來的，如今是要省吃省用的用去才可留下來傳給子孫。所以這種人心目中，只認得黃的金子，白的銀子，哪裡敢輕用一錢？哈哈！只好留給他子孫把去孝敬那煙館老闆堂子烏龜吧！但是我所說的這位楊先生，卻不是這種人。他要是這種人時，他那傢俬可不知要積到多少萬了。他一生一世，遇了什麼天災人事，務必捐出巨款，賑濟受害的人；遇了什麼公益事業，務必出錢捐助。他生平捐錢造的馬路也不知多少條；救活了的人也不知多少人了。他所做的事業，最為人所最崇拜的就是那「破家興學」一事。

楊先生因為自己少時沒有讀過多少書，所以他很想造就一班少年人才出來。所以他便捐了十萬金，開了一所廣明小學，並附設一個師範傳習所，後來逐漸擴充，便改為浦東中學，附設兩等小學。築校舍於上海對面之浦東，那學堂中如今已有了二三百人。其中規模之宏大，辦法之整嚴，就是上海開辦了多少年的學校也還不及。不料那學校開辦不上二年，我們這位可敬可愛可師可法的楊斯盛先生，竟爾死了。可憐他死的時候還說：「那學校用的黑板要改良。」這句話還沒說完，便死了。唉，可憐啊！

他未死之前，便把家產分為數分，把所有家產的三分之二捐人那學校，此外的家產捐助南市醫院，改築橋梁，捐助旁的學堂。還有許多事業，兄弟說也說不完了。餘下給子孫僅十分之一耳。看官！這種人是一種什麼人？兄弟的「豪傑」二字，能夠包括得完全麼？我們中國古時有個人叫做疏廣，他說「子孫若賢，多了錢，便不用功上進了，便灰了他的志向了。子孫若不賢，多了錢，便是助他作惡作歹了！」所以他有好多的黃金，都拿去辦了酒食，日日請客，大吃大用，卻不傳給子孫。中國的人，幾千年來都稱讚他的好處。看官！他所說的話可是不錯，但是他行的事卻大錯了。他不拿錢去做些濟人利物的事，卻拿去大吃大喝。一來呢，獨樂一身，無益於天下生民。二來呢，飲食醉飽，給子孫做一個敗家的榜樣。他那裡比得上我們這位可敬可愛可法可師的楊先生啊！唉！兄弟這個話，如何可拿去責備幾千年前的古人，他那裡懂得，只好把來希望列位看官吧！

1919年8月

中國愛國女傑王昭君傳

列位看我寫這篇傳記，一定要奇怪，說這「王昭君」三字，怎麼能和這「愛國女傑」四字合在一呢？那王昭君不是漢朝一個失寵的宮女麼？不是受畫工毛延壽的害，不中元帝之意，被元帝派去和番的麼？這個人怎麼算得愛國的女豪傑呢？列位這種疑心並沒有錯，不過列位都被那古時做書的人欺騙了幾千年，所以如今還說這種話，簡直把這位愛國女傑王昭君，受了二千年的冤枉，埋沒到如今。我如今既然找得真憑實據，可以證明這位王昭君確是一位愛國女豪來，斷不敢不來表彰一番，使大家來崇拜。這便是在下做這篇昭君傳的原因了。

我且先說那舊說。那舊說道，王昭君是漢元帝時候一個宮人。那是元帝的後宮，人太多了，一時不能看遍。遂召許多畫工，把那些宮人的容貌，都畫成一冊，好照看那冊子上的面貌，按圖召見。便有那許多宮人，容貌中常的，便在那畫工面前行了賄賂，有送十萬錢的，也有送五萬錢的。只有王昭君不屑做這些苟且無恥的事，那畫工不能得錢，便把昭君的容貌畫成醜相。後來匈奴（匈奴是漢朝北方一種外族人的種名，時常來擾中國）的單於來朝（單於是匈奴國王的稱呼，和中國稱王一般），向元帝求一個美女。元帝翻那畫冊，只見王昭君的面貌最醜，便許了匈奴，把昭君賜他。到了次日，元帝便召昭君來見，不料竟是一個絕色美人，竟是宮中第一等的美人，一切應對舉止，沒有一件不好的。元帝心中可惜的了不得。但是既許了匈奴，不便失信於外夷，只得把昭君賜了匈奴。後來元帝心中越想越可惜，便把那些畫工都抓來殺了。

以上說的，都是從前說王昭君的話頭。你想那些畫工竟敢在皇帝宮中做起買賣來了，膽子也算大極了。況且元帝既見之後，又何嘗不可把別人來代替他？所以這種話都是靠不住的。我如今所引證的，也是從古書上來的，並不是無稽之談。列位且聽我道來。

王昭君，名嬙，是蜀郡秭歸人氏。他父親叫王穰，所生只有昭君一女。昭君自幼便和平常女兒家不同，一切舉動都合禮法。長成的時候，生得秀外慧中，絕代豐姿，真個宋玉說的「增一分則太長，減一分則太短，傅粉則大白，塗脂則太赤」。再加上幽嫻貞靜，所以不到十七歲，便早已通國聞名的了。及笄以後，那些世家王孫來求婚的，真個不知其數。他父親總不肯許。恰巧那時元帝選良家女子入宮，王穰聽了這個消息，便來與女兒說知，想要把昭君送進宮去。王昭君聽了這話，心中自己估量，自思自己的父親只生一女，古語道得好，「生女不生男，緩急非所益」，父母生我一場，難道親恩未報，就此罷了不成？如今不如趁這機會，進得宮去，或者得了天子恩寵，得為昭儀或是婕好，那時可不是連我的父母祖宗都有了光榮，也不枉父母生我一場。主意已定，便極力贊成王穰的說話。

王穰見女兒情願，便把昭君獻入宮去，看官要曉得，這原是昭君一片孝心，想做那光耀門楣的女兒。那裡曉得皇帝的深宮，是一個最悽慘最可憐的地方，古來許多詩人做的許多宮怨的詩詞，已是寫得窮形盡致了。更有那《紅樓夢》上說的，有一位賈元妃，對他父親說，「當日送我到那不見人的去處」，你看這十二個字，寫得多少淒愴嗚咽，人尚且不能見，什麼生人的樂趣，更不用說自然是沒有的了。那宮中幾千宮女，個個抬起頭來，望著皇帝來臨，甚至於有用竹葉插門，鹽水灑地，來引皇帝的羊車的。其實好好一個人，到了這種地方，除了卑鄙齷齪苟且逢迎之外，哪裡還想得天子的顧盼。唉，這種卑鄙汙下的行為，豈是我們這位愛國女傑王昭君做得到的麼？昭君到了這個地方，看了這種行為，心想自己容貌雖好，品行雖好，終究不能得天子的寵遇，休說寵遇，簡直連天子的顏色都不大望得見了。要是照這樣下去，還不是到頭做一個白髮宮人麼？昭君想到這裡，自然要蛾眉緊蹙，珠淚常垂的了。

看官要記清，上面所說的，都是王昭君入宮的歷史。如今要說那王昭君愛國的歷史了，看官須曉得，漢朝一代，最大的邊患便是那匈奴，從漢高祖以來，常常入寇中國，弄得中國邊境年年出兵，民不聊生。宣帝的時候，匈奴內亂，自相爭殺，遂分成兩國，一邊是呼韓邪單於，一邊是郅支單於。後來漢朝幫助呼韓邪，攻殺郅支，呼韓邪單於大喜，遂來中國，入朝朝覲。那時正是漢元帝竟寧元年。那時便是王昭君立功的時代了。

那時呼韓邪來朝，先謝皇帝復國的恩典，便說：「小臣得天子威靈，得有今日，從此以後，斷不敢再萌異心。如今想求皇帝賜一個中國女子給臣，使小臣生為漢朝的臣子，又做漢朝的女婿，子孫便做漢朝的外甥。從此匈奴可不是永永成了天朝的外臣了麼？」皇帝聽了呼韓邪的話，心中很喜歡，只是一件，那匈奴遠在長城之外，胡天萬里，冰霜遍地，沙漠匝天。住的是韋韝毳幕，吃的是膻肉酪漿。那種苦況，這些嬌滴滴的宮娃，那裡受得起。誰肯舍了這柏梁建章的宮殿，去吃這種慘不可言的苦況呢。想到這裡，心裡便躊躇起來了，便叫內監，把全宮的宮人都宣上殿來。不多一會，那金殿上，便黑壓壓地到了無數如花似玉的宮人。元帝便問道：「如今匈奴的國王，要求朕賜一女子給他，你們如有願去匈奴的，可走出來。」連問了幾遍，那些官人面面相覷，沒有一個敢答應的。那時王昭君也在其內，聽了皇帝的話，看了大家的情形，曉得大眾的意思，都是偷安旦夕，全不顧大局的安危，心裡便老大不自在。心想我王嬙入宮已有幾年了，長門之怨自不消說，與其做個碌碌無為的上陽宮人，何如轟轟烈烈做一個和親的公主。

我自己的姿容或者能夠感動匈奴的單於，使他永遠做漢朝的臣子，一來呢，可以增進大漢的國威，二來呢，使兩國永永休兵罷戰，也免了那邊境上年年生民塗炭之苦。將來漢史上即使不說我的功勛，難道那邊塞上的口碑，也把我埋沒了麼？想到這裡，便覺得這事竟是我王嬙義不容辭的責任了！昭君主意已定，嘆了一口氣，黯然立起身來，顫巍巍地走出班來，說：「臣妾王嬙願去匈奴」。那時元帝看見沒有人肯去，正在狐疑的時候，忽見人叢裡走出這麼一位傾城傾國絕代無雙的美人來，定睛一看，竟是宮中第一個絕色美人，而且是平日沒有見過的。

這時候元帝又驚又喜，又憐又惜，驚的是宮中竟有這麼一個美人，喜的是這位美人竟肯遠去匈奴，憐的是這位美人怎禁得起那萬里長征的苦趣，惜的是宮中有了這個美人，卻不曾享受得，便把去送與匈奴，豈不可惜，豈不可惜麼？皇帝心中雖有可惜，然而那時匈奴的使臣，陪著呼韓邪單於，都在殿上，昭君的美貌，是滿朝都看見了的，昭君的言語，是都聽見了的，到了這時候，唉，雖有天子的威力，大漢的國勢，也不能挽回這事了。元帝到了這時候，一時沒得法了，只好把昭君賜了匈奴。從此以後，我們這位愛國女傑王昭君，便做了匈奴呼韓邪單於的大閼支（閼支的意思，和我們中國稱王后一般）了。

呼韓邪單於得了王昭君，快活極了。那時漢元帝封昭君為寧胡閼支，這「寧胡」二字，便是「安撫胡人」的意思。果然一個王昭君，竟勝似千百萬雄兵，從此以後，胡也寧了，漢也寧了。那時呼韓邪單於便和昭君回到匈奴，一路上經過許多平沙大漠，呼韓邪便叫匈奴的樂士在馬上彈起琵琶來，叫昭君一路行一路聽著，免得她生思鄉之念。不多時昭君到了匈奴。匈奴便年年進貢，永永做漢朝的外臣。於是漢朝的國威遠及西北諸國，從元帝到成帝、哀帝、平帝，一直到王莽篡漢的時候。那時呼韓邪也死了，昭君也死了，他子孫做單於的都說，我國世世為漢朝的外甥，如今天子已非劉氏，如何做他的藩屬？於是匈奴遂不進貢了，遂獨立了。可見這都是這位愛國女傑王昭君的功勞。這便是王昭君的愛國歷史，我們中國幾千年來，人人都可憐王昭君出塞和番的苦趣，卻沒有一個曉得讚嘆王昭君的愛國苦心的。唉，怎麼對得住王昭君呀，那真是對不住王昭君了！

1908 年 10 月

終身做科學實驗的愛迪生

今天2月11是愛迪生的一百十三年紀念日。明天2月12是林肯的一百五十一年紀念日。去年2月12日，我參加林肯一百五十年紀念演說。今天我很高興能參加愛迪生一百十三年的紀念會。

林肯是自由的象徵，愛迪生是科學的聖人。

科學的根本是實驗。愛迪生真是終身做實驗的工作。他十一歲時就在他家裡的地窨子裡做化學試驗；十二歲時他在火車上賣報紙賣糖果，他就在火車的行李車上做他的化學實驗。十五歲時，他開始學電報，就開始做電學實驗，要改進電報的器材與技術，從此他就終身沒有離開電學試驗了，就給電學開闢了新天地，給世界開闢了新文明，給人類開闢了一個簇新的世界。

從十一歲開始做科學實驗，直封他八十四歲去世，他整整做了七十三年的實驗工作。所以我們稱他做終身做實驗的科學聖人。

四　生命記憶

他每天只睡四個鐘頭的覺，至多只睡六個鐘頭。他每天做十幾個鐘頭的工作，他的一天抵別人的兩天。他做了七十年的實驗，就等於別人做了一百四十年的實驗工作。

中國的懶人，有兩首打油詩，一首是懶人恭維自己的：

無事只靜坐，一日當兩日。
人活六十年，我活百二十。

還有一首是嘲笑懶人的

無事昏昏睡，睡起日過午。
人活七十年，我活三十五。

睡四點鐘覺，做二十點鐘科學實驗，活了八十四歲，抵的別人一百七十歲——這是科學聖人的生活。

在new jersey的west orange的愛迪生實驗室裡——現在是「國家的愛迪生紀念館」的一部分子，——保存著二千五百冊他的實驗記錄，每冊有二百五十頁，或三百頁。最早的一冊是他三十一歲（1878年）的記錄。

單是「白熱電燈」的種種實驗，就記滿了二百冊！他用了幾千種不同的材料來試驗——各種礦物、金屬，從硼砂到白金，後來又試驗炭化綿絲，居然能延燒四十多個鐘頭，——後來又試驗了幾百種可以燒作炭精絲的植物，——最後才決定用日本京都府下的八幡地方所產的竹子做成最適用的炭精絲電燈泡。

科學實驗是發現自然祕密，證實學理，解決工業技術問題的唯一方法。

在他八十歲時，有人請問他的生活哲學是什麼，他說，他的生活哲學只有一個字：「工作」(work)「把自然界的祕密揭開來，用它們來增加人類的幸福，這樣的工作是我的生活哲學」。

他的實驗並不都是創造的，空前的。但他那處處用嚴格的實驗方法來解決工業問題的精神，他那終身做實驗的精神，他那每次解答一個問題總想做到最好最完美（perfect）的地步的精神，他那用組織能力來創大規模的工業實驗室與研究所的模範，可以說是創造的，空前的（現今美國有四千個工業研究實驗所，都可以說是仿效愛迪生的實驗室的）。

他的絕大多數的實驗與發明（他一生得到專利權的發明有一千一百件），都是用前人的失敗與成功做出發點的。他說：

> 每回我要發明什麼東西，我總要先翻讀以前的人在那個問題上做過了的工作（圖書館裡那些書正是為了這個用處的）。我要看看以前花了大工夫，花了大經費，做出了一些什麼成績。我要用從前人做過的幾千次試驗的資料做我的出發點，然後我來再做幾千次試驗。

這是他做實驗的下手方法。

他在1921年1月曾說：

> 我每次想做一件盡善盡美的工作，往往碰到一座一百尺高的花崗石的高牆。碰來碰去，總過不了這百尺高牆，我就轉到別的一件工作去用功。有時候，——也許幾個月之後，也許幾年之後，忽

四　生命記憶

然有一天，有一件什麼東西被我發明了，或是別人發明，——或者在這世界的某一個角落，有一件新事物出觀了，——我往往能夠認識那件新發明可以幫助我爬過那座高牆，或者爬上去幾十尺。

我從來不許我在任何情形之下感到失望。我記得，我們為了一個問題做了幾千次實驗，還沒有能夠解決那個司題。我們的一個同事，在我們最得意的一次實驗失敗之後，就灰心了，就說，我們不會找出什麼來了。我還是高高興興地對他說，「我們不是已經找出了不少東西了嗎？」我們已經確實知道這條路是走不通的了，以後我們必須另走別的路子了。只要我們確已盡了我們最大的思考與工作的努力，我們往往可以從我們的失敗裡學到不少的東西。

這是愛迪生做科學實驗，經過幾千次失敗而永不灰心失望的精神。

他在十二三歲時，耳朵就聾了。他一生是個聾子，但他從不因此減少他工作的努力。他在七十八歲時（1925），曾有一篇文字說他的耳聾於他只有好處，於世界也只有好處。他說：

因為我成了個聾子，我就把 sesroit 的公立圖書館做我的避難所。我從每一個書架的最低一層讀起，一本一本地讀，一直讀到最上一層。我不是單挑幾支書讀，我把整個圖書館都讀了。後來我買了一部 swoin 出版的最廉價的百科全書，我也從頭到尾全讀了。

他還說兩三個笑話：這是耳朵聾給他自己的恩惠。他還說，他費了多年心力去發明，製造留聲機，「別人聽了滿意了，我總不滿意，總想設法改善到最完美的地步，——這也是因為我是個聾子，我能聽別人不能聽見的音樂聲音」。他還說，bell 發明了電話機，他聽了總覺得聲音太低、太弱，他聽不清，所以他想出種種改良方法，把電話改良到他聽得清楚才滿意。他的改良部分（炭素傳聲器）(carbon transmitter) 後來賣給 bell，就使電話大改善。

後來我被選作一個商業組織的會員，常常參加他們的大宴會，往往有許多演說，我耳聾聽不見演說，也不免感覺可惜。有一年，他們把宴會的演說印出來了，我讀了那些大演說之後，從此就不感覺耳聾是可惋惜的了。……有一天，有一位社會改良家到新新大監獄去向監中囚犯大演說。有一個犯人聽了半點鐘，實在受不了，就大喊起來。管監的人一拳打去，把那犯人打得暈過去了。過了半點鐘，他醒過來了，演說家還在講，那犯人走過去，對管監的說：「請你再打一拳，把我打暈過去罷！」

前些日子，我在報上看到某一位科學家發明了一種短時間的麻醉藥，我腦子裡就想，這種麻醉藥是蠻有用的：在大宴會的演說開始之前，聽演說的客人每人吃點麻醉藥，倒是蠻有用的。

這是這位科學大聖人的風趣。這樣一位聖人是很可愛的。

1960年2月11日

追悼志摩

悄悄的我走了，正如我悄悄的來；
我揮一揮衣袖，不帶走一片雲彩

（《再別康橋》）

志摩這一回真走了！可不是悄悄的走。在那淋漓的大雨裡，在那迷濛的大霧裡，一個猛烈的大震動，三百匹馬力的飛機碰在一座終古不動的山上，我們的朋友額上受了一個致命的撞傷，大概立刻失去了知覺，半空中起了一團大火，像天上隕了一顆大星似的直掉下地去。我們的志摩和他的兩個同伴就死在那烈焰裡了！

我們初得著他的死信，卻不肯相信，都不信志摩這樣一個可愛的人會死的這麼慘酷。但在那幾天的精神大震撼稍稍過去之後，我們忍不住要想，那樣的死法也許只有志摩最配。我們不相信志摩會「悄悄的走了」，也不忍想志摩會死一個「平凡的死」，死在天空之中，大雨淋著，大霧籠罩著，大火焚燒著，那撞不倒的山頭在旁邊冷眼瞧著，我們新時代的新詩人，就是要自己挑一種死法，也挑不出更合式，更悲壯的了。

志摩走了，我們這個世界裡被他帶走了不少的雲彩。他在我們這些朋友之中，真是一片最可愛的雲彩，永遠是溫暖的顏色，永遠是美的花樣，永遠是可愛。他常說：

我不知道風是在那一個方向吹——

我們也不知道風是在那一個方向吹，可是狂風過去之後，我們的天空變慘淡了，變寂寞了，我們才感覺我們的天上的一片最可愛的雲彩被狂風捲去了，永遠不回來了！

這十幾天裡，常有朋友到家裡來談志摩，談起來常常有人痛哭。在別處痛哭他的，一定還不少。志摩所以能使朋友這樣哀念他，只是因為他的為人整個的只是一團同情心，只是一團愛。葉公超先生說：

他對於任何人，任何事，從未有過絕對的怨恨，甚至於無意中都沒有表示過一些憎嫉的神氣。

陳通伯先生說：

尤其朋友裡缺不了他。他是我們的連索，他是黏著性的，發酵性的。在這七八年中，國內文藝界裡起了不少的風波，吵了不少的架，許多很熟的朋友往往弄的不能見面。但我沒有聽見有人怨恨過志摩。誰也不能抵抗志摩的同情心，誰也不能避開他的黏著性。他才是和事的無窮的同情，使我們老，他總是朋友中間的「連索」。他從沒有疑心，他從不會妒忌。使這些多疑善妒的人們十分慚愧，又十分羨慕。

他的一生真是愛的象徵。愛是他的宗教，他的上帝。

我攀登了萬仞的高岡，荊棘扎爛了我的衣裳，我向飄渺的雲天外望——

上帝，我望不見你！

……

我在道旁見一個小孩：

活潑，秀麗，襤褸的衣衫；

他叫聲「媽」，眼裡亮著愛——

上帝，他眼裡有你！

（《他眼裡有你》）

志摩今年在他的《猛虎集自序》裡，曾說他的心境是「一個曾經有單純信仰的流入懷疑的頹廢」。這句話是他最好的自述。他的人生觀真是一種「單純信仰」，這裡面只有三個大字：一個是愛，一個是自由，一個是美。他夢想這三個理想的條件能夠會合在一個人生裡，這是他的「單純信仰」。他的一生的歷史，只是他追求這個單純信仰的實現的歷史。

社會上對於他的行為，往往有不諒解的地方，都只因為社會上批評他的人不曾懂得志摩的「單純信仰」的人生觀。他的離婚和他的第二次結婚，是他一生最受社會嚴厲批評的兩件事。現在志摩的棺已蓋了，而社會上的議論還未定。但我們知道這兩件事的人，都能明白，至少在志摩的方面，這兩件事最可以代表志摩的單純理想的追求。他萬分誠懇的相信那兩件事都是他實現那「美與愛與自由」的人生的正當步驟。這兩件事的結果，在別人看來，似乎都不曾能夠實現志摩的理想生活。

但到了今日，我們還忍用成敗來議論他嗎？

我忍不住我的歷史癖，今天我要引用一點神聖的歷史材料，來說明志摩決心離婚時的心理。民國十一年三月，他正式向他的夫人提議離婚，他告訴她，他們不應該繼續他們的沒有愛情沒有自由的結婚生活了，他提議「自由之償還自由」，他認為這是「彼此重見生命之曙光，不世之榮業」。他說：

故轉夜為日，轉地獄為天堂，直指顧間事矣。……真生命必自奮鬥自求得來，真幸福亦必自奮鬥自求得來，真戀愛亦必自奮鬥自求得來！彼此前途無限，……彼此有改良社會之心，彼此有造福人類之心，其先自作榜樣，勇決智斷，彼此尊重人格，自由離婚，止絕苦痛，始兆幸福，皆在此矣。

這信裡完全是青年的志摩的單純的理想主義，他覺得那沒有愛又沒有自由的家庭是可以摧毀他們的人格的，所以他下了決心，要把自由償還自由，要從自由求得他們的真生命，真幸福，真戀愛。

後來他回國了，婚是離了，而家庭和社會都不能諒解他。最奇怪的是他和他已離婚的夫人通信更勤，感情更好。社會上的人更不明白了。志摩是梁任公先生最愛護的學生，所以民國十二年任公先生曾寫一封很懇切的信去勸他。在這信裡，任公提出兩點：

其一，萬不容以他人之苦痛，易自己之快樂。弟之此舉，其於弟將來之快樂能得與否，殆茫如捕風，然先已予多數人以無量之苦痛。

其二，戀愛神聖為今之少年所樂道。……茲事蓋可遇而不可求。……況多情多感之人，其幻想起落鶻突，而得滿足得寧帖也極難。所夢想之神聖境界恐終不可得，徒以煩惱終其身已耳。

任公又說：

嗚呼志摩！天下豈有圓滿之宇宙？……當知吾儕以不求圓滿為生活態度，斯可以領略生活之妙味矣。……若沉迷於不可必得之夢境，挫折數次，生意盡矣，鬱邑侘傺以死，死為無名。死猶可也，最可畏者，不死不生而墮落至不復能自拔。嗚呼志摩，可無懼耶！可無懼耶！

（十二年一月二日信）

任公一眼看透了志摩的行為是追求一種「夢想的神聖境界」，他料到他必要失望，又怕他少年人受不起幾次挫折，就會死，就會墮落。所以他以老師的資格警告他：「天下豈有圓滿之宇宙？」

但這種反理想主義是志摩所不能承認的。他答覆任公的信，第一不承認他是把他人的苦痛來換自己的快樂。他說：

我之甘冒世之不韙，竭全力以鬥者，非特求免凶慘之苦痛，實求良心之安頓，求人格之確立，求靈魂之救度耳。

人誰不求庸德？人誰不安現成？人誰不畏艱險？然且有突圍而出者，夫豈得已而然哉？

第二，他也承認戀愛是可遇而不可求的，但他不能不去追求。他說：

我將於茫茫人海中訪我唯一靈魂之伴侶；得之，我幸；不得，我命，如此而已。

他又相信他的理想是可以創造培養出來的。他對任公說：

嗟夫吾師！我嘗奮我靈魂之精髓，以凝成一理想之明珠，涵之以熱滿之心血，朗照我深奧之靈府。而庸俗忌之嫉之，輒欲麻木其靈魂，搗碎其理想，殺滅其希望，汙毀其純潔！我之不流入墮落，流入庸懦，流入卑汙，其幾亦微矣！

我今天發表這三封不曾發表過的信，因為這幾封信最能表現那個單純的理想主義者徐志摩。他深信理想的人生必須有愛，必須有自由，必須有美：他深信這種三位一體的人生是可以追求的，至少是可以用純潔的心血培養出來的。——我們若從這個觀點來觀察志摩的一生，他這十年中的一切行為就全可以了解了。我還可以說，只有從這個觀點上才可以了解志摩的行為；我們必須先認清了他的單純信仰的人生觀，方才認得清志摩的為人。

志摩最近幾年的生活，他承認是失敗。他有一首《生活》的詩，詩是暗慘的可怕：

陰沉，黑暗，毒蛇似的蜿蜒，生活逼成了一條甬道：

一度陷入，你只可向前，手捫索著冷壁的黏潮，在妖魔的臟腑內掙扎，頭頂不見一線的天光，這魂魄，在恐怖的壓迫下，除了消滅更有什麼願望？

（十九年五月二十九日）

他的失敗是一個單純的理想主義者的失敗。他的追求，使我們慚愧，因為我們的信心太小了，從不敢夢想他的夢想。他的失敗，也應該使我們對他表示更深厚的恭敬與同情，因為偌大的世界之中，只有他有這信心，冒了絕大的危險，費了無數的麻煩，犧牲了一切平凡的安逸，犧牲了家庭的親誼和人間的名譽，去追求，去試驗一個「夢想之神聖境界」而終於免不了慘酷的失敗，也不完全是他的人生觀的失敗。他的失敗是因為他的信仰太單純了，而這個現實世界太複雜了，他的單純的信仰禁不起這個現實世界的摧毀；正如易卜生的詩劇 brand 裡的那個理想主義者，抱著他的理想，在人間處處碰釘子，碰的焦頭爛額，失敗而死。

然而我們的志摩「在這恐怖的壓迫下」，從不叫一聲「我投降了」！他從不曾完全絕望，他從不曾絕對怨恨誰。他對我們說：

你們不能更多的責備。我覺得我已是滿頭的血水，能不低頭已算是好的。（《猛虎集自序》）

是的，他不曾低頭。他仍舊昂起頭來做人；他仍舊是他那一團的同情心，一團的愛。我們看他替朋友做事，替團體做事，他總是仍舊那樣熱心，仍舊那樣高興。幾年的挫折，失敗，苦痛，似乎使他更成熟了，更可愛了。

他在苦痛之中，仍舊繼續他的歌唱。他的詩作風也更成熟了。他所謂「初期的洶湧性」固然是沒有了，作品也減少了；但是他的意境變深厚了，筆致變淡遠了，技術和風格都更進步了。這是讀《猛虎集》的人都能感覺到的。

志摩自己希望今年是他的「一個真正的復活的機會」。他說：

抬起頭居然又見到了。眼睛睜開了，心也跟著開始了跳動。

我們一班朋友都替他高興。他這幾年來想用心血澆灌的花也許是枯萎的了；但他的同情，他的鼓舞，早又在別的園裡種出了無數的可愛的小樹，開出了無數可愛的鮮花。他自己的歌唱有一個時代是幾乎消沉了；但他的歌聲引起了他的園地外無數的歌喉，嘹亮的唱，哀怨的唱，美麗的唱。這就是他的安慰，都使他高興。

誰也想不到在這個最有希望的復活時代，他竟丟了我們走了！他的《猛虎集》裡有一首詠一隻黃鸝的詩，現在重讀了，好像他在那裡描寫他自己的死，和我們對他的死的悲哀：

等候他唱，我們靜著望，怕驚了他。但他一展翅，衝破濃密，化一朵彩雲：
他飛了，不見了，沒了——
像是春光，火焰，像是熱情。

志摩這樣一個可愛的人，真是一片春光，一團火焰，一腔熱情。現在難道都完了？

絕不！絕不！志摩最愛他自己的一首小詩，題目叫《偶然》，在他的《卞崑岡》劇本裡，在那個可愛的孩子阿臨死時，那個瞎子彈著三弦，唱著這首詩：

我是天空裡的一片雲，偶爾投影在你的波心——
你不必訝異，更無需歡喜——
在轉瞬間消滅了蹤影。
你我相逢在黑暗的海上，你有你的，我有我的，方向。
你記得也好，最好你忘掉，在這交會時互放的光亮！

朋友們，志摩是走了，但他投的影子會永遠留在我們心裡，他放的光亮也會永遠留在人間，他不曾白來了一世。我們有了他做朋友，也可以安慰自己說不曾白來了一世。我們忘不了，和我們——

在那交會時互放的光亮！

1931年12月3日

追憶曾孟樸先生

我在上海做學生的時代，正是東亞病夫的《孽海花》在《小說林》上陸續刊登的時候，我的哥哥紹之曾對我說這位作者就是曾孟樸先生。

隔了近二十年，我才有認識曾先生的機會，我那時在上海住家，曾先生正在發願努力翻譯法國文學大家囂俄的戲劇全集。我們見面的次數很少，但他的謙遜虛心，他的獎掖的熱心，他的勤奮工作都使我永遠不能忘記。

我在民國六年七年之間，曾在《新青年》上和錢玄同先生通訊討論中國新舊的小說，在那些討論裡我們當然提到《孽海花》，但我曾很老實的批評《孽海花》的短處。十年後我見著曾孟樸先生，他從不曾向我辯護此書，也不曾因此減少他待我的好意。

他對我的好意，和他對於我的文學革命主張的熱烈的同情，都曾使我十分感動，他給我的信裡曾有這樣的話：「您本是……國故田園裡培養成熟的強苗，在根本上，環境上，看透了文學有改革的必要，獨能不顧一切，在遺傳的重重羅網裡殺出一條血路來，終究得到了多數的同情，引起了青年的狂熱。我不佩服你別的，我只佩服你當初這種勇決的精神，比著托爾斯泰棄爵放農身殉主義的精神，有何多讓！」這樣熱烈的同情，從一位自稱「時代消磨了色彩的老文人」坦白的表述出來，如何能不使我又感動又感謝呢！

我們知道他這樣的熱情一部分是因為他要鼓勵一個年輕的後輩，大部分是因為他自己也曾發過「文學狂」，也曾發下宏願要把外國文學的重要作品翻譯成中國文，也曾有過「擴大我們文學的舊領域」的雄心。正因為他自己是一個夢想改革中國文學的老文人，所以他對於我們一班少年人都抱著熱烈的同情，存著絕大的期望。

我最感謝的一件事是我們的短短交誼居然引起了他寫給我的那封六千字的自敘傳的長信。在那信裡，他敘述他自己從光緒乙未（1895）開始學法文，到戊戌（1898）認識了陳季同將軍，方才知道西洋文學的源流派別和重要作家的傑作。後來他開辦了小說林和宏文館書店，——我那時候每次走過棋盤街，總感覺這個書店的雙名有點奇怪，——他告訴我們，他的原意是要「先就小說上做成個有系統的譯述，逐漸推廣範圍，所以店名定了兩個」。他又告訴我們，他曾勸林琴南先生用白話翻譯外國的「重要名作」，但林先生聽不懂他的勸告，他說：「我在畏盧先生（林紓）身上不能滿足我的希望後，從此便不願和人再談文學了。」他對於我們的文學革命論十分同情，正是因為我們的主張是比較能夠「滿足他的希望」的。

但是他的冷眼觀察使他對於那個開創時期的新文學「總覺得不十分滿足」，他說：「我們在這新辟的文藝之園裡巡遊了一周，敢說一句話：精緻的作品是發現了，只缺少了偉大。」這真是他的老眼無花，一針見血！他指出中國新文藝所以缺乏偉大，不外兩個原因：一是懶惰，一是欲速。因為懶惰，所以多數少年作家只肯做那些「用力少而成功易」的小品文和短篇小說。因為欲速，所以他們「一開手便輕蔑了翻譯，全力提倡創作」。他很嚴厲的對我們說：「現在要完成新文學的事業，非力防這兩樣毛病不可，欲除這兩樣毛病，非注重翻譯不可。」他自己創辦真美善書店，用意只是要替中國新文藝補偏救弊，要替它醫病，要我們少年人看看他老人家的榜樣，不可輕蔑翻譯事業，應該努力「把世界已造成的作品，做培養我們創造的源泉」。

我們今日追悼這一位中國新文壇的老先覺，不要忘了他留給我們的遺訓！

1933 年 9 月 11 日

丁在君這個人

傅孟真先生的〈我所認識的丁文江先生〉，是一篇很偉大的文章，只有在君當得起這樣一篇好文章。孟真說：

我以為在君確是新時代最良善最有用的中國人之代表；他是歐化中國過程中產生的最高的菁華；他是用科學知識作燃料的大馬力機器；他是抹殺主觀，為學術為社會為國家服務者，為公眾之進步及幸福而服務者。

這都是最確切的評論，這裡只有「抹殺主觀」四個字也許要引起他的朋友的誤會。在君是主觀很強的人，不過孟真的意思似乎只是說他「抹殺私意」，「抹殺個人的利害」。意寶堅強的人都不能沒有主觀，但主觀是和私意私利說不相同的。王文伯先生曾送在君一個綽號，叫做 the conclusionist，可譯做「一個結論家」。這就是說，在君遇事總有他的「結論」，並且往往不放鬆他的「結論」。一個人對於一件事的「結論」多少總帶點主觀的成分，意志力強的人帶的主觀成分也往往比較一般人要多些。這全靠理智的訓練深淺來調劑。在君的主觀見解是很強的，不過他受的科學訓練較深，所以他在立身行道的大關節目上終本愧是一個科學時代的最高產兒。而他的意志的堅強又使他忠於自己的信念，知了就不放鬆，就決心去行，所以成為一個最有動力的現代領袖。

在君從小不喜歡吃海味，所以他一生不吃魚翅鮑魚海參。我常笑問他：這有什麼科學的根據？他說不出來，但他終不破戒。但是他有一次在貴州內地旅行，到了一處地方，他和他的跟人都病倒了。本地沒有西醫，在君是絕對不信中醫的，所以他無論如何不肯請中醫診治，他打電報到貴陽去請西醫，必須等貴陽的醫生趕到了他才肯吃藥。醫生還沒有趕到，他的跟人已病死了，人都勸在君先服中藥，他終不肯破戒。我知道他終身不曾請教過中醫，正如他終身不肯拿政府乾薪，終身不肯因私事旅行借用免票坐火車一樣的堅決。

我常說，在君是一個歐化最深的中國人，是一個科學化最深的中國人。在這一點根本立場上，眼中人物真沒有一個人能比上他。這也許是因為他十五歲就出洋，很早就受了英國人生活習慣的影響的緣故。他的生活最有規則：睡眠必須八小時，起居飲食最講究衛生，在外面飯館裡吃飯必須用開水洗杯筷；他不喝酒，常用酒來洗筷子；夏天家中吃無皮的水果，必須在滾水裡浸二十秒鐘。他最恨奢侈，但他最注重生活的舒適和休息的重要：差不多每年總要尋一個歇夏的地方，很費事的布置他全家去避暑；這是大半為他的多病的夫人安排的，但自己也必須去住一個月以上；他的弟弟，侄兒，內侄女，都往往同去，有時還邀朋友去同住。他絕對服從醫生的勸告：他早年有腳癢病，醫生說赤腳最有效，他就終身穿有多孔的皮鞋，在家常赤腳，在熟朋友家中也常脫襪子，光著腳談天，所以他自稱「赤腳大仙」。他吸雪茄煙有二十年了，前年他腳指有點發麻，醫生勸他戒菸，他立刻就戒絕了。這種生活習慣都是科學化的習慣；別人偶一為之，不久就感覺不方便，或怕人譏笑，就拋棄了。在君終身奉行，從不顧社會的駭怪。

他的立身行己，也都是科學化的，代表歐化的最高層。他最恨人說謊，最恨人懶惰，最恨人濫舉債，最恨貪汙。他所謂「貪汙」，包括拿乾薪，用私人，濫發薦書，用公家免票來做私家旅行，用公家信箋來寫私信，等等。他接受淞滬總辦之職時，我正和他同住在上海客利飯店，我看見他每天接到不少的薦書。他叫一個書記把這些薦信都分類歸檔，他就職後，需要用某項人時，寫信通知有薦信的人定期來受考試，考試及格了，他都僱用；不及格的，他一一通知他們的原薦人。他寫信最勤，常怪我案上堆積無數未復的信。他說：「我平均寫一封信費三分鐘，字是潦草的，但朋友接著我的回信了。你寫信起碼要半點鐘，結果是沒有工夫寫信。」蔡子民先生說在君「案無留牘」，這也是他的歐化的精神。

羅文干先生常笑在君看錢太重，有寒伧氣。其實這正是他的小心謹慎之處。他用錢從來不敢超過他的收入，所以能終身不欠債，所以能終身不仰面求人，所以能終身保持一個獨立的清白之身。他有時和朋友打牌，總把輸贏看得很重，很重，他手裡有好牌時，手心常出汗，我們常取笑他，說摸他的手心可以知道他的牌。羅文干先生是富家子弟出身，所以更笑他寒伧。及今思之，在君自從留學回來，擔負一個大家庭的求學經費，有時候每年擔負到三千元之多，超過他的收入的一半，但他從無怨言，也從不欠債；寧可拋棄他的學術生活去替人辦煤礦，他不肯用一個不正當的錢：這正是他的嚴格的科學化的生活規律不可及之處；我們嘲笑他，其實是我們窮書生而有闊少爺的脾氣，真不配批評他。

在君的私生活和他的正攵治生活是一致的。他的私生活的小心謹慎就是他的政治生活的預備。民國十一年，他在《努力週報》第七期上（署名「宗淹」）曾說，我們若想將來做政治生活，應做這幾種預備：

第一，是要保存我們「好人」的資格。消極的講，就是不要「作為無益」；積極的講，是躬行克己，把責備人家的事從我們自己做起。

第二，是要做有職業的人，並且增加我們職業上的能力。

第三，是設法使得我們的生活程度不要增高。

第四，就我們認識的朋友，結合四五個人，八九個人的小團體，試做政治生活的具體預備。

看前面的三條，就可以知道在君處處把私生活看作政治生活的修養。民國十一年他和我們幾個人組織「努力」，我們的社員有兩個標準：一是要有操守，二是要在自己的職業上站得住。他最恨那些

四　生命記憶

靠政治吃飯的政客。他當時有一句名言：「我們是救火的，不是趁火打劫的。」他做淞滬總辦時，一面整頓稅收，一面採用最新式的簿記會計制度。他是第一個中國大官卸職時半天辦完交代的手續的。

在君的個人生活和家庭生活，孟真說他「真是一位理學大儒」。在君如果死而有知，他讀了這句贊語定要大生氣的！他幼年時代也曾讀過宋明理學書，但他早年出洋以後，最得力的是達爾文、赫胥黎一流科學家的實事求是的精神訓練。他自己曾說：

科學……是教育同修養最好的工具。因為天天求真理，時時想破除成見，不但使學科學的人有求真理的能力，而且有愛真理的誠心。無論遇見什麼事，都能平心靜氣去分析研究，從複雜中求簡單，從紊亂中求秩序；拿論理來訓練他的意想，而意想力愈增；用經驗來指示他的直覺，而直覺力愈活。了然於宇宙生物心理種種的關係，才能夠真知道生活的樂趣，這種活潑潑地心境，只有拿望遠鏡仰察過天空的虛漠，用顯微鏡俯視過生物的幽微的人，方能參領的透澈，又豈是枯坐談禪妄言玄理的人所能夢見？（《玄學與科學》）

這一段很美的文字，最可以代表在君理想中的科學訓練的人生觀。他最不相信中國有所謂「精神文明」，更不佩服張君勱先生說的「自孔孟以至宋元明之理學家側重內生活之修養，其結果為精神文明」。民國十二年四月中在君發起「科學與玄學」的論戰，他的動機其實只是要打倒那時候「中外合壁式的玄學」之下的精神文明論。他曾套顧亭林的話來罵當日一班玄學崇拜者：

今之君子，欲速成以名於世，語之以科學，則不願學，語之以柏格森杜裡舒之玄學，則欣然

矣，以其襲而取之易也。（同上）

這一場的論戰現在早已被人們忘記，因為柏格森杜裡舒的玄學又早已被一批更時髦的新玄學「取而代之」了。然而我們在十三四年後回想那一場戰的發難者，他終身為科學僇力，終身奉行他的科學的人生觀，運用理智為人類求真理，充滿著熱心為多數謀福利，最後在尋求知識的工作途中，歌唱著「為語麻姑橋下水，出山要比在山清」，悠然的死了，——這樣一個人，不是東方的內心修養的理學所能產生的。

丁在君一生最被人誤會的是他在民國十五年的政治生活。孟真在他的長文裡，敘述他在淞滬總辦任內的功績，立論最公平。他那時期的文電，現在都還保存在一個好朋友的家裡，將來做他傳記的人（孟真和我都有這種野心）必定可以有詳細公道的記載給世人看，我們此時可以不談。我現在要指出的，只是在君的正攵治興趣。十年前，他常說：「我家裡沒有活過五十歲的，我現在快四十歲了，應該趁早替國家做點事。」這是他的科學迷信，我們常常笑他。其實他對政治是素來有極深的興趣的。他是一個有幹才的人，絕不我們書生放下了筆桿就無事可辦，所以他很自信有替國家做事的能力。他在民國十二年有一篇《少數人的責任》的講演，最可以表示他對於政治的自信力和負責任的態度。他開篇就說：

我們中國政治的混亂，不是因為國民程度幼稚，不是因為政客官僚腐敗，不是因為武人軍閥專橫；是因為「少數人」沒有責任心，而且沒有負責任的能力。

他很大膽的說：

中年以上的人，不久是要死的；來替代他們的青年，所受的教育，所處的境遇，都是同從前不同的。只要有幾個人，有不折不回的決心，拔山蹈海的勇氣，不但有知識而且有能力，不但有道德而且要做事業，風氣一開，精神就要一變。

他又說：

只要有少數裡面的少數，優秀裡面的優秀，不肯束手待斃，天下事不怕沒有辦法的。……最可怕的是一種有知識有道德的人不肯向政治上去努力。

他又告訴我們四條下手的方法，其中第四條最可注意。他說：

要認定了政治是我們唯一的目的，改良政治是我們唯一的義務。不要再上人家當，說改良政治要從實業教育著手。

這是在君的政治信念。他相信，政治不良，一切實業教育都辦不好。所以他要我們少數人挑起改良政治的擔子來。

然而在君究竟是英國自由教育的產兒，他的科學訓練使他不能相信一切破壞的革命的方式。他曾說：

我們是救火的，不是趁火打劫的。

其實他的意思是要說：

我們是來救人的，不是來放火的。

照他的教育訓練看來，用暴力的革命總不免是「放火」，更不免要容納無數「趁火打劫」的人。所以他只能期待「少數裡的少數，優秀裡的優秀」起來擔負改良政治的責任，而不能提倡那放火式的大革命。

然而民國十五六年之間，放火式的革命到底來了，並且風靡了全國。在那個革命大潮流裡，改良主義者的丁在君當然成了罪人了。在那個時代，在君曾對我說：「許子將說曹孟德可以做『治世之能臣，亂世之奸雄』；我們這班人恐怕只可以做『治世之能臣，亂世之飯桶』吧！」

這句自嘲的話，也正是在君自讚的話。他畢竟自信是「治世之能臣」。他不是革命的材料，但他所辦的事，無一事不能辦的頂好。他辦一個地質研究班，就可以造出許多奠定地質學的臺柱子；他辦一個地質調查所，就能在極困難的環境之下造成一個全世界知名的科學研究中心；他做了不到一年的上海總辦，就能建立起一個大上海市的政治、財政、公共衛生的現代式基礎；他做了一年半的中央研究院的總幹事，就把這個全國最大的科學研究機關重新建立在一個合理而持久的基礎之上。他這二十多年的建設成績是不愧負他的科學訓練的。

在君的為人是最可敬愛，最可親愛的。他的奇怪的眼光，他的虬起的德國威廉皇帝式的鬍子，都使小孩子和女人見了害怕。他對不喜歡的人，總是斜著頭，從眼鏡的上邊看他，眼睛露出白珠多，黑珠少，怪可嫌的！我曾對他說：「從前史書上說阮籍能作青白眼，我向來不懂得；自從認得了你，我方明白了『白眼對人』是怎樣一回事！」他聽了大笑。其實同他熟了，我們都只覺得他是一個最和藹慈祥的人。他自己沒有兒女，所以他最喜歡小孩子，最愛同小孩子玩，有時候他伏在地上作馬給他們騎。他對朋友最熱心，待朋友如同自己的弟兄兒女一樣。他認得我不久之後，有一次他看見我喝醉了酒，他十分不放心，不但勸我戒酒，還從《嘗試集》裡挑了我的幾句戒酒詩，請梁任公先生寫在扇子上送給我。（可惜這把扇子丟了！）十多年前，我病了兩年，他說我的家庭生活太不舒適，硬逼我們搬家；他自己替我們看定了一所房子，我的夫人嫌每月八十元的房租太貴，那時我不在北京，在君和房主說妥，每月向我的夫人收七十元，他自己代我墊付十元！這樣熱心愛管閒事的朋友是世間很少見的。他不但這樣待我，他待老輩朋友，如梁任公先生，如葛利普先生，都是這樣親切的愛護，把他們當作他最心愛的小孩子看待！

他對於青年學生，也是這樣的熱心：有過必規勸，有成績則讚不絕口。民國十八年，我回到北平，第一天在一個宴會上遇見在君，他第一句話就說：「你來，你來，我給你介紹趙亞會！這是我們地質學古生物學新出的一個天才，今年得地質獎學金的！」他那時臉上的高興快樂是使我很感動的。後來趙亞會先生在雲南被土匪打死了，在君哭了許多次，到處為他出力徵募撫卹金。他自己擔任亞會的兒子的教育責任，暑假帶他同去歇夏，自己督責他補工課；他南遷後，把他也帶到南京轉學，使他可以時常督教他。

在君是個科學家，但他很有文學天才；他寫古文白話文都是很好的。他寫的英文可算是中國人之中的一把高手，比許多學英國文學的人高明的多多。他也愛讀英法文學書；凡是羅素、威爾士、j. m. keynes的新著作，他都全購讀。他早年喜歡寫中國律詩，近年聽了我的勸告，他不作律詩了，有時還作絕句小詩，也都清麗可喜。朱經農先生的紀念文裡有在君得病前一日的《衡山紀游詩》四首，其中至少有兩首是很好的。他去年在莫干山做了一首罵竹子的五言詩，被林語堂先生登在《宇宙風》上，是大家知道的。民國二十年，他在秦皇島避暑，有一天去游北戴河，作了兩首懷我的詩，其中一首云：

峰頭各采山花戴，海上同看明月生。
此樂如今七寒暑，問君何日踐新盟。

後來我去秦皇島住了十天，臨別時在君用元微之送白樂天的詩韻作了兩首詩送我：

留君至再君休怪，十日留連別更難。
從此聽濤深夜坐，海天漠漠不成歡！
逢君每覺青來眼，顧我而今白到須。
此別原知旬日事，小兒女態未能無。

這三首詩都可以表現他待朋友的情誼之厚。今年他死後，我重翻我的舊日記，重讀這幾首詩，真有不堪回憶之感，我也用元微之的原韻，寫了這兩首詩紀念他：

明知一死了百願，無奈余哀欲絕難！
高談看月聽濤坐，從此終生無此歡！
愛憎能作青白眼，嫵媚不嫌虬怒須。
捧出心肝待朋友，如此風流一代無。

這樣一個朋友，這樣一個人，是不會死的。他的工作，他的影響，他的流風遺韻，是永永留在許多後死的朋友的心裡的。

1936年2月9日

高夢旦先生小傳

民國十年的春末夏初，高夢旦先生從上海到北京來看我。他說，他現在決定辭去商務印書館編譯所所長的事，他希望我肯去做他的繼任者。他說：「北京大學固然重要，我們總希望你不會看不起商務印書館的事業。我們的意思確是十分誠懇的。」

那時我還不滿三十歲，高先生已是五十多歲的人了。他的談話很誠懇，我很受感動。我對他說：「我絕不會看不起商務印書館的工作。一個支配幾千萬兒童的知識思想的機關，當然比北京大學重要多了。我所慮的只是怕我自己幹不了這件事。」當時我答應他夏天到上海商務印書館去住一兩個月，看看裡面的工作，並且看看我自己配不配接受夢旦先生的付託。

那年暑假期中，我在上海住了四十五天，天天到商務印書館編譯所去，高先生每天把編譯所各部分的工作指示給我看，把所中的同事介紹和我談話。每天他家中送飯來，我若沒有外面的約會，總是和他同吃午飯。

我知道他和館中的老輩張菊生先生、鮑咸昌先生、李拔可先生，對我的意思都很誠懇。但是我研究的結果，我始終承認我的性情和訓練都不配做這件事。我很誠懇的辭謝了高先生。他問我意中有誰可任這事。我推薦王雲五先生，並且介紹他和館中各位老輩相見。他們會見了兩次之後，我就回北京去了。

我走後，高先生就請王雲五先生每天到編譯所去，把所中的工作指示給他看，和他從前指示給我看一樣。一個月之後，高先生就辭去了編譯所所長，請王先生繼他的任，他自己退居出版部部長，盡心盡力的襄助王先生做改革的事業。

民國十九年，王雲五先生做了商務印書館的總理。民國二十一年一月，商務印書館的閘北各廠都被日本軍隊燒燬了。兵禍稍定，王先生決心要做恢復的工作。高先生和張菊生先生本來都已退休了，當那危急的時期，他們每天都到館中來襄助王先生辦事。兩年之中，王先生苦心硬幹，就做到了恢復商務印書館的奇績。

我特記載這個故事，因為我覺得這是一件美談。王雲五先生是我的教師，又是我的朋友，我推薦他自代，這並不足奇怪。最難能的是高夢旦先生和館中幾位老輩，他們看中了一個少年書生，就要把他們畢生經營的事業付託給他；後來又聽信這個少年人的幾句話，就把這件重要的事業付託給了一個他們平素不相識的人。這是老成人為一件大事業求付託人的苦心，是大政治家謀國的風度。

這是值得大書深刻，留給世人思念的。

四　生命記憶

高夢旦先生，福建長樂縣人，原名鳳謙，晚年只用他的表字「夢旦」為名。「夢旦」是在夢夢長夜裡想望晨光的到來，最足以表現他一生追求光明的理想。他早年自號「崇有」，取晉人裴頠《崇有論》之旨，也最可以表現他一生崇尚實事痛恨清談的精神。

因為他期望光明，所以他最能欣賞也最能了解這個新鮮的世界。因為他崇尚實事，所以他不夢想那光明可以立刻來臨，他知道進步是一點一滴的積聚成的，光明是一線一線的慢慢來的。最要緊的條件只是人人盡他的一點一滴的責任，貢獻他一分一秒的光明。高夢旦先生晚年發表了幾件改革的建議，標題引一個朋友的一句話：「都是小問題，並且不難辦到。」這句引語最能寫出他的志趣。他一生做的事，三十年編纂小學教科書，三十年提倡他的十三個月的曆法，三十年提倡簡筆字，提倡電報的改革，提倡度量衡的改革，都是他認為不難做到的小問題。他的賞識我，也是因為我一生只提出一兩個小問題，鍥而不捨的做去，不敢好高騖遠，不敢輕談根本改革，夠得上做他的一個小同志。

高先生的做人，最慈祥，最熱心，他那古板的外貌裡藏著一顆最仁愛暖熱的心。在他的大家庭裡，他的兒子、女兒都說：「吾父不僅是一個好父親，實兼一個友誼至篤的朋友。」他的侄兒、侄女們都說：「十一叔是聖人。」這個聖人不是聖廟裡陪吃冷豬肉的聖人，是一個處處能體諒人，能了解人，能幫助人，能熱烈的、愛人的、新時代的聖人。他愛朋友，愛社會，愛國家，愛世界。他愛真理，崇拜自由，信仰科學。因為他信仰科學，所以他痛恨玄談，痛恨迷信，痛恨中醫。因為他愛國家、社會，所以他愛護人才真如同性命一樣。他愛敬張菊生先生，就如同愛敬他的兩個哥哥一樣。他愛惜我們一班年輕的朋友，就如同他愛護他自己的兒女一樣。

他的最可愛之處，是因為他最能忘了自己。他沒有利心，沒有名心，沒有勝心。人都說他沖淡，其實他是濃摯熱烈。在他那濃摯熱烈的心裡，他期望一切有力量而又肯努力的人都能成功勝利，別人的成功勝利都使他歡喜安慰，如同他自己的成功勝利一樣。因為濃摯熱烈，所以沖淡的好像沒有自己了。

高先生生於公曆一八七〇年一月二十八日，死於一九三六年七月二十三日，葬在上海虹橋公墓。葬後第四個月，他的朋友胡適在太平洋船上寫這篇小傳。

1936 年 11 月 26 日

介紹我自己的思想

我在這十年之中，出版了三集《胡適文存》，約計有一百四五十萬字。我希望少年學生能讀我的書，故用報紙印刷，要使定價不貴。但現在三集的書價已在七元以上，貧寒的中學生已無力全買了。字數近百五十萬，也不是中學生能全讀的了。所以我現在從這三集裡選出了二十二篇論文，印作一冊，預備給國內的少年朋友們作一種課外讀物。如有學校教師願意選我的文字作課本的，我也希望他們用這個選本。

我選的這二十二篇文字，可以分作五組。

第一組六篇，泛論思想的方法。

第二組三篇，論人生觀。

第三組三篇，論中西文化。

第四組六篇，代表我對於中國文學的見解。

第五組四篇，代表我對於整理國故問題的態度與方法。

為讀者的便利起見，我現在給每一組作一個簡短的提要，使我的少年朋友們容易明白我的思想的路徑。

第一組收的文字是：

《演化論與存疑主義》

《杜威先生與中國》

《杜威論思想》

《問題與主義》

《新生活》

《新思潮的意義》

我的思想受兩個人的影響最大：一個是赫胥黎，一個是杜威先生。赫胥黎教我怎樣懷疑，教我不信任一切沒有充分證據的東西。杜威先生教我怎樣思想，教我處處顧到當前的問題，教我把一切學說理想都看做待證的假設，教我處處顧到思想的結果。這兩個人使我明了科學方法的性質與功用，故我選前三篇介紹這兩位大師給我的少年朋友們。

從前陳獨秀先生曾說實驗主義和辯證法的唯物史觀是近代兩個最重要的思想方法，他希望這兩種方法能合作一條聯合戰線。這個希望是錯誤的。辯證法出於海格爾的哲學，是生物進化論成立以前的玄學方法。實驗主義是生物進化論出世以後的科學方法。這兩種方法所以根本不相容，只是因為中間隔了一層達爾文主義。達爾文的生物演化學說給了我們一個大教訓：就是教我們明了生物進化，無論是自然的演變，或是人為的選擇，都由於一點一滴的變異，所以是一種很複雜的現象，絕沒有一個簡單的目的地可以一步跳到，更不會有一步跳到之後可以一成不變。辯證法的哲學本來也是生物學發達以前的一種進化理論；依他本身的理論，這個一正一反相毀相成的階段應該永遠不斷的呈現。

實驗主義從達爾文主義出發，故只能承認一點一滴的不斷的改進是真實可靠的進化。我在《問題與主義》和《新思潮的意義》兩篇裡，只發揮這個根本觀念。我認定民國六年以後的新文化運動的目的是再造中國文明，而再造文明的途徑全靠研究一個個的具體問題。我說：

文明不是籠統造成的，是一點一滴的造成的。進化不是一個晚上籠統進化的，是一點一滴的進化的。現今的人愛談「解放」與「改造」，須知解放不是籠統解放，改造也不是籠統改造。解放是這個那個制度的解放，這種那種思想的解放，這個那個人的解放：都是一點一滴的解放。改造是這個那個制度的改造，這種那種思想的改造，這個那個人的改造：都是一點一滴的改造。

再造文明的下手功夫是這個那個問題的研究。再造文明的進行是這個那個問題的解決。我這個主張在當時最不能得各方面的了解。當時（民國八年）承「五四」、「六三」之後，國內正傾向於談主義。我預料到這個趨勢的危險，故發表「多研究問題，少談些主義」的警告。我說：

> 凡是有價值的思想，都是從這個那個具體的問題下手的。先研究了問題的種種方面的種種事實，看看究竟病在何處，這是思想的第一步功夫。然後根據於一生的經驗學問，提出種種解決的辦法，提出種種醫病的丹方，這是思想的第二步功夫。然後用一生的經驗學問，加上想像的能力，推想每一種假定的解決法應該可以有什麼樣的效果，更推想這種效果是否真能解決眼前這個困難問題。推想的結果，揀定一種假定的（最滿意的）解決，認為我的主張，這是思想的第三步功夫。凡是有價值的主張，都是先經過這三步功夫來的。

我又說：

> 一切主義，一切學理，都該研究。但只可認做一些假設的（待證的）見解，不可認作天經地義的信條；只可認作參考印證的材料，不可奉為金科玉律的宗教；只可用做啟發心思的工具，切不可用做矇蔽聰明，停止思想的絕對真理。如此方才可以漸漸養成人類的創造的思想力，方才可以漸漸使人類有解決具體問題的能力，方才可以漸漸解放人類對於抽象名詞的迷信。

這些話是民國八年七月寫的。於今已隔了十幾年，當日和我討論的朋友，一個已被殺死了，一個也頹唐了，但這些話字字句句都還可以應用到今日思想界的現狀。十幾年前我所預料的種種危險——「目的熱」和「方法盲」，迷信抽象名詞，把主義用做矇蔽聰明停止思想的絕對真理——一一都顯現在眼前了。所以我十分誠懇的把這些老話貢獻給我的少年朋友們，希望他們不可再走錯了思想的路子。

〈新生活〉一篇，本是為一個通俗週報寫的；十幾年來，這篇短文走進了中小學的教科書裡，讀過的人應該在一千萬以上了。但我盼望讀過此文的朋友們把這篇短文放在同組的五篇裡重新讀一遍。赫胥黎教人記得一句「拿證據來」，我現在教人記得一句「為什麼？」少年的朋友們，請仔細想想：你進學校是為什麼？你進一個政黨是為什麼？你努力做革命工作是為什麼？革命是為了什麼而革命？政府是為了什麼而存在？

請大家記得：人同畜生的分別，就在這個「為什麼」上。

第二組的文字只有三篇：

《科學與人生觀》序

不朽

易卜生主義

這三篇代表我的人生觀，代表我的宗教。

〈易卜生主義〉一篇寫的最早，最初的英文稿是民國三年在康奈爾大學哲學會宣讀的，中文稿是民國七年寫的。易卜生最可代表十九世紀歐洲的個人主義的精華，故我這篇文章只寫得一種健全的個人主義的人生觀。這篇文章在民國七八年間所以能有最大的興奮作用和解放作用，也正是因為它所提倡的個人主義在當日確是最新鮮又最需要的一針注射。

娜拉拋棄了家庭丈夫兒女，飄然而去，只因為她覺悟了她自己也是一個人，只因為她感覺到她「無論如何，務必努力做一個人」。這便是易卜生主義。易卜生說：

我所最期望於你的是一種真實純粹的為我主義，要使你有時覺得天下只有關於你的事最要緊，其餘的都算不得什麼……你要想有益於社會，最好的法子莫如把你自己這塊材料鑄造成器。……有的時候我真覺得全世界都像海上撞沉了船，最要緊的還是救出自己。

這便是最健全的個人主義。救出自己的唯一法子便是把你自己這塊材料鑄造成器。

把自己鑄造成器，方才可以希望有益於社會。真實的為我，便是最有益的為人。把自己鑄造成了自由獨立的人格，你自然會不知足，不滿意於現狀，敢說老實話，敢攻擊社會上的腐敗情形，做一個「貧賤不能移，富貴不能淫，威武不能曲」的斯鐸曼醫生。斯鐸曼醫生為了說老實話，為了揭穿本地社會的黑幕，遂被全社會的人喊作「國民公敵」。但他不肯避「國民公敵」的惡名，他還要說老實話。他大膽的宣言：

世上最強有力的人就是那最孤立的人！

這也是健全的個人主義的真精神。

這個個人主義的人生觀一面教我們學娜拉，要努力把自己鑄造成個人；一面教我們學斯鐸曼醫生，要特立獨行，敢說老實話，敢向惡勢力作戰。少年的朋友們，不要笑這是十九世紀維多利亞時代的陳腐思想！我們去維多利亞時代還老遠哩。歐洲有了十八九世紀的個人主義，造出了無數愛自由過於麵包、愛真理過於生命的特立獨行之士，方才有今日的文明世界。

現在有人對你們說：「犧牲你們個人的自由，去求國家的自由！」我對你們說：「爭你們個人的自由，便是為國家爭自由！爭你們自己的人格，便是為國家爭人格！自由平等的國家不一群奴才建造得起來的！」

《科學與人生觀序》一篇略述民國十二年的中國思想界裡的一場大論戰的背景和內容。在此序的末段，我提出我所謂「自然主義的人生觀」。這不過是一個輪廓，我希望少年的朋友們不要僅僅接受這個輪廓，我希望他們能把這十條都拿到科學教室和實驗室裡去細細證實或否證。

這十條的最後一條是：

根據生物學及社會學的知識，叫人知道個人——「小我」——是要死滅的，而人類——「大我」——是不死的，不朽的；叫人知道「為全種萬世而生活」就是宗教，就是最高的宗教；而那些替個人謀死後的天堂淨土的宗教乃是自私自利的宗教。

這個意思在這裡說的太簡單了，讀者容易起誤解。所以我把〈不朽〉一篇收在後面，專門說明這一點。

我不信靈魂不朽之說，也不信天堂地獄之說，故我說這個「小我」是會死滅的。死滅是一切生物的普遍現象，不足怕，也不足惜。但個人自有他不死不滅的部分：他的一切作為，一切功德罪惡，一切語言行事，無論大小，都在那「大我」上留下不能磨滅的結果和影響。他吐一口痰在地上，也許可以毀滅一村一族。他起一個念頭，也許可以引起幾十年的血戰。他也許「一言可以興邦，一言可以喪邦」。善亦不朽，惡亦不朽；功蓋萬世固然不朽，種一擔穀子也可以不朽，喝一杯酒，吐一口痰也可以不朽。古人說：「一出言而不敢忘父母，一舉足而不敢忘父母。」我們應該說：「說一句話而不敢忘這句話的社會影響，走一步路而不敢忘這步路的社會影響。」這才是對於大我復責任，能如此做，便是道德，便是宗教。

這樣說法，並不是推崇社會而抹殺個人。這正是極力抬高個人的重要。個人雖渺小，而他的一言一動都在社會上留下不朽的痕跡，芳不止流百世，臭也不止遺萬年，這不是絕對承認個人的重要嗎？成功不必在我，也許在我千百年後，但沒有我也絕不能成功。毒害不必在眼前，「我躬不閱，惶恤我後」！然而我豈能不負這毒害的責任？今日的世界便是我們的祖宗積的德，造的孽。未來的世界全看我們自己積什麼德或造什麼孽。世界的關鍵全在我們手裡，真如古人說的「任重而道遠」，我們豈可錯過這絕好的機會，放下這絕大的擔子？

有人對你說：「人生如夢。」就算是一場夢罷，可是你只有這一個做夢的機會。豈可不振作一番，做一個痛痛快快轟轟烈烈的夢？

有人對你說：「人生如戲。」就說是做戲罷，可是，吳稚暉先生說的好：「這唱的是義務戲，自己要好看才唱的；誰便無端的自己扮做跑龍套，辛苦的發表，止算做沒有呢？」

其實人生不是夢，也不是戲，是一件最嚴重的事實。你種穀子，便有人充飢；你種樹，便有人砍柴，便有人乘涼；你拆爛汙，便有人遭瘟；你放野火，便有人燒死。你種瓜便得瓜種豆便得豆，種荊棘便得荊棘。少年的朋友們，你愛種什麼？你能種什麼？

第三組的文字，也只有三篇：

〈我們對於西洋近代文明的態度〉

〈漫遊的感想〉

〈請大家來照鏡子〉

在這三篇裡，我很不客氣的指摘我們的東方文明，很熱烈的頌揚西洋的近代文明。

人們常說東方文明是精神的文明，西方文明是物質的文明，或唯物的文明。這是有誇大狂的妄人捏造出來的謠言，用來遮掩我們的羞臉的。其實一切文明都有物質和精神的兩部分：材料都是物質的，而運用材料的心思才智都是精神的。木頭是物質；而刳木為舟，構木為屋，都靠人的智力，那便是精神的部分。器物越完備複雜，精神的因子越多。一隻蒸汽鍋爐、一輛摩托車、一部有聲電影機器，其中所含的精神因子比我們老祖宗的瓦罐、大車、毛筆多的多了。我們不能坐在舢板船上自誇精神文明，而嘲笑五萬噸大汽船是物質文明。

但物質是倔強的東西，你不征服他，他便要征服你。東方人在過去的時代，也曾製造器物，做出一點利用厚生的文明。但後世的懶惰子孫得過且過，不肯用手用腦去和物質抗爭，並且編出「不以人易天」的懶人哲學，於是不久便被物質戰勝了。天旱了，只會求雨；河決了，只會拜金龍大王；風浪大了，只會禱告觀音菩薩或天后娘娘。荒年了，只好逃荒去；瘟疫來了，只好閉門等死；

病上身了，只好求神許願；樹砍完了，只好燒茅草；山都精光了，只好對著嘆氣。這樣又愚又懶的民族，不能征服物質，便完全被壓死在物質環境之下，成了一分像人九分像鬼的不長進民族。所以我說：

這樣受物質環境的拘束與支配，不能跳出來，不能運用人的心思智力來改造環境改良現狀的文明，是懶惰不長進的民族的文明，是真正唯物的文明。

反過來看看西洋的文明：

這樣充分運用人的聰明智慧來尋求真理以解放人的心靈，來制服天行以供人用，來改造物質的環境，來改革社會政治的制度，來謀求人類最大多數的最大幸福——這樣的文明是精神的文明。

這是我的東西文化論的大旨。

少年的朋友們，現在有一些妄人要煽動你們的誇大狂，天天要你們相信中國的舊文化比任何國高，中國的舊道德比任何國好。還有一些不曾出國門的愚人鼓起喉嚨對你們喊道：「往東走！往東走！西方的這一套把戲是行不通的了！」

我要對你們說：不要上他們的當！不要拿耳朵當眼睛！睜開眼睛看看自己，再看看世界。我們如果還要把這個國家整頓起來，如果還希望這個民族在世界上占一個地位——只有一條生路，就是我們自己要認錯。我們必須承認我們自己百事不如人，不但物質機械上不如人，不但政治制度不如人，並且道德不如人，知識不如人，文學不如人，音樂不如人，藝術不如人，身體不如人。

肯認錯了，方才肯死心塌地的去學人家。不要怕模仿，因為模仿是創造的必要預備功夫。不要怕喪失我們自己的民族文化，因為絕大多數人的惰性已儘夠保守那舊文化了，用不著你們少年人去擔心。你們的職務在進取，不在保守。

請大家認清我們當前的緊急問題。我們的問題是救國，救這個衰病的民族，救這半死的文化。在這件大工作的歷程裡，無論什麼文化，凡可以使我們起死回生，返老還童的，都可以充分採用，都應該充分吸受。我們救國建國，正如大匠建屋，只求材料可以應用，不管他來自何方。

第四組的文字有六篇：

〈建設的文學革命論〉

〈自序〉

〈文學進化觀念〉

〈國語的進化〉

〈文學革命運動〉

〈自序〉

這裡有一部分是敘述文學革命運動的經過的，有一部分是我自己對於文學的見解。

我在這十幾年的中國文學革命運動上，如果有一點貢獻，我的貢獻只在：

（一）我指出了「用白話作新文學」的一條路子。

（二）我供給了一種根據歷史事實的中國文學演變論，使人明了國語是古文的進化，使人明了白話文學在中國史上占什麼地位。

（三）我發起了白話新詩的嘗試。

這些文字都可以表出我的文學革命論也只是進化論和實驗主義的一種實際應用。

第五組的文字有四篇：

〈發刊宣言〉

〈古史討論的讀後感〉

〈考證〉

〈治學的方法與材料〉

這都是關於整理國故的文字。

〈發刊宣言〉是一篇整理國故的方法總論，有三個要點：

第一，用歷史的眼光來擴大研究的範圍。

第二，用系統的整理來幫助研究的資料。

第三，用比較的研究來幫助材料的整理與解釋。

這一篇是一種概論，故未免覺的太懸空一點。以下的兩篇便是兩個具體的例子，都可以說明歷史考證的方法。

〈古史討論的讀後感〉一篇，在我的《文存》裡要算是最精彩的方法論。這裡面討論了兩個基本方法：一個是用歷史演變的眼光來追求傳說的演變，一個是用嚴格的考據方法來評判史料。

顧頡剛先生在他的《古史辯》的目序裡曾說他從我的《考證》和《井田辯》等文字裡得著歷史

方法的暗示。這個方法便是用歷史演化的眼光來追求每一個傳說演變的歷程。我考證《水滸》的故事、包公的傳說、貍貓換太子的故事、井田的制度，都是用這個方法。顧先生用這個方法來研究中國古史，曾有很好的成績。顧先生說的最好：「我們看史蹟的整理還輕而看傳說的經歷卻重。凡是一件史事，應看他最先是怎樣，以後逐步的變遷是怎樣。」其實對於紙上的古史蹟追求其演變的步驟，便是整理它了。

在這篇文字裡，我又略述考證的方法，我說：

我們對於「證據」的態度是：一切史料都是證據。但史家要問：

(一)這種證據是在什麼地方尋出的？

(二)什麼時候尋出的？

(三)什麼人尋出的？

(四)依地方和時候上看起來，這個人有做證人的資格嗎？

(五)這個人雖有證人資格，而他說這句話有作偽（無心的，或有意的）的可能嗎？

〈考證〉諸篇只是考證方法的一個實例。我說：

我覺得我們做《紅樓夢》的考證，只能在「著者」和「本子」兩個問題上著手；只能運用我們力所能蒐集的材料，參考互證，然後抽出一些比較的最近情理的結論。這是考證學的方法。我在這篇文章裡，處處想撇開一切先入的成見，處處存一個求證據的目的，處處尊重證據，讓證據做嚮導，引我到相當的結論上去。

這不過是赫胥黎、杜威的思想方法的實際應用。我的幾十萬字的小說考證，都只是用一些「深切而著名」的實例來教人怎樣思想。

試舉曹雪芹的年代一個問題作個實例。民國十年，我收得了一些證據，得著這些結論：

我們可以斷定曹雪芹死於乾隆三十年左右。（約西曆 1765）……我們可以猜想雪芹大約生於康熙末葉（約 1715-1720）。當他死時，約五十歲左右。

民國十一年五月，我得著了《四松堂集》的原本。見敦誠挽曹雪芹的詩題下注「甲申」二字，又詩中有「四十年華」的話，故修正我的結論如下：

曹雪芹死在乾隆二十九年甲申（1764）……他死時只有「四十年華」，我們可以斷定他的年紀不能在四十五歲以上。假定他死時年四十五歲，他的生時當康熙五十八年（1719）。

但到了民國十六年，我又得了脂硯齋評本《石頭記》，其中有「壬午除夕，書未成，芹為淚盡而逝」的話。壬午為乾隆二十七年，除夕當西曆 1763 年 2 月 12 日，和我七年前的斷定（乾隆三十年左右，約西曆 1765）只差一年多。又假定他活了四十五歲，他的生年大概在康熙五十六年（1717），這也和我七年前的猜測正相符合。

考證兩個年代，經過七年的時間，方才得著證實。證實是思想方法的最後又最重要的一步。不曾證實的理論，只可算是假設；證實之後，才是定論，才是真理。我在別處說過：

我為什麼要考證《紅樓夢》？

在消極方面，我要教人懷疑王夢阮徐柳泉一班人的謬說。

在積極方面，我要教人一個思想學問的方法。我要教人疑而後信，考而後信，有充分證據而後信。我為什麼要替《水滸傳》作五萬字的考證？我為什麼要替廬山一個塔作四千字的考證？

我要教人知道學問是平等的，思想是一貫的。……肯疑問「佛陀耶舍究竟到過廬山沒有」的人，方才肯疑問「夏禹是神是人」。有了不肯放過一個塔的真偽的思想習慣，方才敢疑上帝的有無。

少年的朋友們，莫把這些小說考證看做我教你們讀小說的文字。這些都只是思想學問的方法的一些例子。在這些文字裡，我要讀者學得一點科學精神、一點科學態度、一點科學方法。科學精神在於尋求事實，尋求真理。科學態度在於撇開成見，擱起感情，只認得事實，只跟著證據走。科學方法只是「大膽的假設，小心的求證」十個字。沒有證據，只可懸而不斷，證據不夠，只可假設，不可武斷；必須等到證實之後，方才奉為定論。

少年的朋友們，用這個方法來做學問，可以無大差失；用這種態度來做人處事，可以不至被人蒙著眼睛牽著鼻子走。

從前禪宗和尚曾說：「菩提達摩東來，只要尋一個不受人惑的人。」我這裡千言萬語，也只是要教人一個不受人惑的方法。我只希望盡我的微薄的能力，教我的少年朋友們學一點防身的本領，努力做一個不受人惑的人。

抱著無限的愛和無限的希望，我很誠摯的把這一本小書貢獻給全國的少年朋友！

1930年11月

九年的家鄉教育

我生在光緒十七年十一月十七日（1891年12月17日），那時候我家寄住在上海大東門外。我生後兩個月，我父親被臺灣巡撫邵友濂調往臺灣；江蘇巡撫奏請免調，沒有效果。我父親於十八年二月底到臺灣，我母親和我搬到川沙住了一年。十九年（1983）二月二十六日我們一家（我母，四叔介如，二哥嗣秬，三哥嗣秠）也從上海到臺灣。我們在臺南住了十個月。十九年五月，我父親做臺東直隸州知州，兼統鎮海後軍各營。臺東是新設的州，一切草創，故我父不帶家眷去。到十九年底，我們才到臺東。我們在臺東住了整一年。

甲午（1894）中日戰爭開始，臺灣也在備戰的區域，恰好介如四叔來臺灣，我父親便托他把家眷送回徽州故鄉，只留二哥嗣秬跟著他在臺東。我們於乙未年（1895）正月離開臺灣，二月初十日從上海起程回績溪故鄉。

那年四月，中日和議成，把臺灣割讓給日本。臺灣紳民反對割臺，要求巡撫唐景崧堅守。唐景崧請西洋各國出來干涉，各國不允。臺人公請唐為臺灣民主國大總統，幫辦軍務劉永福為主軍大總統。我父親在臺東辦後山的防務，電報已不通，餉源已斷絕。那時他已得腳氣病，左腳已不能行動。他守到閏五月初三日，始離開後山。到安平時，劉永福苦苦留他幫忙，不肯放行。到六月二十五日，他雙腳都不能動了，劉永福始放他行。六月二十八日到廈門，手足俱不能動了。七月初三日他死在廈門，成為東亞第一個民主國的第一個犧牲者！

這時候我只有三歲零八個月。我彷佛記得我父親死信到家時，我母親正在家中老屋的前堂，她坐在房門口的椅子上。她聽見讀信人讀到我父親的死信，身子往後一倒，連椅子倒在房門檻上。東邊房門口坐的珍伯母也放聲大哭起來，一時滿屋都是哭聲，我只覺得天地都翻覆了！我只彷佛記得這一點悽慘的情狀，其餘都不記得了。

我父親死時，我母親只有二十三歲。我父初娶馮氏，結婚不久便遭太平天國之亂，同治二年（1863）死在兵亂裡。次娶曹氏，生了三個兒子，三個女兒，死於光緒四年（1878）。我父親因家貧，又有志遠遊，故久不續娶。到光緒十五年（1889），他在江蘇候補，生活稍稍安定，才續娶我的母親。我母親結婚後三天，我的大哥嗣稼也娶親了。那時我的大姊已出嫁生了兒子。大姊比我母親大七歲。大哥比她大兩歲。二姊是從小抱給人家的。三姊比我母親小三歲，二哥三哥（孿生的）比她小四歲。這樣一個家庭裡忽然來了一個17歲的後母，她的地位自然十分困難，她的生活自然免不了苦痛。

結婚後不久，我父親把她接到了上海同住。她脫離了大家庭的痛苦，我父又很愛她，每日在百忙中教她認字讀書，這幾年的生活是很快樂的。我小時也很得我父親鍾愛，不滿三歲時，他就把教我母親的紅紙方字教我認。父親做教師，母親便在旁做助教。我認的是生字，她便借此溫她的熟字。他太忙時，她就是代理教師。我們離開臺灣時，她認得了近千字，我也認得了七百多字。這些方字都是我父親親手寫的楷字，我母親終身保存著，因為這些方塊紅箋上都是我們三個人的最神聖的團居生活的紀念。

我母親二十三歲就做了寡婦，從此以後，又過了二十三年。這二十三年的生活真是十分苦痛的生活，只因為還有我這一點骨血，她含辛茹苦，把全副希望寄託在我的渺茫不可知的將來，這一點希望居然使她掙扎著活了二十三年。

我父親在臨死之前兩個多月，寫了幾張遺囑，我母親和四個兒子每人各有一張，每張只有幾句話。給我母親的遺囑上說穈兒（我的名字叫嗣穈，穈字音門）天資聰明，應該令他讀書。給我的遺囑也教我努力讀書上進。這寥寥幾句話在我的一生很有重大的影響。我11歲的時候，二哥和三哥都在家，有一天我母親問他們道：「穈今年十一歲了。你老子叫他唸書。你們看看他唸書唸得出嗎？」二哥不肯開口，三哥冷笑道：「哼，唸書！」二哥始終沒有說什麼。我母親忍氣坐了一會，回到了房裡才敢掉眼淚。她不敢得罪他們，因為一家的財政權全在二哥的手裡，我若出門求學是要靠他供給學費的。所以她只能掉眼淚，終年不敢哭。

但父親的遺囑究竟是父親的遺囑，我是應該唸書的。況且我小時候很聰明，四鄉的人都知道三先生的小兒子是能夠唸書的。所以隔了兩年，三哥往上海醫肺病，我就跟他出門求學了。

我在臺灣時，大病了半年，故身體很弱。回家鄉時，我號稱五歲了，還不能跨一個七八寸高的門檻。但我母親望我唸書的心很切，故到家的時候，我才滿三歲零幾個月，就在我四叔父介如先生（名玠）的學堂裡讀書了。我的身體太小，他們抱我坐在一隻高凳子上面。我坐上了就爬不下來，還要別人抱下來。但我在學堂並不算最低級的學生，因為我進學堂之前已認得近一千字了。

因為我的程度不算「破蒙」的學生，故我不須念《三字經》、《千字文》、《百家姓》、《神童詩》

一類的書。我念的第一部書是我父親自己編的一部四言韻文，叫做《學為人詩》，他親筆抄寫了給我的。這部書說的是做人的道理。我把開頭幾行抄在這裡：

為人之道，在率其性。
子臣弟友，循理之正；
謹乎庸言，勉乎庸行；
以學為人，以期作聖。……

以下分說五倫。最後三節，因為可以代表我父親的思想，我也抄在這裡：

五常之中，不幸有變，名分攸關，不容稍紊。
義之所在，身可以殉。
求仁得仁，無所尤怨。
古之學者，察於人倫，因親及親，九族克敦；
因愛推愛，萬物同仁。
能盡其性，斯為聖人。
經籍所載，師儒所述，為人之道，非有他術；
窮理致知，返躬踐實，黽勉於學，守道勿失。

我念的第二部書也是我父親編的一部四言韻文，名叫《原學》，是一部略述哲理的書。這兩部書雖是韻文，先生仍講不了，我也懂不了。

我念的第三部書叫做《律詩六抄》，我不記是誰選的了。三十多年來，我不曾重見這部書，故沒有機會考出此書的編者；依我的猜測，似是姚鼐的選本，但我不敢堅持此說。這一冊詩全是律詩，我讀了雖不懂得，卻背的很熟。至今回憶，卻完全不記得了。

我雖不曾讀《三字經》等書，卻因為聽慣了別的小孩子高聲誦讀，我也能背這些書的一部分，尤其是那五七言的《神童詩》，我差不多能從頭背到底。這本書後面的七言句子，如：

人心曲曲彎彎水，世事重重疊疊山。

我當時雖不懂得其中的意義，卻常常嘴上愛唸著玩，大概也是因為喜歡那些重字雙聲的緣故。

我念的第四部書以下，除了《詩經》，就都是散文的了。我依誦讀的次序，把這些書名寫在下面：

（4）《孝經》。

（5）朱子的《小學》，江永集注本。

（6）《論語》。以下四書皆用朱子注本。

（7）《孟子》。

（8）《大學》與《中庸》（《四書》皆連注文讀。）

（9）《詩經》，朱子集傳本。（注文讀一部分。）

（10）《書經》，蔡沈注本。（以下三書不讀注文。）

（11）《易經》，朱子《本義》本。

（12）《禮記》，陳澔注本。

讀到了《論語》的下半部，我的四叔父選了潁州府阜陽縣的訓導，要上任去了，就把家塾移交給族兄禹臣先生（名觀象）。四叔是個紳董，常常被本族或外村請出去議事或和案子；他又喜歡打紙牌（徽州紙牌，每副一百五十五張），常常被明達叔公，映基叔，祝封叔，茂張叔等人邀出去打牌。所以我們的功課很鬆，四叔往往在山門之前，給我們「上一進書」，叫我們自己念；他到天將黑時，回來一趟，把我們的習字紙加了圈，放了學，才又出門去。

四叔的學堂裡只有兩個學生，一個是我，一個是四叔的兒子嗣秫，比我大幾歲。嗣秫承繼給瑜嬸（星五伯公的二子，珍伯瑜叔，皆無子，我家三哥承繼珍伯，秫哥承繼瑜嬸）她很溺愛他，不肯管束他，故四叔一走開，秫哥就溜到灶下或後堂去玩了（他們和四叔住一屋，學堂在這屋的東邊小屋內）。我的母親管的嚴厲，我又不大覺得唸書是苦事，故我一個人坐在學堂裡溫書唸書，到天黑才回家。

禹臣先生接受家塾後，學生就增多了。先是五個，後來添到十多個，四叔家的小屋不夠用了，就移到一所大屋——名叫來新書屋——裡去。最初添的三個學生，有兩個是守瓚叔的兒子，嗣昭，嗣逵。嗣昭比我大兩三歲，天資不算笨，卻不愛讀書，最愛「逃學」，我們土話叫做「賴學」。他逃出去，往往躲在麥田或稻田裡，寧可睡在田裡挨餓，卻不願唸書。先生往往差嗣秫去捉；有時候，嗣昭被捉回來了，總得挨一頓毒打；有時候，連嗣秫也不回來了，——樂得不回來了，因為這是「奉命差遣」，不算是逃學！

我常覺得奇怪，為什麼嗣昭要逃學？為什麼一個人情願挨餓挨打，挨大家笑罵，而不情願唸書？後來我稍懂得世事，才明白了。瓚叔自小在江西做生意，後來在九江開布店，才娶妻生子；一家人都說江西話，回家鄉時，嗣昭弟兄都不容易改口音；說話改了，而嗣昭唸書常帶江西音，常常因此吃戒方或吃「作瘤栗」。（鉤起五指，打在頭上，常打起瘤子，故叫做「作瘤栗」。）這是先生不原諒，難怪他不願唸書。

還有一個原因。我們家鄉的蒙館學金太輕，每個學生每年只送兩塊銀元。先生對於這一類學生，自然不肯耐心教書，每天只教他們念死書，背死書，從來不肯為他們「講書」。小學生初念有韻的書，也還不十分叫苦。後來念《幼學瓊林》，《四書》一類的散文，他們自然毫不覺得有趣味，因為全不懂得書中說的是什麼。因為這個緣故，許多學生常常賴學；先有嗣昭，後來有個士祥，都是有名的「賴學胚」。他們都屬於這每年兩元錢的階級。因為逃學，先生生了氣，打的更利害。越打的利害，他們越要逃學。

我一個人不屬於這「兩元」的階級。我母親渴望我讀書，故學金特別優厚，第一年就送六塊錢，以後每年增加，最後一年加到十二元。這樣的學金，在家鄉要算「打破紀錄」的了。我母親大概是受了我父親的叮嚀，她囑託四叔和禹臣先生為我「講書」：每讀一字，須講一字的意思；每讀一句，須講一句的意思。我先已認得了近千個「方字」，每個字都經過父母的講解，故進學堂之後，不覺得很苦。念的幾本書雖然有許多是鄉里先生講不明白的，但每天總遇著幾句可懂的話。我最喜歡朱子《小學》裡的記述古人行事的部分，因為那些部分最容易懂得，所以比較最有趣味。同學之中有念《幼學瓊林》的，我常常幫他們的忙，教他們不認得的生字，因此常常借這些書看；他們念大字，我卻最愛看《幼學瓊林》的小注，因為注文中有許多神話和故事，比「四書」「五經」有趣味多了。

有一天，一件小事使我忽然明白我母親增加學金的大恩惠。一個同學的母親來請禹臣先生代寫家信給她的丈夫；信寫成了，先生交她的兒子帶回家去。一會兒，先生出門去了，這位同學把家信抽出來偷看。他忽然過來問我道：「糜，這信上第一句『父親大人膝下』是什麼意思？」他比我只小一歲，也唸過《四書》，卻不懂「父親大人膝下」是什麼！這時候，我才明白我是一個受特別待遇的人，因為別人每年出兩塊線，我去年卻送十塊線。我一生最得力的是講書：父親母親為我講方字，兩位先生為我講書。念古文而不講解，等於念「揭諦揭諦，波羅揭諦」，全無用處。

當我九歲時，有一天我在四叔家東邊小屋裡玩耍。這小屋前面是我們的學堂，後邊有一間臥房，有客便住在這裡。這一天沒有課，我偶然走進那臥房裡去，偶然看見桌子下一隻美孚煤油板箱裡的廢紙堆中露出一本破書。我偶然撿起了這本書，兩頭都被老鼠咬壞了，書面也扯破了。但這一本破書忽然為我開闢了一個新天地，忽然在我的兒童生活史上打開了一個新鮮的世界！

這本破書原來是一本小字木板的《第五才子》，我記得很清楚，開始便是「李逵打死殷天錫」一回。我在戲臺上早已認得李逵是誰了，便站在那隻美孚破板箱邊，把這本《水滸傳》殘本一口氣看完了。不看尚可，看了之後，我的心裡很不好過：這一本的前面是些什麼？後面是些什麼？這兩個問題，我都不能回答，卻最急要一個回答。

我拿了這本書去尋我的五叔，因為他最會「說笑話」（「說笑話」就是「講故事」，小說書叫做「笑話書」），應該有這種笑話書。不料五叔竟沒有這書，他叫我去尋守煥哥。守煥哥說，「我沒有《第五才子》，我替你去借一部；我家中有部《第一才子》，你先拿去看，好吧？」《第一才子》便是《三國演義》，他很鄭重的捧出來，我很高興的捧回去。

後來我居然得著《水滸傳》全部。《三國演義》也看完了。從此以後，我到處去借小說看。五叔，守煥哥，都幫了我不少的忙。三姊夫（周紹瑾）在上海鄉間周浦開店，他吸鴉片煙，最愛看小說書，帶了不少回家鄉；他每到我家來，總帶些《正德皇帝下江南》，《七劍十三俠》一類的書來送給我。這是我自己收藏小說的起點。我的大哥（嗣稼）最不長進，也是吃鴉片煙的，但鴉片煙燈是和小說書常作伴的，——五叔，守煥哥，三姊夫都是吸鴉片煙的，——所以他也有一些小說書。大嫂認得一些字，嫁妝裡帶來了好幾種彈詞小說，如《雙珠鳳》之類。這些書不久都成了我的藏書的一部分。

三哥在家鄉時多；他同二哥都進過梅溪書院，都做過南洋公學的師範生，舊學都有根柢，故三哥看小說很有選擇。我在他書架上只尋得三部小說：一部《紅樓夢》，一部《儒林外史》，一部《聊齋志異》。二哥有一次回家，帶了一部新譯出的《經國美談》，講的是希臘的愛國志士的故事，是日本人做的。這是我讀外國小說的第一步。

幫助我借小說最出力的是族叔近仁，就是民國十二年和顧頡剛先生討論古史的胡堇人。他比我大幾歲，已「開筆」做文章了，十幾歲就考取了秀才。我同他不同學堂，但常常相見，成了最要好的朋友。他天才很高，也肯用功，讀書比我多，家中也頗有藏書。他看過的小說，常借給我看，我借到的小說，也常借給他看。我們兩人各有一個小手折，把看過的小說都記在上面，時時交換比較，看誰看的書多。這兩個摺子後來都不見了，但我記得離開家鄉時，我的摺子上好像已有了30多部小說了。

這裡所謂「小說」，包括彈詞，傳奇，以及筆記小說在內。《雙珠鳳》在內，《琵琶記》也在內；《聊齋》、《夜雨秋燈錄》、《夜譚隨筆》、《蘭苕館外史》、《寄園寄所寄》、《虞初新志》等等也在內；從《薛仁貴征東》、《薛丁山征西》、《五虎平西》、《粉妝樓》一類最無意義的小說，到《紅樓夢》和《儒林外史》一類的第一流作品，這裡面的程度已是天懸地隔了。我到離開家鄉時，還不能了解《紅樓夢》和《儒林外史》的好處。但這一大類都是白話小說，我在不知不覺之中得了不少的白話散文的訓練，在十幾年後於我很有用處。

看小說還有一樁絕大的好處，就是幫助我把文字弄通順了。那時正是廢八股時文的時代，科舉制度本身也動搖了。二哥三哥在上海受了時代思潮的影響，所以不要我「開筆」做八股文，也不要我學做策論經義。他們只要先生給我講書，教我讀書。但學堂裡念的書，越到後來，越不好懂了。《詩經》起初還好懂，讀到《大雅》，就難懂了；讀到《周頌》，更不可懂了。《書經》有幾篇，如《五子之歌》，我讀的很起勁；但《盤庚》三篇，我總讀不熟。我在學堂九年，只有《盤庚》害我挨了一次打。後來隔了十多年，我才知道《尚書》有今文和古文兩大類，向來學者都說古文諸篇是假的，今文是真的；《盤庚》屬於今文一類，應該是真的。但我研究《盤庚》用的代名詞最雜亂不成條理，故我總疑心這三篇書是後人假造的。有時候，我自己想，我的懷疑《盤庚》，也許暗中含有報那一個

「作瘤栗」的仇恨的意味吧？

《周頌》、《尚書》、《周易》等書都是不能幫助我做通順文字的。但小說書卻給了我絕大的幫助。從《三國演義》讀到《聊齋志異》和《虞初新志》，這一跳雖然跳的太遠，但因為書中的故事實在有趣味，所以我能細細讀下去。石印本的《聊齋志異》有圈點，所以更容易讀。到我十二三歲時，已能對本家姊妹們講說《聊齋》故事了。那時候，四叔的女兒巧菊，禹臣先生的妹子廣菊多菊，祝封叔的女兒杏仙，和本家侄女翠蘋定嬌等，都在十五六歲之間；她們常常邀我去，請我講故事。我們平常請五叔講故事時，忙著替他點火，裝旱煙，替他捶背。現在輪到我受人巴結了。我不用人裝煙捶背，她們聽我說完故事，總去泡炒米，或做蛋炒飯來請我吃。她們繡花做鞋，我講《鳳仙》、《蓮香》、《張鴻漸》、《江城》。這樣的講書，逼我把古文的故事翻譯成績溪土話，使我更了解古文的文理。所以我到十四歲來上海開始做古文時，就能做很像樣的文字了。

我小時身體弱，不能跟著野蠻的孩子們一塊兒玩。我母親也不准我和他們亂跑亂跳。小時不曾養成活潑遊戲的習慣，無論在什麼地方，我總是文縐縐地。所以家鄉老輩都說我「像個先生樣子」，遂叫我做「穈先生」。這個綽號叫出去之後，人都知道三先生的小兒子叫做穈先生了。既有「先生」之名，我不能不裝出點「先生」樣子，更不能跟著頑童們「野」了。有一天，我在我家八字門口和一班孩子「擲銅錢」，一位老輩走過，見了我，笑道：「穈先生也擲銅錢嗎？」我聽了羞愧的面紅耳熱，覺得大失了「先生」的身分！

大人們鼓勵我裝先生樣子，我也沒有嬉戲的能力和習慣，又因為我確是喜歡看書，所以我一生可算是不曾享過兒童遊戲的生活。每年秋天，我的庶祖母跟我到田裡去「監割」（頂好的田，水旱無擾，收成最好，佃戶每約田主來監割，打下穀子，兩家平分），我總是坐在小樹下看小說。十一二歲時，我稍活潑一點，居然和一群同學組織了一個戲劇班，做了一些木刀竹槍，借得了幾副假鬍鬚，就在村田裡做戲。我做的往往是諸葛亮，劉備一類的文角兒；只有一次我做史文恭，被花榮一箭從椅子上射倒下去，這算是我最活潑的玩藝兒了。

我在這九年（1895-1904）之中，只學得了讀書寫字兩件事。在文字和思想（看下章）的方面，不能不算是打了一點底子。但別的方面都沒有發展的機會。有一次我們村裡「當朋」（八都凡五村，稱為「五朋」，每年一村輪著做太子會，名為「當朋」）。籌備太子會，有人提議要派我加入前村的崑腔隊裡學習吹笙或吹笛。族里長輩反對，說我年紀太小，不能跟著太子會走遍五朋。於是我失掉了這學習音樂的唯一機會。三十年來，我不曾拿過樂器，也全不懂音樂；究竟我有沒有一點學音樂的天資，我至今還不知道。至於學圖畫，更是不可能的事。我常常用竹紙蒙在小說書的石印繪像上，摹畫書上的英雄美人。有一天，被先生看見了，挨了一頓大罵，抽屜裡的圖畫都被搜出撕毀了。於是我又失掉了學做畫家的機會。

但這九年的生活，除了讀書看書之外，究竟給了我一點做人的訓練。在這一點上，我的恩師就是我的慈母。

每天天剛亮時，我母親就把我喊醒，叫我披衣坐起。我從不知道她醒來坐了多久了。她看我清醒了，才對我說昨天我做錯了什麼事，說錯了什麼話，要我認錯，要我用功讀書。有時候她對我說

四　生命記憶

父親的種種好處，她說：「你總要踏上你老子的腳步。我一生只曉得這一個完全的人，你要學他，不要跌他的股。」（跌股便是丟臉，出醜）她說到傷心處，往往掉下淚來。到天大明時，她才把我的衣服穿好，催我去上早學。學堂門上的鎖匙放在先生家裡；我先到學堂門口一望，便跑到先生家裡去敲門。先生家裡有人把鎖匙從門縫裡遞出來，我拿了跑回去，開了門，坐下念生書。十天之中，總有八九天我是第一個去開學堂門的。等到先生來了，我背了生書，才回家吃早飯。

我母親管束我最嚴，她是慈母兼任嚴父。但她從來不在別人面前罵我一句，打我一下。我做錯了事，她只對我一望，我看見了她的嚴厲眼光，就嚇住了。犯的事小，她等到第二天早晨我眼醒時才教訓我。犯的事大，她等到晚上人靜時，關了房門，先責備我，然後行罰，或跪罰，或擰我的肉。無論怎樣重罰，總不許我哭出聲音來。她教訓兒子不是借此出氣叫別人聽的。

有一個初秋的傍晚，我吃了晚飯，在門口玩，身上只穿著一件單背心。這時候我母親的妹子玉英姨母在我家住，她怕我冷了，拿了一件小衫出來叫我穿上。我不肯穿，她說：「穿上吧，涼了。」我隨口回答：「娘（涼）什麼！老子都不老子啊。」我剛說了這句話，一抬頭，看見母親從家裡走出，我趕快把小衫穿上。但她已聽見這句輕薄的話了。晚上人靜後，她罰我跪下，重重的責罰了一頓。她說：「你沒了老子，是多麼得意的事！好用來說嘴！」她氣的坐著發抖，也不許我上床去睡。我跪著哭，用手擦眼淚，不知擦進了什麼微菌，後來足足害了一年多的眼翳病。醫來醫去，總醫不好。我母親心裡又悔又急，聽說眼翳可以用舌頭舔去，有一夜她把我叫醒，她真用舌頭舔我的病眼。這是我的嚴師，我的慈母。

我母親二十三歲做了寡婦，又是當家的後母。這種生活的痛苦，我的笨筆寫不出一萬分之一二。家中財政本不寬裕，全靠二哥在上海經營調度。大哥從小就是敗子，吸鴉片煙，賭博，錢到手就光，光了就回家打主意，見了香爐就拿出去賣，撈著錫茶壺就拿出去押。我母親幾次邀了本家長輩來，給他定下每月用費的數目。但他總不夠用，到處都欠下煙債賭債。每年除夕我家中總有一大群討債的，每人一盞燈籠，坐在大廳上不肯去。大哥早已避出去了。大廳的兩排椅子上滿滿的都是燈籠和債主。我母親走進走出，料理年夜飯，謝灶神，壓歲錢等事，只當做不曾看見這一群人。到了近半夜，快要「封門」了，我母親才走後門出去，央一位鄰捨本家到我家來，每一家債戶開發一點錢。做好做歹的，這一群討債的才一個一個提著燈籠走出去。一會兒，大哥敲門回來了。我母親從不罵他一句。並且因為是新年，她臉上從不露出一點怒色。這樣的過年，我過了六七次。

大嫂是個最無能而又最不懂事的人，二嫂是個很能幹而氣量很窄小的人。她們常常鬧意見，只因為我母親的和氣榜樣，她們還不曾有公然相罵相打的事。她們鬧氣時，只是不說話，不答話，把臉放下來，叫人難看；二嫂生氣時，臉色變青，更是怕人。她們對我母親鬧氣時，也是如此。我起初全不懂得這一套，後來也漸漸懂得看人的臉色了。我漸漸明白，世間最可厭惡的事莫如一張生氣的臉；世間最下流的事莫如把生氣的臉擺給旁人看。這比打罵還難受。

我母親的氣量大，性子好，又因為做了後母後婆，她更事事留心，事事特別容忍。大哥的女兒比我只小一歲，她的飲食衣料總是和我的一樣。我和她有小爭執，總是我吃虧，母親總是責備我，要我事事讓她。後來大嫂二嫂都生了兒子了，她們生氣時便打罵孩子來出氣，一面打，一面用尖刻有刺的話罵給別人聽。我母親只裝做不聽見。有時候，她實在忍不住了，便悄悄走出門去，或到左鄰立大嫂家去坐一會，或走後門到後鄰度嫂家去閒談。她從不和兩個嫂子吵一句嘴。

每個嫂子一生氣，往往十天半個月不歇，天天走進走出，板著臉，咬著嘴，打罵小孩子出氣。我母親只忍耐著，忍到實在不可再忍的一天，她也有她的法子。這一天的天明時，她就不起床，輕輕的哭一場。她不罵一個人，只哭她的丈夫，哭她自己苦命，留不住她丈夫來照管她。她先哭時，聲音很低，漸漸哭出聲來。我醒了起來勸她，她不肯住。這時候，我總聽見前堂（二嫂住前堂東房）或後堂（大嫂住後堂西房）有一扇房門開了，一個嫂子走出房向廚房走去。不多一會，那位嫂子來敲我們的房門了。我開了房門，她走進來，捧著一碗熱茶，送到我母親床前，勸她止哭，請她喝口熱茶。我母親慢慢停住哭聲，伸手接了茶碗。那位嫂子站著勸一會，才退出去。沒有一句話提到什麼人，也沒有一個字提到這十天半個月來的氣臉，然而各人心裡明白，泡茶進來的嫂子總是那十天半個月來鬧氣的人。奇怪的很，這一哭之後，至少有一兩個月的太平清靜日子。

我母親待人最仁慈，最溫和，從來沒有一句傷人感情的話。但她有時候也很有剛氣，不受一點人格上的侮辱。我家五叔是個無正業的浪人，有一天在煙館裡發牢騷，說我母親家中有事總請某人幫忙，大概總有什麼好處給他。這句話傳到了我母親耳朵裡，她氣的大哭，請了幾位本家來，把五叔喊來，她當面質問他她給了某人什麼好處。直到五叔當眾認錯賠罪，她才罷休。

我在我母親的教訓之下住了九年，受了她的極大深刻的影響。我十四歲（其實只有十二歲零兩三個月）就離開她了，在這廣漠的人海裡獨自混了二十多年，沒有一個人管束過我。如果我學得了一絲一毫的好脾氣，如果我學得了一點點待人接物的和氣，如果我能寬恕人，體諒人，——我都得感謝我的慈母。

1920 年 11 月 21 日

十七年的回顧

我於前清光緒三十年的二月間從徽州到上海求那當時所謂「新學」。我進梅溪學堂後不到兩個月，《時報》便出版了。那時正當日俄戰爭初起的時候，全國的人心大震動。但是當時的幾家老報紙仍舊做那長篇的古文論說——，仍舊保守那遺傳下來的老格式與老辦法，故不能供給當時的需要。就是那比較稍新的《中外日報》也不能滿足許多人的期望。《時報》應此時勢而產生。他的內容與辦法也確然能夠打破上海報界的許多老習慣，能夠開闢許多新法門，能夠引起許多新興趣。因此《時報》出世之後不久就成了中國智識階級的一個寵兒。幾年之後《時報》與學校幾乎成了不可分離的伴侶了。

我那年只有十四歲，求知的慾望正盛，又頗有一點文學的興趣，因此我當時對於《時報》的感情比對於別報都更好些。我在上海住了六年，幾乎沒有一天不看《時報》的。我記得有一次《時報》徵求報上登的一部小說的全份，似乎是《火裡罪人》，我也是送去應徵的許多人中的一個。我當時把《時報》上的許多小說詩話筆記長篇的專著都剪下來分黏成小冊子，若有一天的報遺失了，我心裡便不快樂。總想設法把它補起來。

我現在回想當時我們那些少年人何以這樣愛戀《時報》呢？我想有兩個大原因：

第一，《時報》的短評在當日是一種創體，做的人也聚精會神的大膽說話，故能引起許多人的注意，故能在讀者腦筋裡發生有力的影響。我記得《時報》產生的第一年裡有幾件大案子：一件是周生有案，一件是大鬧會審公堂案。《時報》對於這幾件事都有很明決的主張，每日不但有「冷」的短評，有時還有幾個人的簽名短評，同時登出。這種短評在現在已成了日報的常套了，在當時卻是一種文體的革新。用簡短的詞句，用冷雋明利的口吻，幾乎逐句分段，使讀者一目瞭然，不消費工夫去點句分段，不消費工夫去尋思考索。當日看報人的程度還在幼稚時代，這種明快冷刻的短評正合當時的需要。我還記得當週生有案快結束的時候，我受了《時報》短評的影響，痛恨上海道袁樹勛的喪失國權，曾和兩個同學寫了一封長信去痛罵他。這也可見《時報》當日對於一般少年人的影響之大。這確是《時報》的一大貢獻。我們試看這種短評，在這十七年來，逐漸變成了中國報界的公用文體，這就可見他們的用處與他們的魔力了。

第二，《時報》在當日確能引起一般少年人的文學興趣。中國報紙登載小說大概最早的要算徐家匯的《匯報》。那時我還沒有出世呢。但《匯報》登的小說一大部分後來匯刻為《蘭苕館外史》，都是《聊齋》式的怪異小說，沒有什麼影響。戊戌以後，雜誌裡時時有譯著的小說出現。專提倡小說的雜誌也有了幾種，例如《新小說》及《繡像小說》。（商務）日報之中只有《繁華報》（一種花報），逐日登載李伯元的小說。那些「大報」好像還不屑做這種事業。（這一點我不敢斷定，我那時年紀太小了，看的報又不多，不知《時報》以前的大報有沒有登小說的。）那時的幾個大報大概都是很乾燥枯寂的，他們至多不過能做一兩篇合於古文義法的長篇論說罷了。

《時報》出世以後每日登載「冷」或「笑」譯著的小說，有時每日有兩種冷血先生的白話小說，在當時譯界中確要算很好的譯筆。他有時自己也做一兩篇短篇小說，如福爾摩斯來華偵探案等，也是中國人做新體短篇小說最早的一段歷史。《時報》登的許多小說之中，《雙淚碑》最風行。但依我看來，還應該推那些白話譯本為最好。這些譯本如《銷金窟》之類，用很暢達的文筆，做很自由的翻譯，在當時最為適用。倘《幾道山恩仇記》（count of monte eristo）全書都能像《銷金窟》（此乃《恩仇記》的一部分）這樣的譯出，這部名著在中國一定也會成了一部「家喻戶曉」的小說了。《時報》當日還有《平等閣詩話》一欄，對於現代詩人的介紹，選擇很精。詩話雖不如小說之風行，也很能引起許多人的文學興趣。我關於現代中國詩的知識差不多都是先從這部詩話裡引起的。

今譯為《基督山伯爵》。

我們可以說《時報》的第二個大貢獻是為中國日報界開闢一種帶文學興趣的「附張」。自從《時報》出世以來，這種文學附張的需要也漸漸的成為日報界公認的了。

這兩件都是比較最大的貢獻。此外如專電及要聞，分別輕重，參用大小字，如專電的加多等等，在當日都是日報界的革新事業，在今日也都成為習慣，不覺得新鮮了。我們若回頭去研究這許多習慣的由來，自不能不承認《時報》在中國日報史上的大功勞。簡單說來，《時報》的貢獻是在十七年前發起了幾件重要的新改革。這幾件新改革因為適合時代的需要，故後來的報紙也不能不盡量採用，就漸漸的變成中國日報不可少的制度了。

我是同《時報》做了六年好朋友的人，庚戌去國以後，雖然不能有從前的親密，但也時常相見；現在看見《時報》長大成了一個十七歲的少年，我自然很歡喜。我回想我從前十四歲到十九歲的六年之中——一個人最重要最容易感化的時期——受了《時報》的許多好影響，故很高興的把我少年時對於《時報》的關係寫出來，指出它對於當時讀者和對於中國報界的貢獻，作為《時報》的一段小史，並且表示我感謝它祝賀它的微意。

但是我們當此慶賀的紀念，與其追唸過去的成功，遠不如懸想將來的進步。過去的成績只應該鼓勵現在的人努力造一個更大更好的將來，這是「時」字的教訓。倘若過去的光榮只使後來的人增加自滿的心，不再求進步，那就像一個辛苦積錢的人成了傢俬之後天天捧著元寶玩弄，豈不成了一個守錢虜了嗎？

我們都知道時代是常常變遷的，往往前一時代的需要，到了後一時代便不適用了。《時報》當日應時勢的需要，為日報界開了許多法門，但當日所謂「新」的，現在已成舊習慣了，當日所謂「時」的，現在早已過時了。《時報》在當日是報界的先鋒，但十七年來舊報都改新了，新報也出了不少了，當日的先鋒在今日竟同著大隊按步徐行了。大隊今日之趕上先鋒，自然未必不是先鋒的功勞，但做先鋒的人還應該努力向前爭這個「先鋒」的位置。我今年在上海時曾和《時報》的一位先生談話，他說，「日報」不當做先鋒，因為日報是要給大多數人看的。這位先生也是當日做先鋒的人，這句話未免使我大失望。我以為日報因為是給大多數人看的，故最應該做先鋒，故最適宜於做先鋒。何以最適宜呢？因為日報能普及許多人，又可用「旦旦而伐之」的死工夫，故日報的勢力最難抵抗，最易發生效果。何以最應該呢？因為日報既是這樣有力的一種社會工具，若不肯做先鋒，若自甘隨著大隊同行，豈不是放棄了一種大責任？豈不是錯過了一個好機會？豈不是辜負了一種大委託嗎？

即如《時報》早年的歷史，便是一個明顯的例。《時報》在當日為什麼不跟著大家做長篇的古文論說呢？為什麼要改作短評呢？為什麼要加添文學的附錄呢？《時報》倡出這種種制度之後，十幾年之中，全國的日報都跟著變了，全國的看報人也不知不覺的變了。那幾十萬的讀者，十幾年來，從沒有一個人出來反對某報某報體例的變更的。這就可見那大多數看報的人雖然不免有點天然的惰性，究竟抵不住「旦旦而伐之」的提倡力。

假使《申報》今天忽然大變政策，大談社會主義，難道那看《申報》的人明天就會不看《申報》了嗎？又假使《新聞報》明天忽然大變政策，一律改用白話，難道那看《新聞報》的人後天就會不看《新聞報》了嗎？我可以說：「絕不會的。」看報人的守舊性乃是主筆先生的疑心暗鬼。主筆先生自己喪失了「先鋒」的銳氣，故覺得社會上多數人都不願他努力向前。譬如戴綠眼鏡的人看著一切東西都變綠了，如果他要知道荷花是紅的，金子是黃的，他須得把這副綠眼鏡除下來試試看。今天是《時報》新屋落成的紀念，也是它除舊布新的一個轉機，我這個同《時報》一塊長大的小時朋友，對它的祝詞，只是：「《時報》是做過先鋒的，是一個立過大功的先鋒，我希望它不必拋棄了先鋒的地位，我希望它發憤向前努力替社會開先路，正如它在十七年前替中國報界開了許多先路！」

1921年10月3日

廬山遊記（節選）

十七，四，九

昨夜大雨，終夜聽見松濤聲與雨聲，初不能分別，聽久了才分得出有雨時的松濤與雨止時的松濤，聲勢皆很夠震動人心，使我終夜睡眠甚少。

早起雨已止了，我們就出發。從海會寺到白鹿洞的路上，樹木很多，雨後清翠可愛。滿山滿谷都是杜鵑花，有兩種顏色，紅的和輕紫的，後者更鮮豔可喜。去年過日本時，櫻花已過，正值杜鵑花盛開，顏色種類很多，但多在公園及私人家宅中見之，不如今日滿山滿谷的氣象更可愛。因作絕句記之：

長松鼓吹尋常事，最喜山花滿眼開。
嫩紫鮮紅都可愛，此行應為杜鵑來。

到白鹿洞。書院舊址前清時用作江西高等農業學校，添有校舍，建築簡陋潦草，真不成個樣子。農校已遷去，現設習林事務所。附近大松樹都釘有木片，寫明保存古松第幾號。此地建築雖極不堪，然洞外風景尚好。有小溪，淺水急流，琤琮可聽；溪名貫道溪，上有石橋，即貫道橋，皆朱子起的名字。橋上望見洞後諸松中一松有紫藤花直上到樹杪，藤花正盛開，豔麗可喜。

白鹿洞本無洞；正德中，南康守王溱開後山作洞，知府何濬鑿石鹿置洞中。這兩人真是大笨伯！

白鹿洞在歷史上占一個特殊地位，有兩個原因。第一，因為白鹿洞書院是最早的一個書院。南唐昇元中（937-942）建為廬山國學，置田聚徒，以李善道為洞主。宋初因置為書院，與睢陽石鼓岳麓三書院並稱為「四大書院」，為書院的四個祖宗。第二，因為朱子重建白鹿洞書院，明定學規，遂成後世幾百年「講學式」的書院的規模。宋末以至清初的書院皆屬於這一種。到乾隆以後，樸學之風氣已成，方才有一種新式的書院起來；阮元所創的詁經精舍、學海堂，可算是這種新式書院的代表。南宋的書院祀北宋周邵程諸先生；元明的書院祀程朱；晚明的書院多祀陽明；王學衰後，書院多祀程朱。乾嘉以後的書院乃不祀理學家而改祀許慎鄭玄等。所祀的不同便是這兩大派書院的根本不同。

朱子立白鹿洞書院在淳熙己亥（1178），他極看重此事，曾札上丞相說：

> 願得比祠官例，為白鹿洞主，假之稍廩，使得終與諸生講習其中，猶愈於崇奉異教香火，無事而食也。（《廬山志》八，頁二，引《洞志》。）

他明明指斥宋代為道教官觀設祀官的制度，想從白鹿洞開一個儒門創例來抵制道教。他後來奏對孝宗，申說請賜書院額，並賜書的事，說：

> 今老佛之宮布滿天下，大都逾百，小邑亦不下數十，而公私增益勢猶未已。至於學校，則一郡一邑僅置一區，附廓之縣又不復有。盛衰多寡相懸如此！（同上，頁三。）

這都可見他當日的用心。他定的《白鹿洞規》，簡要明白，遂成為後世七百年的教育宗旨。

廬山有三處史蹟代表三大趨勢：（一）慧遠的東林，代表中國「佛教化」與佛教「中國化」的大趨勢。（二）白鹿洞，代表中國近世七百年的宋學大趨勢。（三）牯嶺，代表西方文化侵入中國的大趨勢。

從白鹿洞到萬杉寺。古為慶雲庵，為「律」居，宋景德中有大超和尚手種杉樹萬株，天聖中賜名萬杉。後禪學盛行，遂成「禪寺」。南宋張孝祥有詩云：

> 老千參天一萬株，廬山佳處浮著圖。
> 只因買斷山中景，破費神龍百斛珠。
>
> （《志》五，頁六十四，引《程史》。）

今所見杉樹，粗僅如瘦碗，皆近年種的。有幾株大樟樹，其一為「五爪樟」，大概有三四百年的生命了；《指南》（編者按指《廬山指南》）說「皆宋時物」，似無據。

從萬杉寺西行約二三里，到秀峰寺。吳氏舊《志》無秀峰寺，只有開先寺。毛德琦《廬山新志》（康熙五十九年成書。我在海會寺買得一部，有同治十年，宣統二年，民國四年補版。我的日記內注的卷頁數，皆指此書。）說：

> 康熙丁亥（1707）寺僧超淵往淮迎駕，御書秀峰寺賜額，改今名。

明光寺起於雨唐中主李璟。李主年少好文學，讀書於廬山；後來先主代楊氏而建國，李璟為世子，遂嗣位。他想念廬山書堂，遂於其地立寺，因有開國之祥，故名開先寺，以紹宗和尚主之。宋初賜名開先華藏；後有善暹，為禪門大師，有眾數百人。至行瑛，有治事才，黃山谷稱「其材器能立事，任人役物如轉石於千仞之溪，無不如意。」行瑛發願重建此寺。

開先之屋無慮四百楹，成於瑛世者十之六，窮壯極麗，迄九年乃即功。（黃庭堅《開先禪院修造記》，《志》五，頁十六至十八。）

此是開先極盛時。康熙間改名時，皇帝賜額，賜御書《心經》，其時「世之人無不知有秀峰」（郎廷極《秀峰寺記》，《志》五，頁六至七。）其時也可稱是盛世。到了今日，當時所謂「窮壯極麗」的規模只剩敗屋十幾間，其餘只是頹垣廢址了。讀書臺上有康熙帝臨米芾書碑，尚完好；其下有石刻黃山谷書《七佛偈》，及王陽明正德庚辰（1520）三月《紀功題名碑》，皆略有損壞。

寺中雖頹廢令人感嘆，然寺外風景則絕佳，為山南諸處的最好風景。寺址在鶴鳴峰下，其西為龜背峰，又西為黃石岩，又西為雙劍峰，又西南為香爐峰，都嵌奇可喜。鶴鳴與龜背之間有馬尾泉瀑布，雙劍之左有瀑布水；兩個瀑泉遙遙相對，平行齊下，下流入壑，匯合為一水，進出山峽中，遂成最著名的青玉峽奇景。水流出峽，入於龍潭。崑山與祖望先到青玉峽，徘徊不肯去，叫人來催我們去看。我同夢旦到了那邊，也徘徊不肯離去。峽上石刻甚多，有米芾書「第一山」大字，今鉤摹作寺門題榜。

徐凝詩「今古長如白練飛，一條界破青山色」，即是詠瀑布的。李白《瀑布泉》詩也是指此瀑。舊《志》載瀑布水的詩甚多，但總沒有能使人滿意的。

由秀峰往西約十二里，到歸宗寺。我們在此午餐，時已下午三點多鐘，餓的不得了。歸宗寺為廬山大寺，也很衰落了。我向寺中借得《歸宗寺志》四卷，是民國甲寅先勤本坤重修的，用活字排印，錯誤不少，然可供我的參考。

我們吃了飯，往游溫泉。溫泉在柴桑橋附近，離歸宗寺約五六里，在一田溝裡。雨後溝水渾濁，微見有兩處起水泡，即是溫泉。我們下手去試探，一處頗熱，一處稍減。向農家買得三個雞蛋，放在兩處，約七八分鐘，因天下雨了，取出雞蛋，內裡已溫而未熟。田隴間有新碑，我去看，乃是星子縣的告示，署民國十五年，中說，接康南海先生函述在此買田十畝，立界碑為記的事。康先生去年死了。他若不死，也許能在此建立一所浴室。他買的地橫跨溫泉的兩岸。今地為康氏私產，而業歸海會寺管理，那班和尚未必有此見識做此事了。

此地離栗裡不遠，但雨已來了，我們要趕回歸宗，不能去尋訪陶淵明的故里了。道上見一石碑，有「柴桑橋」大字。舊《志》已說「淵明故居，今不知處」。桑喬疏說，去柴桑橋一里許有淵明的醉石。舊《志》又說，醉石谷中有五柳館，歸去來館。歸去來館是朱子建的，即在醉石之側。朱子為手書顏真卿《醉石詩》，並作長跋，皆刻石上，其年月為淳熙辛丑。

廣州雜記

1月9日早晨6點多，船到了廣州，因有大霧，直到7點，船才能靠碼頭。有一些新舊朋友到船上來接我，還有一些新聞記者圍住我要談話，有一位老朋友託人帶了一封信來，要我立時開看。我拆開信，中有云：「兄此次到粵，諸須謹慎。」我不很了解，但我知道這位朋友說話是可靠的。那時和我同船從香港來的有嶺南大學教務長陳榮捷先生，到船上來歡迎的有中山大學文學院長吳康先生、教授朱謙之先生，還有地方法院院長陳達材先生，他們還都不知道廣州當局對我的態度。陳榮捷先生和吳康先生還在船上和我商量我的講演和宴會的日程。那日程確是可怕！除了原定的中山大學和嶺南大學各講演兩次之外，還有第一女子中學、青年會、歐美同學會等，四天之中差不多有十次講演。上船來的朋友還告訴我：中山大學鄒魯校長出了布告，全校學生停課兩天，使他們好去聽我的講演。又有人說：青年會昨天下午開始賣聽講券，一個下午賣出了兩千多張。

我跟著一班朋友到了新亞酒店，已是8點多鐘了。我看廣州報紙，才知道昨天下午西南政務會議開會，就有人提起胡適在香港華僑教育會演說公然反對廣東讀經政策，但報紙上都沒有說明政務會議議決如何處置我的方法。一會兒，吳康先生送了一封信來，說：

> 適晤鄒海濱先生云：此間黨部對先生在港言論不滿，擬勸先生今日快車離省，暫勿演講，以免發生糾紛。

鄒吳兩君的好意是可感的，但我既來了，並且是第一次來觀光，頗不願意就走開。恰好陳達材先生問我要不要看看廣州當局，我說：林雲陔主席是舊交，我應該去看看他。達材就陪我去到省政府，見著林雲陔先生，他大談廣東省政府的「三年建設計畫」。他問我要不要見見陳總司令，我說，很好。達材去打電話，一會兒他回來說：陳總司令本來今早要出發向派出剿匪的軍隊訓話，因為他要和我談話，特別改遲出發。總司令部就在省政府隔壁，可以從樓上穿過去。我和達材走過去，在會客室裡略坐，陳濟棠先生就進來了。

陳濟棠先生的廣東官話，我差不多可以全懂。我們談了一點半鐘，大概他談了四十五分鐘，我也談了四十五分鐘。他說的話很不客氣：「讀經是我主張的，祀孔是我主張的，拜關岳也是我主張的。我有我的理由。」他這樣說下去，滔滔不絕。他說：「我民國十五年到莫斯科去研究，我是預備回來做紅軍總司令的。」但他後來覺得共產主義是錯的，所以他決心反共了。他繼續說他的兩大政綱：第一是生產建設，第二是做人。生產的政策就是那個「三年計劃」，包括那已設未設的二十幾個工廠，其中有那成立已久的水泥廠，有那前五六天才開工出糖的糖廠。他談完了他的生產建設，轉到「做人」，他的聲音更高了，好像是怕我聽不清似的。他說：生產建設可以盡量用外國機器、外國科學，甚至於不妨用外國工程師。但「做人」必須有「本」，這個「本」必須要到本國古文化裡去尋求。這就是他主張讀經祀孔的理論。他演說這「生產」、「做人」兩大股，足足說了半點多鐘。他的大旨和胡政之先生《粵桂寫影》所記的陳濟棠先生一小時半的談話相同，大概這段大議論是他時常說的。

我靜聽到他說完了，我才很客氣的答他，大意說：依我的看法，伯南先生的主張和我的主張只有一點不同。我們都要那個「本」，所不同的是：伯南先生要的是「二本」，我要的是「一本」。生產建設須要科學，做人須要讀經祀孔，這是「二本」之學。我個人的看法是：生產要用科學知識，做人也要用科學知識，這是「一本」之學。

他很嚴厲的睜著兩眼，大聲說：「你們都是忘本！難道我們五千年的老祖宗都不知道做人嗎？」我平心靜氣的對他說：五千年的老祖宗，當然也有知道做人的。但就絕大多數的老祖宗說來，他們在許多方面實在夠不上作我們「做人」的榜樣。舉一類很淺的例子來說罷。女人裹小腳，裹到把骨頭折斷，這是全世界的野蠻民族都沒有的殘酷風俗。然而我們的老祖宗居然行了一千多年。大聖大賢，兩位程夫子沒有抗議過，朱夫子也沒有抗議過，王陽明文文山也沒有抗議過。這難道是做人的好榜樣？

他似乎很生氣，但也不能反駁我。他只能罵現在中國的教育，說「都是亡國教育」；他又說，現在中國人學的科學，都是皮毛，都沒有「本」，所以都學不到人家的科學精神，所以都不能創造。在這一點上，我不能不老實告訴他：他實在不知道中國這二十年中的科學工作。我告訴他：現在中國的科學家也有很能做有價值的貢獻的了，並且這些第一流的科學家又都有很高明的道德。他問：「有些什麼人？」我隨口舉了數學家的姜蔣佐、地質學家的翁文灝李四光、生物學家的秉志——都是他不認識的。

關於讀經的問題，我也很老實的對他說：我並不反對古經典的研究，但我不能贊成一班不懂得古書的人們假借經典來做復古的運動。「這回我在中山大學的講演題目本來是兩天都講『儒與孔子』，這也是古經典的一種研究。昨天他們寫信到香港，要我一次講完，第二次另講一個文學的題目。我想讀經問題正是廣東人士眼前最注意的問題，所以我告訴中山大學吳院長，第二題何不就改做『怎樣讀經』。我可以同這裡的少年人談談怎樣研究古經典的方法。」我說這話時，陳濟棠先生回過頭去望著陳達材，臉上做出一種很難看的獰笑。我當做不看見，仍舊談下去。但我現在完全明白是誰不願意我在廣州「賣膏藥」了。

以上記的，是我們那天談話的大概神情。旁聽的只有陳達材先生一位。出門的時候，達材說，陳伯南不是不能聽人忠告的，他相信我的話可以發生好影響。我是相信天下沒有白費的努力的，但對達材的樂觀，我卻不免懷疑。這種久握大權的人，從來沒有人敢對他們說一句逆耳之言，天天只聽得先意承志的阿諛諂媚，如何聽得進我的老實話呢？

在這裡我要更正一個很流行的傳說。在十天之後，我在廣西遇見一位從廣州去的朋友，他說，廣州人盛傳胡適之對陳伯南說：「岳武穆曾說，文官不要錢，武官不怕死，天下太平矣。我們此時應該倒過來說，武官不要錢，文官不怕死，天下太平矣。」——這句話確是我在香港對胡漢民先生說的。我在廣州，朋友問我見過胡展堂沒有，我總提到這段談話。那天見陳濟棠先生時，我是否曾提到這句話，我現在記不清了。大概廣州人的一般心理，覺得這句話是我應該對陳濟棠將軍說的，所以不久外間就有了這種傳說。

我們從總司令部出來，回到新亞酒店，羅鈞任先生、但怒剛先生、劉毅夫（沛泉）先生、羅努生先生、黃深微（騷）先生、陳榮捷先生，都在那裡。中山大學文學院長吳康先生又送了一封信來，說：

鄙意留省以勿演講為妙。黨部方面空氣不佳，發生糾紛，反為不妙。鄒先生云：昨為黨部高級人員包圍，渠無法解釋。故中大演講只好布告作罷。渠雲，個人極推重先生，故前布告學生停課出席聽先生講演。唯事已至此，只好向先生道歉，並功先生離省，冀免發生糾紛。

1月9日午前11時

鄒校長的為難，我當然能諒解。中山大學學生的兩天放假沒有成為事實，我卻可以得著四天的假期，豈不是意外的奇遇？所以我和陳榮捷先生商量，爽性把嶺南大學和其他幾處的講演都停止了，讓我痛痛快快的玩兩天。我本來買了來回船票，預備趕16日的塔虎脫總統船北迴，所以只預備在廣州四天，在梧州一天。現在我和西南航空公司劉毅夫先生商量，決定在廣州只玩兩天，又把船期改到18日的麥荊尼總統船，前後多出四天，坐飛機又可省出三天，我有七天可以飛游南寧和柳州桂林了。羅鈞任先生本想遊覽桂林山水，他到了南寧，因為他的哥哥端甫先生（文莊）死了，他半途折回廣州。他和羅努生先生都願意陪我游桂林，我先去梧州講演，鈞任等到13日端甫開吊事完，飛到南寧會齊，同去游柳州桂林。我們商定了，我很高興，就同陳榮捷先生坐小汽船過河到嶺南大學鐘榮先校長家吃午飯去了。

那天下午5點，我到嶺南大學的教職員茶會。那天天氣很熱，茶會就在校中的一塊草地上，大家圍坐喫茶點談天。嶺大的學生知道了，就有許多學生來旁觀。人越來越多，就把茶會的人包圍住了。起先他們只在外面看看，後來有一個學生走過來對我說：「胡先生肯不肯在我的小冊子上寫幾個字？」我說可以，他就摸出一本小冊來請我題字。這個端一開，外面的學生就擁進茶會的團坐圈子裡來了。人人都拿著小冊子和自來水筆，我寫的手都酸了。天漸漸黑下來了，草地上蚊子多的很，我的薄襪子抵擋不住，我一面寫字，一面運動兩隻腳，想趕開蚊子。後來陳榮捷先生把我拉走，我上車時，兩隻腳背都腫了好幾塊。

晚上黃深微先生和他的夫人邀我到他們家中去住，我因為旅館裡來客太多，就搬到東山，住在他們家裡。10點鐘以後，報館裡有人送來明天新聞的校樣，才知道中山大學鄒魯校長今天出了這樣一張布告：

國立中山大學布告第七十九號

為布告事。前定本星期四五兩日下午2時請胡適演講，業經布告在案。現閱香港華字日報，胡適此次南來接受香港大學博士學位之後，在港華僑教育會所發表之言論。竟謂香港最高教育當局，也想改進中國的文化。又謂各位應該把他做成南方的文化中心。復謂廣東自古為中國的殖民地等語。此等言論，在中國國家立場言之，胡適為認人做父。在廣東人民地位言之，胡適竟以吾粵為生番蠻族。實失學者態度。應即停止其在本校演講。合行布告。仰各學院各附校員生一體知照，屆時照常上課為要。此布。

校長　鄒魯

中華民國二十四年一月九日

這個布告使我不能不佩服鄒魯先生的聰明過人。早晨的各報記載 8日下午西南政務會議席上討論的胡適的罪過，明明是反對廣東的讀經政策。現在這一樁罪名完全不提起了，我的罪名變成了「認人做父」和「以吾粵為生番蠻族」兩項！廣州的當局大概也知道「反對讀經」的罪名是不夠引起廣東人的同情的，也許多數人的同情反在我的一邊。況且讀經是武人的主張—這是陳濟棠先生親口告訴我的——如果用「反對讀經」做我的罪名，這就成了陳濟棠反對胡適了。所以奉行武人意旨的人們必須避免這個真罪名，必須向我的華僑教育會演說裡去另尋我的罪名。恰好我的演說裡有這麼一段話：

我覺得一個地方的文化傳到它的殖民地或邊境，本地方已經變了，而邊境或殖民地仍是保留著它祖宗的遺物。廣東自古是中國的殖民地，中原的文化許多都變了，而在廣東尚留著。像現在的廣東音是最古的，我現在說的話才是新的。

假使一個無知的苦力聽了這話忽然大生氣，我一定不覺得奇怪。但是一位國立大學校長，或是一位國立大學的中國文學系主任居然聽不懂這一段話，居然大生氣，說我是罵他們「為生番蠻族」，這未免有點奇怪罷。

我自己當然很高興，因為我的反對讀經現在居然不算是我的罪狀了，這總算是一大進步。孟子說的好；「乃孔子則欲以微罪行，不欲為苟去。」鄒魯先生們受了讀經的訓練，硬要我學孔子的「做人」，要我「以微罪行」，我當然是很感謝的。

但9日的廣州各報記載是無法追改的，9日從廣州電傳到海內外各地的消息也是無法追改的。廣州諸公終不甘心讓我蒙「反對讀經」的惡名，所以1月14日的香港英文《南華晨報》(*south china morning post*) 上登出了中山大學教授兼廣州《民國日報》總主筆梁民志 (prof · liang min-chi) 的一封英文來函，說：

我盼望能借貴報轉告說英國話的公眾，胡適博士在廣州所受冷淡的待遇，並非因為（如貴報所記）「他批評廣州政府恢復學校讀經課程」，其實完全因為他在一個香港教員聚會席上說了一些對廣東人民很侮辱又「非中國的」（un-chinese）批評。我確信任何人對於廣州政府的教育政策如提出積極的批評，廣州當局諸公總是很樂意聽受的。

我現在把梁教授這封信全譯在這裡，也許可以幫助廣州當局諸公多解除一點同樣的誤解。

我的膏藥賣不成了，我就充分利用那兩天半的時間去遊覽廣州的地方。黃花崗、觀音山、魚珠炮臺、石牌的中山大學新校舍、禪宗六祖的六榕寺、六百年前的五層樓的鎮海樓、中山紀念塔、中山紀念大禮堂，都遊遍了。中山紀念塔是亡友呂彥直先生（康南爾大學同學）設計的，圖案簡單而雄渾，為彥直生平最成功的建築，遠勝於中山陵的圖案。黃花崗七十二烈士（中有亡友饒可權先生）墓是二十年前的新建築，中西雜湊，全不諧和，墓頂中間置一個小小的自由神石像，全仿紐約港的自由神大象，尤不相襯。我們看了民元的黃花崗墓，再看呂彥直設計的中山紀念塔，可以知道這二十年中國新建築學的大進步了。

我在中山紀念塔下遊覽時，忽然想起學海堂和廣雅書院，想去看看這兩個有名學府的遺蹟。同遊的陳達材先生說，廣雅書院現在用做第一中學的校址，很容易去參觀。我們坐汽車到一中，門口的警察問我們要名片，達材給了他一張名片。我們走進去，路上遇著一中校長，達材給我介紹，校長就引導我們去參觀。東邊有荷花池，池後有小亭，亭上有張之洞的浮雕石像，刻的很工致。我們正在賞玩，不知為何被校中學生知道了，那時正是12點一刻，餐堂裡的學生紛紛跑出來看，一會兒荷花池的四圍都是學生了。我們過橋時，有個學生拿著照相機走過來問我：「胡先生可以讓我照個相嗎？」我笑著立定，讓他照了一張相。這時候，學生從各方面圍攏來，跟著我們走。有些學生跑到前面路上去等候我們走過。校長說：「這裡有一千三百學生，他們曉得胡先生來了，都要看看你。」我很想趕快離開此地。校長說：「這裡是東齋，因為老房屋有倒壞了的，所以全拆了重蓋新式齋舍。

那邊是西齋，還保存著廣雅書院齋舍的原樣子，不可以不去看。」我只好跟他走，走到西齋，西齋的學生也知道我來了，也都跑出來看我們。七八百個少年圍著我們，跟著我們，大家都不說話，但他們臉上的神氣都很使我感動。校牆上有石刻的廣雅書院學規，我站住讀了幾條，回頭看時，後面學生都紛紛擠上來圍著我們，我們幾乎走不開了。我們匆匆出來，許多學生跟著校長一直送我們到校門口。我們上了汽車，我對同遊的兩位朋友說：「廣州的武人政客未免太笨了。我若在廣州講演，大家也許來看熱鬧，也許來看看胡適之是個什麼樣子；我說的話，他們也許可以懂得五六成；人看見了，話聽完了，大家散了，也就完了。講演的影響不過如此。可是我的不講演，影響反大的多了。因為廣州的少年人都不能不想想為什麼胡適之在廣州不講演。我的最大辯才至多只能使他們想想一兩個問題，我的不講演卻可以使他們想想無數的問題。陳伯南先生們真是替胡適之宣傳他的『不言之教』了！」

我在廣州玩了兩天半，1月11日下午，我和劉毅夫先生同坐西南航空公司的「長庚」機離開廣州了。

我走後的第二天，廣州各報登出了中山大學中國文學系教授古直、鍾應梅、李滄萍三位先生的兩個「真電」，全文如下：

（一）廣州分送西南政務委員會，陳總司令、林主席，省黨部，林憲兵司令、何公安局長勛鑑，昔顏介庾信，北陷虜廷，尚有鄉關之思，今胡適南履故土，反發盜憎之論，在道德為無恥，在法律為亂賊矣，又況指廣東為殖民，置公等於何地，雖立正典刑，如孔子之誅少正卯可也，何乃令其逍遙法外，造謠惑眾，為侵略主義張目哉，今聞尚未出境，請即電令截回，徑付執憲，庶幾亂臣賊子，稍知警悚矣，否則老□北返，將笑廣東為無人也，國立中山大學中文系主任古直教員李滄萍鐘應梅，等叩，真辰。

（二）送梧州南寧李總司令、白副總司令、黃主席、馬校長勛鑑，（前段與上電同略）今聞將入貴境，請即電令所在截留，徑付執憲，庶幾亂臣賊子稍知警悚矣，否則公方剿滅共匪，明恥教戰，而反容受劉豫張邦昌一流人物以自玷，天下其謂公何，心所謂危，不敢不告，國立中山大學中文系主任古直教員李滄萍鐘應梅叩，真午。

電文中列名的李滄萍先生，事前並未與聞，事後曾發表談話否認列名真電。所以1月16日《中山大學日報》上登出《古直鐘應梅啟事》，其文如下：

胡適出言侮辱宗國，侮辱廣東三千萬人。中山大學布告驅之，定其罪名為認人做父。夫認人做父，此賊子也，刑罰不加，直等以為遺憾。真日代電，所以義形於色矣。李滄萍教授同此慷慨，是以分之以義，其實未嘗與聞。今知其為北大出身也。則直等過矣。嗚呼道真之妒，昔人所嘆，自今以往。吾猶敢高談教育救國乎。先民有言，丈夫行事當磊磊落落。特此相明，不欺其心。謹啟。

古直　鐘應梅　啟

這三篇很有趣的文字大可以做我的《廣州雜記》的尾聲了。

1935 年

平綏路旅行小記

從七月三日到七月七日，我們幾個朋友——金旬卿先生、金仲藩先生和他的兒子建午、任叔水先生和他的夫人陳衡哲女士、我和我的兒子思杜，共七人——走遍了平綏鐵路的全線，來回共計一千六百公里。我們去的時候，一路上沒有停留，一直到西頭的包頭站；在包頭停了半天，回來的路上在綏遠停了一天，大同停了大半天，張家口停了幾個鐘頭。這是很匆匆的旅行，談不到什麼深刻的觀察，只有一些初次的印象，寫出來留作後日重遊的資料。（去年七月，燕京大學顧頡剛、鄭振鐸、吳文藻、謝冰心諸先生組織了一個平綏路沿線旅行團，他們先後共費了六星期，遊覽的地方比我們多。冰心女士有幾萬字的《平綏沿線旅行記》；鄭振鐸先生等有《西北勝蹟》，都是平綏路上遊人不可少的讀物。）

我們這一次同行的人都是康乃爾大學的舊同學，也可以說是一個康乃爾同學的旅行團。金旬卿先生（濤）是平綏路總工程師，他是我們康乃爾同學中的前輩。現任的平綏路局長沈立孫先生（昌）也是康乃爾的後期同學。平綏路上向來有不少的康乃爾同學擔任機務工務的事；這兩年來平綏路的大整頓更是沈金兩位努力的成績。我們這一次旅行的一個目的是要參觀這幾個同學在短時期中造成的奇績。

平綏路自從民國十二年以來，屢次遭兵禍，車輛橋梁損失最大。民國十七八年時，機車只剩七十二輛，貨車只剩五百八十三輛（抵民國十三年的三分之一），客車只剩三十二輛（抵民國十五年的六分之一），貨運和客運都不能維持了。加上政治的紊亂、管理的無法、債務的累積，這條鐵路就成了全國最破壞最腐敗的鐵路。丁在君先生每回帶北大學生去口外做地質旅行回來，總對我們訴說平綏路的腐敗情形；他在他的《蘇俄遊記》裡，每次寫火車上的痛苦，也總提出平綏路來作比較。我在北平住了這麼多年，到去年才去游長城，這雖然是因為我懶於旅行，其實一半也因為我耳朵裡聽慣了這條路腐敗的可怕。

但我們這一次旅行平綏路全線，真使我們感覺一種奇績的變換。車輛（機車、貨車、客車）雖然還沒有完全恢復此路全盛時的輛數，然而修理和購買的車輛已可以勉強應付全路的需要了。特別快車的整理，雲崗與長城的特別遊覽車的便利，是大家知道的。有一些重要而人多忽略的大改革，是值得記載的：（一）枕木的改換。全路枕木一百五十多萬根，年久了，多有朽環；這兩年中，共換了枕木六十萬根。（二）造橋。全路約有橋五百孔，兩年中改造的已有一百多孔；凡新造的橋，都用鋼梁，增加原有的載重量。（三）改線。平綏路有些地方，坡度太陡，彎線太緊，行車很困難，故有改路線的必要。最困難的是那有名的「關溝段」（自南口起至康莊止）。這兩年中，改線的路已成功的約有十一英里。

平綏路的最大整頓是債務的清理。這條路在二十多年前，借內外債總額為七千六百餘萬元，當金價最高時，約值一萬萬元。而全路的財產不過值六千萬元。所以人都說平綏是一條最沒有希望的路。沈立孫局長就職後，他決心要整頓本路的債務。他的辦法是把債務分作兩種，本金在十萬元以上的債款為巨額債戶，十萬元以下的為零星債戶。零星債款的償還有兩個辦法：一為按本金折半，一次付清，不計利息；一為按本金全數分六十期攤還，也不計利息。巨額債款的償還辦法是照一本一利分八百期攤還。巨額債戶之中，有幾筆很大的外債，如美國的泰康洋行，如日本的三井洋行與東亞興業株式會社，都是大債主。大多數債戶對於平綏路，都是久已絕望的，現在平綏路有整理債務的方案出來，大家都喜出望外，所以都願意遷就路局的辦法。所以第一年整理的結果，就清理了六十二宗借款，原欠本利總數為六千一百八十五萬餘元，占全路總債務的十分之八，清理之後，減折作三千六百三十萬餘元。所以一年整理的結果居然減少了二千五百五十餘萬元的負債，這真可說是一種奇績了。

我常愛對留學回來的朋友講一個故事。十九世紀中，英國有一個宗教運動，叫做「牛津運動」（oxford movement），其中有一個領袖就是後來投入天主教，成為主教的牛曼（cardinal newnan）。牛曼和他的同志們做了不少宗教詩歌，寫在一本小冊子上；在冊子的前面，牛曼題了一句荷馬的詩，他自己譯成英文：「you shall see the difference, now that we are back again。」我曾譯成中文，就是：「現在我們回來了，你們請看，要換個樣子了。」我常說，個個留學生都應該把這句話刻在心上，做我們的口號。可惜許多留學回來的朋友都沒有這種氣魄敢接受這句口號。這一回我們看了我們的一位少年同學（沈局長今年只有三十一歲）在最短時期中把一條腐敗的鐵路變換成一條最有成績的鐵路，可見一二人的心力真可以使山河變色，牛曼的格言是不難做到的。

當然，平綏路的改革成績不全是一二人的功勞。最大的助力是中央政治的權力達到了全路的區域。這條路經過四省（河北、察、山西、綏），若如從前的割據局勢，各軍隊可以扣車，可以干涉路政，可以扣留路款，可以隨便作戰，那麼，雖有百十個沈昌，也不會有成績。現在政治統一的勢力能夠達到全路，所以全路的改革能逐漸實行。現在平綏路每月只擔負北平軍分會的經費六十萬元，此外各省從不聞有干涉鐵路收入的事；察哈爾和綏遠兩個省政府領袖也頗能明白鐵路上的整頓有效就是直接間接的增加各省府的財政收入，所以他們也都贊助鐵路當局的改革工作。這都可見政治統一是內政一切革新的基本條件。有了這個基本條件，加上個人的魄力與新式知識訓練，肯做事的人斷乎不怕沒有好成績的。

我們這回旅行的另一個目的是游大同的雲崗石窟。我個人抱了游雲崗的心願，至少有十年了，今年才得如願，所以特別高興。我們到了雲崗，才知道這些大石窟不是幾個鐘頭看得完的，至少須要一個星期的詳細攀登賞玩，還要帶著很好的工具，才可以得著一些正確的印象。我們在雲崗勾留了不過兩個多鐘頭，當然不能做詳細的報告。

雲崗在大同的西面，在武州河的西岸，古名武州寨，又稱武州山。從大同到此，約三十里，有新修的汽車路，雖須兩次涉武州河，但道路很好，大雨中也不覺得困難。雲崗諸石窟，舊有十大寺，久已毀壞。順治八年總督佟養量重修其一小部分，稱為石佛古寺。這一部分現存兩座三層樓，氣象很狹小簡陋，絕不是原來因山造寺的大規模。兩樓下各有大佛，高五丈餘，從三層樓上才望見佛頭。這一部分，清朝末年又重修過，大佛都被裝金，岩上石刻各佛也都被裝修塗彩，把原來雕刻的原形都遮掩了。

道宣《續高僧傳》卷一《景曜傳》說：

曇難……住恆安石窟通樂寺，即魏帝之所造也，去恆安西北三十里，武州山谷北面石岩，就而鐫之，建立佛寺，名曰靈岩。龕之大者，舉高二十餘丈，可受三千許人。面別鐫像，窮諸巧麗；龕別異狀，駭動人神。櫛比相連，三十餘里。東頭僧寺，恆供千人。碑碣現存，未卒陳委。

以我們所見諸石窟，無有「可受三千許人」的龕，也無有能「恆供千人」的寺。大概當日石窟十寺的壯麗弘大，已非我們今日所能想像了。大凡一個宗教的極盛時代，信士信女都充滿著瘋狂的心理，燒臂焚身都不顧惜，何況錢絹的布施？所以六朝至唐朝的佛寺的窮極侈麗，是我們在這佛教最衰微的時代不能想像的。北魏建都大同，《魏書．釋老志》說，當太和初年（477），「京城內寺，新舊且百所，僧尼二千餘人。四方諸寺六千四百七十八，僧尼七萬七千二百五十八人」。太和十七年（493）遷都洛陽，楊衒之在《洛陽伽藍記序》中說：「京城表裡凡有一千餘寺。」楊衒之在東魏武定五年（547）重到洛陽，他只看見：

城廓崩毀，宮室傾覆，寺觀灰燼，廟塔丘墟。牆被蒿艾，巷羅荊棘，野獸穴于荒階，山鳥巢於庭樹；游兒牧豎躑躅於九逵，農夫耕稼藝黍於雙闕。

我們在一千五百年後來游雲崗，只看見這一座很簡陋的破寺，寺外一道殘破的短牆，包圍著七八處大石窟；短牆之西，還有九個大窟，許多小窟，面前都有貧民的土屋茅棚，豬糞狗糞滿路都是，石窟內也往往滿地是鴿翎與鴿糞，又往往可以看見乞丐住宿過的痕跡。大象身上有許多大大小小的圓孔，當初都是鑲嵌珠寶的，現在都挖空了；大象的眼珠都是用一種黑石磋光了嵌進去了，現在只有絕少數還存在了。諸窟中的小象，凡是砍得下的頭顱，大概都被砍下偷賣掉了。佛力久已無靈，老百姓沒有飯吃，要借諸佛的頭顱和眼珠子賣幾塊錢來活命，還不是很正當的嗎？

日本人佐藤孝任曾在雲崗住了一個月，寫了一部《雲崗大石窟》（華北正報社出版），記載此地許多石窟的情形很詳細，附圖很多，有不能照相的，往往用筆速寫勾摹，所以是一部很有用的雲崗遊覽參考書。佐藤把雲崗分作三大區：

東方四大窟

中央十大窟（在圍牆內）

西方九大窟

西端諸小窟

東方諸窟散在武川河岸，我們都沒有去游。西端諸窟，我們也不曾去。我們看的是中央十窟和西方九窟。我們平日在地理書或遊覽書上最常見的露天大佛（高五丈多），即在西方的第九窟。我們看這露天石佛和他的背座，可以想像此大象當日也曾有龕有寺，寺是毀了，龕是被風雨侵蝕過甚（此窟最當北風，故受侵蝕最大），也坍塌了。

依我的笨見看來，此間的大佛都不過是大的可驚異而已，很少藝術的意味。最有藝術價值是壁上的浮雕，小龕的神像，技術是比較自由的，所以創作的成分往往多於模仿的成分。

中央諸窟，因為大部分曾經後人裝金塗彩，多不容易看出原來的雕刻藝術。西方諸窟多沒有重裝重塗，又往往受風雨的侵蝕，把原來的斧鑿痕都銷去了，所以往往特別圓潤老拙的可愛。此山的岩石是砂岩，最容易受風蝕；我們往往看見整塊的幾丈高岩上成千的小佛像都被磨蝕到僅僅存一些沒痕了。有許多浮雕連淺痕也沒有了，我們只能從他們旁邊雕刻的布置，推想當年的痕跡而已。

因此我們得兩種推論：第一，雲崗諸石窟是一千五百年前的佛教美術的一個重要中心，從宗教史和藝術史的立場，都是應該保存的。一千五百年中，天然的風蝕，人工的毀壞，都已糟蹋了不少了。國家應該注意到這一個古雕刻的大結集，應該設法保護它，不但要防人工的繼續偷毀，還要設法使它可以避免風雨沙日的侵蝕。第二，我們可以做一個歷史的推論。初唐的道宣在《曇曜傳》裡說到武州山的石窟寺，有「碑碣見存」的一句話。何以今日雲崗諸窟竟差不多沒有碑記可尋呢？何以古來記錄山西金石的書（如胡聘之的《山右石刻叢編》）都不曾收有雲崗的碑誌呢？我們可以推想，當日的造像碑碣，刻在沙岩之上，凡露在風日侵蝕之下的，都被自然磨滅了。碑碣刻字都不很深，浮雕的佛像尚且被風蝕了，何況淺刻的碑字呢？

馬叔平先生說，雲崗現存三處古碑碣。我只見一處。鄭振鐸先生記載著「大茹茹」刻石，可辨認的約有二十字，此碑我未見。其餘一碑，似乎鄭先生也未見。我見的一碑在佐藤書中所謂「中央第七窟」的石壁很高處，此壁在裡層，不易被風蝕，故全碑約三百五十字，大致都還可讀。此碑首行有「邑師法宗」四字，似乎是撰文的人。文中說：

> 太和七年（483）歲在癸亥八月三十日邑□信士女等五十四人……遭值聖主，道教天下，紹隆三寶，……乃使長夜改昏，久寢斯悟。弟子等……意欲仰酬洪澤，……是以共相勸合，為國興福，敬送石〔外廣內昔〕形象九十五區，及諸菩薩……

造像碑文中說造形象九十五區，證以化門造像碑記，「區」字後來多作「軀」字，此指九十五座小像，「及諸菩薩」乃是大象。此碑可見當日不但帝后王公出大財力造此大石窟，還有不少私家的努力；如此一大窟乃是五十四個私人的功力，可以想見當日信力之強，發願之弘大了。

雲崗舊屬朔平府左雲縣。關於石窟的記載，《山西通志》（雍正間覺羅石麟修）與《朔平府志》都說：

> 石窟十寺，……後魏建，始神瑞（414-415），終正光（520-524），歷百年而工始竣。其寺一同升，二靈光，三鎮國，四護國，五崇福。六童子，七能仁，八華嚴，九天宮，十兜率。學文帝亟游幸焉。內有元時石佛二十龕。（末句《嘉莊一統志》，作《內有元載所修石佛十二龕」。元載是唐時宰相。《一統志》似有所據，《通志》和《府志》似是妄改的）

神端是在太武帝毀佛法之前，而正光遠在遷都洛陽之後。舊志所記，當有所本。大概在曇曜以前，早已有人依山岩鑿石龕刻佛像了。毀法之事（446-451）使一般佛教徒感覺到政治權力可以護法，也可以根本剷除佛法。曇曜大概從武州寨原有的石龕得著一個大暗示，他就發大願心，要在那堅固的砂岩之上，鑿出大石窟，雕出絕大的佛像，要使這些大石窟和大石像永遠為政治勢力所不能摧毀。《魏書．釋老志》記此事的年月不很清楚，大概他幹這件絕大工程當在他做「沙門統」的任內。

《釋老志》記他代師賢為「沙門統」，在和平初年（約460），後文又記尚書令高肇引「故沙門統曇曜昔於承明元年（476）奏」，可知曇曜的「沙門統」做了十七八年。這是國家統轄佛教徒的最高官。他又能實行一種大規模的籌款政策（見《釋老志》），所以他能充分用國家和全國佛教徒的財力來「鑿山石壁，開窟五所，鐫造佛像各一，高者七十尺，次六十尺，雕飾奇偉，冠於一世。」我們可以說，雲崗的石窟雖起源在五世紀初期，但偉大的規模實創始於五世紀中葉以後曇曜作沙門統的時代。後來雖然遷都了，代都的石刻工程還繼續到六世紀的初期，而洛都的皇室與佛教徒又在新京的伊闕山「準代京靈岩寺石窟」開鑿更偉大的龍門石窟了。（龍門石窟開始於景明初，當西曆五百年，至隋唐尚未歇）故曇曜不但是雲崗石窟的設計者，也可以說是伊闕石窟的間接設計者了。

曇曜鑿石做大佛像，要使佛教和岩石有同樣的堅久，永不受政治勢力的毀壞。這個志願是很可欽敬的。只可惜人們的愚昧和狂熱都不能和岩石一樣的堅久！時勢變了，愚昧漸漸被理智風蝕了，狂熱也漸漸變冷靜了。岩石鑿的六丈大佛依然挺立在風沙裡，而佛教早已不用「三武一宗」的摧殘而自己毀滅了，銷散了。雲崗伊闕只夠增加我們弔古的感喟，使我們感嘆古人之愚昧與狂熱真不可及而已！

1935年7月28日

自由人生：

文學、宗教、教育、生活，胡適一生的思想與觀點

作　　者：胡適
發 行 人：黃振庭
出 版 者：複刻文化事業有限公司
發 行 者：複刻文化事業有限公司

E-mail：sonbookservice@gmail.com
粉 絲 頁：https://www.facebook.com/sonbookss/
網　　址：https://sonbook.net/
地　　址：台北市中正區重慶南路一段六十一號八樓 815 室
Rm. 815, 8F., No.61, Sec. 1, Chongqing S. Rd., Zhongzheng Dist., Taipei City 100, Taiwan
電　　話：(02)2370-3310
傳　　真：(02)2388-1990

印　　刷：京峯數位服務有限公司
律師顧問：廣華律師事務所 張珮琦律師
定　　價：488 元
發行日期：2023 年 12 月第一版
◎本書以 POD 印製
Design Assets from Freepik.com

國家圖書館出版品預行編目資料

自由人生：文學、宗教、教育、生活，胡適一生的思想與觀點 / 胡適著. -- 第一版. -- 臺北市：複刻文化事業有限公司, 2023.12
面；　公分
POD 版
ISBN 978-626-7403-39-6(平裝)
1.CST: 胡適 2.CST: 學術思想 3.CST: 傳記 4.CST: 文集
783.3886　　　112019527

電子書購買

臉書

爽讀 APP